畫史叢書

（二）

U0139371

畫史叢書 第二册

圖繪寶鑑 六卷 元夏文彦撰

圖繪寶鑑續纂 三卷 明藍瑛纂輯 清謝彬

無聲詩史 七卷 明姜紹書撰

明畫録 八卷 明徐沁撰

圖繪寶鑑

六卷

元 夏文彥撰

圖繪寶鑑序

雲間義門夏氏士良，集歷代能畫姓名，由史皇封膜而下，訖於有元，凡若干人，釐爲五卷，題曰圖繪寶鑑，介其友天台陶君九成，持其編謂余曰：「鄧椿有言，其爲人也多文，雖有不曉畫者寡矣，其爲人也無文，雖有曉畫者寡矣。先生名能文，賜一言標其端。」余曰，書盛於晉，畫盛於唐宋，書與畫一耳。士大夫工畫者必工書，其畫法卽書法所在，然則畫豈可以庸妄人得之乎。宣和中建五岳觀，大集天下畫史，如進士科下題掄選，應詔者至數百人，然多不稱上旨，則知畫之積習，雖有譜格，而神妙之品，出於天質者，殆不可以譜格而得也。故畫品優劣，關於人品之高下，無論侯王貴戚，軒冕山林，道釋女婦，苟有天質，超凡入聖，卽可冠當代而名後世矣。其不然者，或事模擬，雖入譜格，而自家所得於心傳意領者則蔑矣。故論畫之高下者，有傳形，有傳神，傳神者，氣韻生動是也。如畫猫者，張壁而絕鼠，大士者，渡海而滅風，翊聖眞武者，叩之而響應，寫人眞者，卽能得其精神；若此者豈非氣韻生動機奪造化者乎？吾顧未知寶鑑中事模擬而得名，士良亦能辨之否乎？雖然，梁武作歷代畫評，米芾作續評，非神識高者不能；士良好古嗜學，風倩高簡，自其先公愛閒處士以來，家藏法書名畫爲最多，朝披夕覽，有得於中，且精繪事，是編之作，足以知其品藻者矣，視蕭米第未足多讓也，是爲序。士良名文彥，其先爲吳興人云。會稽抱遺老人楊維禎在雲間草玄閣書。

余性鄙僻，六藝之外，他無所好，獨嗜於畫，遇所適，輒終日諦玩。殆忘寢食，然猶病其不博，稍取歷代畫史，考論其世，與夫得失優劣之差，以廣未至，而卷帙浩繁，不能偏舉，欲輯爲一書，未暇也。自卜居泖上，人事稀闊，間以宣和畫譜，附之他書，益以南渡、遼、金、國朝人品，刊其叢脞，補其闕略，彙而成編，分爲五卷，名曰圖繪寶鑑。顧所摭雖詳，而尚慮遺者不少，益其未備，竭其精誠，俾千載之下，莫逃乎賞鑒，豈無博雅君子，與我同志者歟。至正乙巳秋七月甲子，吳興夏文彥士良書於寶墨齋。

圖繪寶鑑總目

圖繪寶鑑總目終

圖繪寶鑑目錄

隋

展子虔　董展　鄭法士（弟法輪，子德文，孫尚子附）

唐

閻立德　閻立本　張孝師　范長壽　何長壽

尉遲乙僧　吳道玄　翟琰　楊庭光　盧楞伽

趙公祐　趙溫其　趙德齊　范瓊　常粲（子重胤附）

孫位　張南本　辛澄　張素卿　陳若愚

姚思元　楊寧　楊昇　張萱　鄭虔

陳閎　周古言　周昉　王朏　韓滉

杜庭睦　吳侁　鍾師紹　尹繼昭　胡瓌

胡虔　李思訓　李昭道　盧鴻　王維

王洽　項容　張詢　畢宏　張璪

荊浩　漢王元昌　江都王緒　韋無忝　韋無縱

曹霸　裴寬　韓幹（弟子孔榮附）　韋鑒　韋偃

五代

八

卷三

宋

樂士宣 李正臣 李仲宣 端獻王顒 趙令穰
趙令庇 越國夫人王氏 李瑋 劉夢松 文同
李時敏 閻士安 梁師閔一作士閔 僧夢休 郭元方
李延之 僧居寧 王瓘 王靄 趙光輔
高益 孟顯 張昉 王端 厲昭慶
王兼濟 高文進 趙元長一作長元 趙元亨 孫懷說
南簡 王道眞 陳士元 王拙 王居正
葉進成 燕文貴 葉仁遇 毛文昌 商訓
黃懷玉 紀眞 劉永 李隱 龐崇穆
曹仁希 裴文晛 龍章 馮淸 韓拙
荀信 吳懷 吳進 李用及 張翼一名鈐
辛成 陶裔 馮進成 解處中 毌咸之
傅文用 李茂 夏侯延祐 劉文惠 王友
牛戩 李雄 蔡潤 呂拙 劉文通

周純　高燾　僧德正　劉明復　蔣長源
王主簿　李世南　趙宗閔　薛判官　倪濤
文勛　劉延世　王沖隱　靳東發子詠附　李頎
陳直躬　朱象先　張無惑　何充　眉山老書生
雍秀才　章友直　黃斌老　黃彝　劉明仲
黃與迪　楊吉老　成子　張遠　張明
王元通　閭丘秀才　喬仲常　孔去非　劉松老
王逸民　馮久照　劉履中　劉銓　季皓
張嗣昌　盧氏　任粹　雍嶰　牟谷
尹質　歐陽贇　僧維眞　僧元靄　蔡肇
程若筠　蕭太虛　甘風子　王顯道　成宗道
三朵花　羅勝先　李時擇　楊大明　僧眞慧
惠洪覺範　道宏　妙喜師　僧道臻　僧法能
僧祖鑒　僧智平　僧虛巳　僧覺心　智源

劉堅　尹白　李覺　張涇　陳常
張希顏　任源　費道寧　楊寵　楊祁
李猷　韓若拙　孟應之　老厤　宣亨
胡奇　鮑洵弟洋附　盧章　劉益子梾附　富燮
夏奕　田逸民　李誕　張舜民　李澄易
侯宗古　郗七　陳皋　路皋　龔吉
吳九州　周照　郝章　老侯　趙樓臺
郭待詔　任安　陶績　薛志　馬賁
周曾　段吉先　李達　劉浩　楊威
郭思　姒頤眞　黃宗道　林靈素　陳珍
何澄　賈行恭　郭信　呂漸　周與權
田松　王藻　趙宣　洪子範　楊安道
戴琬　王登仕　超師　張武翼子永年、康年附　張戩
傅逸　王晟　盧道寧　丁晞顏

卷四

宋南渡

僧靜賓　僧瑩玉磵　僧蘿窗　僧子溫　僧若芬

僧仁濟　僧圓悟　僧慧舟　僧太虛　李唐

劉宗古　馬公顯　楊士賢　李迪　李安忠

蘇漢臣子焯附　朱銳　李端　張浹　顧亮

胡舜臣　張著　李從訓　閻仲　閻次平

閻次于　吳炳　林椿　趙彥　蕭照

周儀　劉松年　李嵩　賈師古　王訓成

焦錫　馬興祖　馬遠　馬逵　徐珂

梁楷　夏珪　毛松　毛益　王定國

陳居中　白良玉子用附　王輝　李瑛　李永年

何青年　陸青　張訓禮　趙大亨　於青年

馮大有　彭皋　高嗣昌　韓祐　朱懷瑾

孫必達　俞珙　毛允昇　李權　陳清波

喬鍾馗　喬三教　葉肖巖　馬永忠　豐興祖

魏道士　章程　呂源　綱兵朱　王木
夏子文　赤目張　葉森　儲大有　楊八門司
何閣長　蔣太尉　劉門司　李苑使　張鎡
毛存　王介　劉夫人　胡夫人　湯夫人
翠翹　蘇氏　趙士表　羅仲通　李明友
黃廣　霍適　吳璜　師永錫　王世英
來子章　鑑湖惰民　尹大夫　張茂　趙子厚
劉浩（子顯附）　劉文惠　何浩　侯必大　陶忠
游昭　李祐之　左建　田宗源　周珏
時光（子建亨附）　執煥　張鎰　呂元亨　林俊民
祝次仲　徐本　黃庭浩　武克溫　陸琮
毛文昌　陳廣　睢世雄　施義　周白
董琛　劉興祖　熊應周　陸懷道　毛政
趙君壽　趙賓王　萬濟　宋永年　趙山甫

卷五

元

吳瓘　張文樞　李沖　張遠　陳鑑如子芝田附
佟士明　冷起嵒　王繹　林伯英　周如齋
沈月溪　邊武　王迪簡　陶鉉　謝佑之
劉夢良　朱邱　簡生　陳立　華岳
潘桂　何大夫　霍元鎮　王起宗　戈叔義
臧良　夏迪　趙天澤　張中　衞九鼎
徐愷　曾瑞卿　張觀　趙清澗　楊基
高克恭　伯顏不花　赤盞君實　蕭鵬摶　丁野夫
宋嘉禾　宋汝志　張與材　張嗣成　張嗣德
方方壺　吳霞所　張彥輔　趙元靖　丁清溪
王景昇　徐太虛　盧益修　蕭月潭　宗師溥光
頭陀溥圓　僧海雲　僧妙圓　僧智浩　僧道隱
僧允才　僧時溥　僧智海　僧明雪窗子庭附　管道昇
劉氏　蔣氏　張氏

桓　駿　周　邁　令元素　于　邵　李方叔
宋之望　鄭華原　祁　岳　項　洙　范山人
杜　宗　李　察　張　昱　韋叔方　梁司馬
元　俊　盧　珍　陳　庶　裴　遼　崔希眞
侯　造　杜秀才　李　紹　張　桂　李奉珪
樊守素　李　約

五代

胡巖徵　王　畊　黃惟亮　成處士

宋

宋欽宗　仁懷皇后朱氏　趙令畯　高彥實　錢　昆
錢仁熙　錢　易　錢　鏎　徐　競　黃伯思
鄭天民　趙　廉　胡　錫　王延嗣　中屠亨
江惟淸　李象坤　譚　宏　曹　訪　陳文頊
高　述　秦　湛　李咸熙　王　崇　楊世昌

遼

圖繪寶鑑目錄終

圖繪寶鑑卷第一

吳興　夏文彥士良纂
海虞　毛　晉子晉訂

六法三品

謝恭云：「畫有六法，一曰氣韻生動，二曰骨法用筆，三曰應物寫形，四曰隨類傅彩，五曰經營位置，六曰傳模移寫。六法精論，萬古不移。自骨法用筆以下五法，可學而能，如其氣韻，必在生知，固不可以巧密得，復不可以歲月到，默契神會，不知然而然也。故氣韻生動，出於天成，人莫窺其巧者，謂之神品；筆墨超絕，傅染得宜，意趣有餘者，謂之妙品；得其形似，而不失規矩者，謂之能品。

三病

畫有三病，皆繫用筆，一曰板，二曰刻，三曰結。板者，腕弱筆癡，全虧取與，物狀平褊，不能圓混也；刻者，運筆中疑，心手相戾，勾畫之際，妄生圭角也；結者，欲行不行，當散不散，似物凝礙，不能流暢也。

六要

氣韻兼力，一也；格制俱老，二也；變異合理，三也；彩繪有澤，四也；去來自然，五也；師學捨短，六也。

六長

粗鹵求筆，一也；僻澀求才，二也；細巧求力，三也；狂怪求理，四也；無墨求染，五也；平畫求長，六也。

製作楷模

釋像有善功方便之顏，道流具修眞度世之範，帝王崇天日龍鳳之表，外夷有慕華欽順之情，儒賢見忠信禮義之風，武士多勇悍英烈之貌，隱逸識高世之節，貴戚尙侈靡之容，天帝明威福嚴重之儀，鬼神作醜魏（尺者切）馳趡（于鬼切）之狀，士女宜秀色婑（烏果切）媠（奴坐切）之態，田家有醇甿朴野之眞。畫衣紋林石，用筆全類於書，衣紋有重大而調暢者，有縝細而勁健者，勾綽縱掣，理無安下，以狀高側深斜，卷摺飄舉之勢。林木有樛枝挺榦，屈節皴皮，紐裂多端，分敷萬狀。山石多作礬頭，亦爲凌面，要見幽遠而氣雄，崢嶸而秀潤。畜獸須備筋力精神，毛骨隱起。魚龍求游泳之妙，升降之宜。觀畫水，湯湯若動，使人有浩然江湖之思。屋木折算無虧，筆墨均壯，深遠透空。花竹有四時景候，陰陽向背，筍條老嫩，苞萼後先，自然豔麗閒野。園蔬野草，咸有出土體性。禽鳥尙毛羽翔舉飛集之形。知此，雖不能盡鑒閱之精妙，然工拙亦略可見矣。或有逸品，皆高人勝士，寄興寓意者，當求之筆墨之外，方爲得趣。

古今優劣

佛道人物、士女牛馬，近不及古；山水林石、花竹禽魚，古不及近。何以明之？且顧愷之、陸探微、張僧繇、吳道玄及閻立德、立本，皆純重雅正，性出天然，吳生之作，爲萬世法，號曰畫聖；張萱、周昉、韓幹、戴嵩，氣韻骨法，皆出意表，後之學者，終莫能到，故曰近不及古。至如李成、關仝、范寬、董源之迹，徐熙、黃筌、居寀之蹤，前不藉師資，後無復繼踵，借使二李三王之輩復起，邊鸞、陳庶之倫再生，亦將何以措手於其間哉，故曰古不及近。

粉本

古人畫稿，謂之粉本，前輩多寶蓄之，蓋其草草不經意處，有自然之妙。宣和紹興所藏粉本，多有神妙者。

賞鑒

看畫如看美人，其風神骨相，有肌體之外者；今人看古蹟，必先求形似，次及傳染，次及事實，殊非賞鑒之法也。米元章謂好事家與賞鑒家自是兩等，家多資力，貪名好勝，遇物收置，不過聽聲，此謂好事；若賞鑒則天資高明，多閱傳錄，或自能畫，或深畫意，每得一圖，終日寶玩，如對古人，雖聲色之奉，不能奪也。看畫之法，不可一途而取，古人命意立迹，各有其道，豈拘以所見繩律古人之意哉。燈下不可看畫，醉餘酒邊，亦不可看畫，卷舒不得其法，最爲害物。

唐人五代，絹素粗厚，宋絹輕細，望而可別唐宋也。

古人畫，墨色俱入絹縷，精神迥出；僞者雖極力仿傚，而粉墨皆浮於縑素之上，神氣亦索然。蓋古人筆法圓熟，用意精到，初若率易，愈玩愈佳，今人雖極工緻，一覽而意盡矣。

御題畫眞僞相雜，往往有當時名手臨摹之作，故祕府所藏臨摹本，皆題爲眞迹，惟明昌所題最多，具眼者自能別識也。

裝褫書畫定式

大整幅：上引首三寸，下引首二寸。

小全幅：上引首二寸七分，下引首一寸九分，經帶四分。上褾除打擫竹外，淨一尺六寸五分；下褾除上軸外，淨七寸。

一幅半：上引首三寸六分，下引首二寸六分，經帶八分。

雙幅：上引首四寸，下引首二寸七分。上褾除打擫竹外，淨一尺六寸八分，下褾除上軸桿外，淨七寸三分。

兩幅半：上引首四寸二分，下引首二寸九分，經帶一寸二分。

三幅：上引首四寸四分，下引首三寸一分，經帶一寸三分。

四幅：上引首四寸八分，下引首三寸三分，經帶一寸五分。

橫卷：褾合長一尺三寸，高者用全幅。引首闊四寸五分。高者五寸。

古畫不脫，不須背褾，蓋人物精神髮彩，花之穠豔蜂蝶，只在約略濃淡之間，一經背多，或失之也。故紹興裝禠古畫，不許重洗，亦不許裁剪過多。

古厚紙不得揭薄，若紙去其半，則書畫精神，一如摹本矣。

檀香辟溼氣，畫必用檀軸有益，開匣有香，而無糊氣，又辟蠹也。

敍歷代能畫人名

軒轅時

史皇

周

封膜

齊

敬君

秦

裂裔

前漢

毛延壽　陳敞　劉白　龔寬　陽望

樊育

後漢

趙岐　劉褒　蔡邕　張衡　劉旦

楊魯

魏

曹髦　楊修　桓範　徐邈

吳

吳王趙夫人

蜀

諸葛亮 子瞻

晉

明帝　荀勗　張墨　王廙　王羲之

王獻之　康昕　溫嶠　謝岩　夏侯瞻

嵇康　曹龍　丁遠　楊惠　江思遠

王濛　戴逵 逵子勃，勃子顒

宋

顧寶光　宗炳　王微　謝莊　袁倩 倩子質

史敬文　史藝　劉斌　尹長生　顧駿

康允之　顧景秀　吳暕　張則　劉胤祖弟紹祖，子璞

蔡斌　濮萬年弟道興　史粲　宋僧辯　褚靈石

范惟質

南齊

宗測　劉係宗　姚曇度子釋惠覺　蘧道愍甥沙門僧珍　章繼伯

范懷珍　鍾宗之　王奴　王殿　戴蜀

陳公恩　陶景眞　張季和　沈標　謝恭

沈粲　丁光　周曇研　謝惠連　謝約

虞堅　丁寬　劉瑱　毛惠遠弟惠秀、子稜

梁

元帝子方等　蕭大連　蕭賁　陸杲　陶弘景

袁昂　焦寶願　嵇寶鈞　聶松　解倩

陸整　江僧寶　僧威公　僧吉底俱　僧摩羅菩提

僧迦佛陀

後魏

蔣少遊　郭善明　侯文和　柳儉　閔文和

郭道興　楊乞德　王由　祖班

北齊

高孝珩　蕭放　楊子華　田僧亮　劉殺鬼

曹仲達　殷英童　高尚士　徐德祖　曹仲璞

後周

馮提伽

隋

閻毗　何稠　劉龍（弟袞）　楊契丹　劉烏

陳善見　江志　李雅　王仲舒　閻思光

解悰　程瓚　僧曇摩掘人

唐

楊須跋　趙武端　范龍樹　周烏孫　楊德紹

竇弘果　毛婆羅　孫仁貴　金忠義　竺元標
蔡金剛　毛嵩　姚彥山　程遜　董好子
楊樹兒　耿純　任貞亮　暢整　李相國
陳慤　劉智敏　史晟　何君罡　京元成
崔霞　冷元璓　馬光業　李蠻子　馬樹鷹
祝丘　潘細衣　周子敬　段去惑　杜景祥
王允之　崔陽元　李炅　張惟亘　李滔
張通　嚴杲　耿昌弟昌期　楊德本　貝俊
李韶　魏晉孫　劉之章

右歷代能畫人姓名，而迹罕傳於世，故不詳載，見張彥遠名畫記

圖繪寶鑑卷第一終

圖繪寶鑑卷第二

吳

曹弗興　吳興人。以畫名冠絕一時，孫權命畫屛，誤墨成蠅狀，權疑其眞，以手彈之。時吳有八絕，弗興預一焉。又嘗見溪中赤龍，寫以獻孫皓。至宋文帝旱暵，取弗興龍置水傍，應時雨足。且南齊去吳未遠，而謝恭謂弗興之迹，殆不復見，祕閣之內，獨有所畫龍頭，又況後南齊數百歲耶。嘗畫兵符圖極工，然不見諸傳記者，豈非一時祕而不出，故得以傳遠，不坐豐狐文豹之厄也。

晉

衞協　以畫名於時，作道釋人物，冠絕當代，世以協爲畫聖。顧愷之以丹青自名，獨愼許可，亦謂「七佛與列女圖，偉而有情勢，毛詩北風圖，巧密於情思」，而自以所畫爲不及。

顧愷之　字長康，小字虎頭，晉陵無錫人，義熙中爲散騎常侍。愷之博學有才氣，丹青亦造其妙。筆法如春蠶吐絲，初見甚平易，且形似時或有失，細視之六法兼備。傅染以濃色，微加點綴，不求暈飾，而俗傳謂之三絕：畫絕，癡絕，才絕。方時爲謝安知名，以謂自生民以來，未之有也。世以謂愷之天材挺出，獨立無偶，妙造精微，雖荀、衞、曹、張，未足以方駕也。

史道碩　不知何許人，兄弟四人，皆以善畫得名，而道碩尤工人馬及鵝等。初與王微並師荀勗衞協，伎能上下，二人優劣未判，而謝赫謂王得其意，史得其似，若是則微之所得者神，碩之所寫者形耳，意與神超出乎丹青之表，形與似未離乎筆墨蹊逕，宜用此辨之。

謝雉　陳郡陽夏人也。初爲晉司徒主簿，入宋爲寧朔將軍。善畫，多爲賢母孝子、節婦烈女之圖，有補於風教，雖舐筆和墨，不無意也。

宋

陸探微　吳人。善畫，事明帝。人謂畫有六法，探微得法爲備。平生多愛圖古聖賢像。二子：綏洪、綏肅，作畫亦工，惜不見傳。唐張彥遠謂「體運遒舉，風力頓挫，一點一拂，動筆新奇，固自不凡矣」。

梁

張僧繇　吳人，天監中歷官至右將軍、吳興太守，以丹青馳譽於時。世謂僧繇畫骨氣奇偉，規模宏逸，六法精備，當與顧陸並馳爭先。僧繇畫，釋氏爲多，蓋武帝時崇尚釋氏，故僧繇之畫，往往從一時之好。

陳

顧野王　字希馮，吳郡人。七歲讀五經，九歲能屬文，善圖畫。嘗畫古賢，王褒書贊，時稱二絕。尤工畫草蟲。官至黃門侍郎。

隋

展子虔　歷北齊周，至隋爲朝散大夫。而所畫臺閣，雖一時如董展，不得以窺其妙。寫江山遠近之勢尤工，故咫尺有千里趣。

董展　字伯仁，汝南人，以才藝稱，鄉里號爲智海，官至光祿大夫、殿內將軍。尤長於畫，雖無祖述，不愧前賢，夙德名流，見者失色，與展子虔齊名。曾作道經變相，爲時所稱，自非畫外有情，參靈酌妙，入華胥之夢，與化人同遊，何以臻此。

鄭法士　不知何許人，在周爲大都督員外侍郎、建中將軍，入隋授中散大夫。畫師僧繇，尤長於人物，論者謂江左自僧繇以降，法士獨步焉。弟法輪，子德文，孫尙子，皆傳家學。尙子，睦州建德尉，尤工鬼神，又善爲顚筆，見於衣服手足、木葉、川流者，皆勢若顫動。

唐

閻立德　歷官工部尙書。父毗，在隋以丹青得名，與弟立本，家學俱造其妙。

閻立本　總章元年以司平太常伯拜右相，有文學，尤善應務，與兄立德，以善畫齊名。嘗寫秦府十八學士、凌烟閣功臣等，悉皆輝映前古，時人咸稱其妙。

張孝師　爲驃騎尉，善畫。嘗死而後生，故畫地獄相爲尤工。吳道玄見之，因效爲地獄變相。

范長壽　不知何許人也，學張僧繇畫，然能知風俗好尙，作田家景候人物，皆極其情。至於山川形勢，屈曲向背，分布遠近，各有條理，人謂可以企及僧繇也，當時得名甚著。官止司徒校尉。

何長壽　與范長壽同師法，故所畫多相類，然一原而異派，論者次之。

尉遲乙僧　吐火羅人，貞觀初，其國以善畫薦，中都授宿衞官，封郡公。其父跋質那，時人呼爲大尉遲，乙僧爲小尉遲。父子皆擅丹青，其用筆之妙，遂與閻立本爲之上下也。

吳道玄字道子，陽翟人，舊名道子。少貧，游洛陽，學書於張顛、賀知章，不成；因工畫，深造妙處，若悟之於性，非積習所能致。初爲兗州瑕丘尉，明皇聞之，召入供奉，更今名，以道子爲字，由此名震天下。其筆法超妙，爲百代畫聖，早年行筆差細，中年行筆磊落，如蓴菜條。人物有八面，生意活動。其傅采，於焦墨痕中略施微染，自然超出縑素，世謂之「吳裝」，或謂張僧繇後身，信不誣也。供奉時爲內教博士，非有詔不得畫，官止寧王友。

翟琰早師吳道玄，每道玄畫，落墨已即去，多命琰布色，而道玄輒許可，故知琰自不凡。琰布色落墨，與道玄眞贋，故未易辨也。

楊庭光與吳道子同時，善寫釋氏像與經變相，旁工雜畫山水等，皆極其妙，時謂頗有吳生體，但行筆差細，以此不同。其畫佛像，多在山林中。

盧棱伽長安人。學於吳道玄，但才力有所未及。尤喜作經變相，入蜀名益著，雖一時名流，莫不歛衽。乾元初於大聖慈寺畫行道僧，顏眞卿爲之題名，時號二絕。

趙公祐成都人。工畫佛道鬼神，世稱高絕。太和間已著畫名，李德裕鎭蜀，以賓禮遇之，改蒞浙西辟從蓮幕。本長安人，寶曆中寓居於蜀。

趙溫其　公祐之子。幼而穎秀，家學益工，筆法臻妙。

趙德齊　溫其之子。襲二世之精藝，奇蹤逸筆，爲時推許。光化中詔許王建於成都置生祠，命德齊畫西平王儀仗，及朝眞殿上，畫后妃嬪御，皆極精妙。昭宗喜之，遷翰林待詔。

范瓊　不知何許人，寓居成都與陳皓、彭堅同時，俱以善畫人物得名。嘗作烏瑟摩像，設色未半而罷，筆蹤超絕，後之名手，莫能補完。

常粲　長安人，咸通中路巖侍中牧蜀日，粲入蜀，路賓禮之。善畫人物，喜爲上古衣冠，不墮近習，有伏羲畫卦、神農播種、陳元達鎖諫等圖，則亦詩人主文而譎諫之義也。其子重胤，能世其學，尤善於寫貌。僖宗朝爲翰林供奉。

孫位　東越人，僖宗幸蜀，位自京入蜀，自稱會稽山人。舉止疎野，襟韻曠達，喜飲酒，罕見其醉，樂與幽人爲物外交。光啓中畫應天寺壁，勢若飛動。後改名遇，卒不知所在。世稱龍水，尤位所長。德隅堂畫品載：「位爲蜀文成殿下將軍，後遇異人得度世法，故名遇云。」

張南本　不知何許人，善畫人物，尤工畫火。中和年寓止成都金華寺，畫八明王，時游僧升殿，見火勢逼人，驚怛幾仆。時論孫位之水幾於神，南本之火幾於神。

辛澄不知何許人，多游蜀中，工畫佛像，不聞其他，蓋專門之學也。

張素卿簡州人。少孤貧，作道士，僖宗時上表言丈人山在五岳上，不當稱公，詔可其請，因賜紫。嘗作十二眞君像，各寫其賣卜、貨丹、書符、導引之意，人稱其妙。

道士陳若愚左蜀人。師張素卿，得其筆法。

姚思元林泉人。畫道釋，一時知名，作紫微二十四化，皆所以警悟世俗，非止游戲丹青而自娛悅者。

楊寧善畫人物，與楊昇、張萱同時，皆以寫眞得名。開元間寫史館像，風神氣骨，不止於求似。而畫至人物爲難，楊寧獨工其難，而遂擅人物專門之習，豈易得哉。

楊昇不知何許人，嘗寫明皇與肅宗像，深得王者氣度。蓋昇以寫照專門，又當時親見奇表，宜乎傳之甚精。

張萱京兆人。善畫人物，而於貴公子與閨房之秀最工。其爲花蹊竹樹，點綴皆極妍巧。尤長於寫嬰兒。其畫婦人，以朱暈耳根，以此爲別。

鄭虔鄭州滎陽人。善畫山水，山饒墨，樹枝老硬，黃筌山水有法虔者。好書，嘗自寫其詩並畫獻明皇，明皇書其尾曰：「鄭虔三絕。」官止著作郎。

陳閎　會稽人，爲永王府長史。明皇召寫御容，妙絕當時。又嘗寫肅宗，不惟龍鳳之姿逼眞，而筆英逸眞，與閻立本並馳交先，故一時人多從其學。韓幹亦以畫馬進，明皇怪其無閎筆法，使令師之，其器重可知也。

周古言　不知何許人，善畫人物，尤工婦人，多畫宮禁歲時行樂之勝，世稱名筆。然摹寫形似，未爲奇特，至於布景命意，則意在筆外，惟覽者得於丹青之所不到，則知非常工所能爲也。

周昉　字景元，一字仲朗，長安人。傳家閥閱，好屬文，窮丹青之妙，游卿相間，貴公子也。善畫貴游人物，作士女多爲穠麗豐肥之態，蓋其所見然也。又善寫眞，兼移其神氣，故無不歎其精妙。

王朏　太原人，官止劍州刺史。喜丹青之習，師周昉，然精密則視昉爲不及。一時如趙博文，皆昉高弟也，然朏過博文遠甚。

韓滉　字太冲，德宗朝宰相。當建中末，値茲喪亂，遂兼統六道節制，出爲鎭海軍江浙東西兼荊、湖、洪、鄂等道節度使，中書令晉國公。公退之暇，留意丹青，書師張顚，畫師陸探微。其畫人物牛馬極工，尤好圖田家風俗。嘗自言不能定筆，不可論書畫。以非急務，故自晦不傳於人。

杜庭睦　不知何許人，喜寫故實，畫明皇斫膾圖，人物品流，見之風神氣骨間，非有得於心，何以臻妙如此。

吳侁　不知何許人，作林泉平遠，溪友釣徒，皆有幽致。

鍾師紹　蜀人。妙丹青，畫道釋人物犬馬頗工。

尹繼昭　不知何許人，工畫人物臺閣，冠絕當世。

胡瓌　范陽人。工畫番馬，鋪敍巧密，近類繁冗，而用筆淸勁。至於穹廬、什器、射獵，形容備盡。凡畫橐駝及馬，以狼毫筆疏染，取其生意，亦善體物者也。後以筆法授其子虔。

胡虔　瓌之子。世謂丹青之學有父風。

李思訓　唐宗室也，官至左武衞大將軍。書畫皆超絕，尤工山水林泉，筆格遒勁，得湍瀨潺湲，煙霞縹緲難寫之狀，用金碧輝映爲一家法。後人所畫著色山，往往多宗之，然至妙處，不可到也。

李昭道　思訓之子，官至中書舍人。作畫稍變其父之勢，然智思筆力，視思訓爲未及，然其妙亦至矣。世稱思訓爲大李將軍，昭道爲小李將軍。

盧鴻 字浩然，范陽人，隱嵩少間，開元中以諫議大夫召，固辭，賜隱居服，草堂一所，令還山。頗喜寫山水平遠之趣，其筆意位置，淸氣襲人。

王維 字摩詰，開元初擢進士，官至尙書右丞，家於藍田輞川。善畫，尤精山水，觀其思致高遠，出於天性，初未見於丹靑，時時詩篇中已有畫意，蓋其胸次瀟灑，落筆便與庸史不同。

王洽 不知何許人，能潑墨成畫。性嗜酒，多放遨於江湖間，每欲作圖，必沉酣之後，解衣磅礴。先以墨潑幛上，因其形似，或爲山石，或爲林泉，自然天成，不見墨汚之迹，蓋能脫去筆墨畦町，自成一種意度。張彥遠有「王默師項容，又師鄭虔，酒後用頭髻取墨抵絹上作山水松石」，唐名畫錄有「王墨善潑墨山水，故謂之王墨」，恐即此王洽也。

項容 不知何許人，當時以處士名稱之。善畫山水，師事王默，作松風泉石圖，筆法枯硬，而少溫潤，故昔之評畫，譏其頑澁，然挺特巉絕，亦自是一家。

張詢 南海人，不第後流寓長安，以畫自適。後至蜀中，爲僧夢休作早午晚三景於壁間，謂之三時山。僖宗幸蜀見之，歎賞彌日。

畢宏 不知何許人，善畫山水，作松石圖於左省壁間，一時文士有詩稱之。其落筆縱橫，變易常法，意在筆前，非繩墨所能制，故得生意爲多。

張璪一作藻。字文通，吳郡人，官止撿挍祠部員外郎，衣冠文行，爲一時名流。善畫山水松石，自撰繪境一篇，言畫之要訣。畢庶子宏一見驚異之。璪嘗手操雙管，一爲生枝，一爲枯枿，而四時之行，遂驅筆得之。所畫山水，高低秀絕，咫尺深重，幾若斷取，一時號爲神品。

荆浩河内人，自號洪谷子。博雅好古，以山水專門，頗得趣向，善爲雲中山頂，四面峻厚。自撰山水訣一卷。嘗語人曰：「吳道子畫山水，有筆而無墨，項容有墨而無筆，吾當采二子所長，成一家之體。」故關仝北面事之。世論荆浩山水，爲唐末之冠。

漢王元昌唐高祖第七子，博學善畫。李嗣眞謂「天人之姿，博綜伎藝，頗得風韻，自然超舉」。有畫鞍馬鷹鶻傳於時，雖閻立德、立本，不得以季孟其間。

江都王緒唐霍王元軌之子，太宗姪也。能書畫，最長於鞍馬，以此得名。官至金州刺史。杜子美詩謂，「國初已來畫鞍馬，神妙獨數江都王」，爲一時所重。

韋無忝京兆人，與弟無縱，俱以畫稱。尤善畫馬及異獸，官至左武衞大將軍。

曹霸髦之後，髦以畫稱於魏。霸在開元中，畫已得名，天寶末詔寫御馬及功臣像，筆墨沉著，神采生動。官至左武衞大將軍。

裴寬　絳州人，以文辭進，有能稱。明皇時，爲范陽節度使兼采訪使，頗受眷知。所畫小馬圖，蕭散閒適，筆墨典雅。

韓幹　長安人，王維一見其畫，遂推奬之。天寶初入爲供奉，時陳閎畫馬，榮遇一時，明皇令師之，幹不奉詔，曰：「臣自有師，今陛下內廄馬，皆臣師也。」明皇益奇之。後師曹霸，畫馬得骨肉停勻法，傅染入縑素。弟子孔榮，頗得其法。

韋鑒　長安人，善畫龍馬。弟鑾，工山水松石。所傳世者不多。

韋偃　父鑾，官至少監，善畫山水松石花鳥，時名雖已籍籍，而未免墮於古拙之習。偃雖家學，而筆力遒健，風格高舉，過父遠甚。尤善畫馬，其筆法磊落，揮霍振動。

趙博文　尚書左丞相涓之子。世業儒，喜丹青，而於士女兔犬爲尤工，絕無世俗區區形似之習。

戴嵩　不知何許人，初韓滉鎭浙西，命爲巡官。師滉畫皆不及，獨於牛能盡野性，過滉遠甚。至於田家川原，亦各臻妙。弟嶧，亦以畫牛得名。

戴嶧　嵩之弟。畫牛善作奔逸之狀。

李漸不知何許人，官任忻州刺史。善畫番馬人物，筆跡氣調，當時號無儔。

李仲和漸之子。善畫番馬人物，有父遺風，但筆力有所不逮也。

張符不知何許人，善畫牛頗工，筆法有得於韓滉，亦韓之派也。

滕王元嬰，唐宗室也。善丹青，喜作蜂蝶。朱景玄嘗見其粉本，謂能巧之外，曲盡精理。

薛稷字嗣通，河東汾陰人，牧之從子也。書學褚河南，畫蹤如閻立本。善花鳥人物雜畫，猶長於鶴，得名於古今焉。稷在睿宗朝，官至太子少保，封晉國公。

邊鸞長安人。以丹靑馳譽於時，尤長於花鳥，得動植生意，大抵精於設色，如良工之無斧鑿痕耳。然以技困窮，卒不獲遇，轉徙潞澤間。米海岳論畫花，亦謂鸞畫如生。

于錫不知何許人，善畫花鳥，最長於雞。

梁廣不知何許人，善畫花鳥，爲一時所稱，故鄭谷海棠詩有「梁廣丹靑點筆遲」之句。

蕭悅不知何許人，官爲協律郎。喜畫竹，深得竹之生意，名擅當世。

刁光胤長安人，天復中避地入蜀。善畫湖石花竹，猫兔鳥雀之類。愼交游，所與者皆一時佳士。黃筌、孔嵩皆師事之。

周滉不知何許人，善畫水石花竹禽鳥，頗臻其妙。

朱審　吳郡人。得山水之妙，亦畫人物竹木。

王宰　家於西蜀，貞元中韋令公以客禮待之。畫山水樹石，出於象外。多畫蜀山，玲瓏窳窆，巉嵯巧峭。

楊炎　貞元中宰相，出貶崖州。嘗畫松石山水，出於人表。

程修己　其先冀州人。祖大曆中任越中醫學博士，時周昉任越州長史，遂令修己師事之，盡得其畫人物口授之妙。尤精山水花竹。

馮紹政　善畫鷄鶴龍水，時稱其妙。開元中爲少府監。

張遵禮　善畫鬬將鞍馬，戈矛器械，用筆塹差，小畫尤佳。

王紹宗　瑯琊人，父修禮。畫迹與殷仲相類。

蒯廉　性野。嘗愛畫鶴，後師於薛稷，深得其妙。

檀智敏　時號檀生，屋木樓臺，出一代之製。

鄭儔　屋木樓臺，師於檀生。

陳譚　工山水。德宗除連州刺史，令寫彼處山水之狀，每歲貢獻。野逸不羣，高情邁俗，張藻之亞也。

劉商　爲郎中。性格高邁，愛畫松石人物，初師張藻，後自造眞爲意。有觀奕圖石刻行於世。

王定　爲中書，常僻於畫，公政之外，每圖佛像高僧士女，皆冠於當代。貞觀以畫得名。

黃諤　畫馬獨善於時。

李靈省　落託不拘檢，長愛畫山水，每圖一障，非其所欲，不卽强爲也。但以酒生思，傲然自得，不知王公之尊貴，自得其趣耳。

張志和　號煙波子，常漁釣於洞庭湖。顏魯公典吳興，知其高節，以漁歌五首贈之，張乃隨句賦象，人物、舟船、煙波、風月鳥獸，皆依其文寫之，曲盡其妙。

左全　蜀人。本儒家，工畫佛道人物，寶曆中聲馳宇內。多倣吳生，頗得其要。

陳皓　彭堅　與范瓊同時同藝，名振三川。

呂嶤　竹虔　尹繼昭弟子，並長安人，工畫道釋人物。僖宗朝翰林待詔，廣明中扈從入蜀。

麻居禮　蜀人。師張南本，光化天復間，聲迹甚高。

李洪度　成都人。工畫道釋人物，馳譽當時。

張騰　不知何許人，工道釋雜畫，筆法布色，頗窮其妙。

張贊　河陽人。工畫人物道釋。

王浹　不知何許人，善畫人物。

韓王元嘉，善畫龍馬虎豹。則天授太尉。

劉孝師　靳智翼　俱善畫。

梁寬　吳智敏　更爲俊逸。

王陁子　善山水，幽致，峯巒極佳。

康薩陁　爲振威校尉。畫人馬，措意非高。

王知愼　工書畫，師於閻，與兄知敬齊名，筆力爽利，風采不凡。

王韶應（一作韶隱。）畫鬼神，深有氣韻。一云，善山水人馬。

李生　吳弟子，善畫地獄佛像，有類於吳而稍弱。

張藏　亦吳弟子。裁度粗快，思若湧泉，亦好細畫。

武靜藏　善畫鬼神，有氣韻。

董蕚　字重照，開元中多在尚方。善雜畫，車牛最推其妙。

陳靜心　善寺壁。弟靜眼，善地獄山水。
程雅　善雜畫。
楊坦　楊仙喬，並長安人。好圖鬼神。子爽，亦善之。
解倩　善鬼神。
姜皎　上邽人，善鷹鳥。開元中官至祕書監。
李思誨　林甫之父，思訓之弟。善丹青，贈禮部尙書。
李林甫　善山水，類昭道。
李湊　林甫姪。善畫綺羅人物，師閻令，但筆迹疎散，言其媚態則盡美。
郎餘令　有才名，工山水古賢。爲著作佐郎。
曹元廓　則天時爲朝散大夫，左尙方令。師於閻，工騎獵人馬山水。
劉行臣　善畫鬼神，類王朝隱。
暢晉　善山水，似李將軍。晉子明瑾，妙過於父。
尹琳　善畫佛像，高宗時得名。
李仲昌　李嗣眞　並琳弟子。

陸庭曜　善人物鬼神，有氣韻，時稱第一。

僧智瑰　善山水鬼神，氣韻洒落。

殷令名　陳郡人，父不害，累代工書畫。

殷文禮　字大端。書畫妙過於父。武德初爲中書舍人。

殷仲容　文禮子，則天時任祕書丞。善寫貌及花鳥，妙得其眞。或用墨色，如兼五采，亦邊鸞之次也。

談皓　善畫人物，有態度，衣裳潤媚，與李湊小相類。

僧金剛三藏　師子國人，善西域佛像。

宋令文　善書畫。

司馬承禎　字子微，善畫，又工篆隸。

釋翛然　俗姓裴氏。善丹青，工山水。

鄭逾　善山水，天寶中得名於梁宋間。

李果奴　善寫人物，筆迹調潤。

張涇　官至刑部員外郎。善畫山水。

劉方平　工山水樹石，汧國公李勉甚重之。

王熊　官至澶州都督。善湘中山水，似李將軍。

王象有　畫鹵薄圖傳於代。

田琦　鴈門人。善人物並寫貌，官至汝南太守。

李逖　工畫蠅蝶蜂蟬之類。

李平均　唐宗室，工山水，官至陳留令。

白旻　工花鳥，官至澄城令。

韓嶷　工婦女雜畫，善布色。

齊皎　高陽人。善外蕃人馬，尤工山水。官至澤州刺史。

齊映　皎弟，性雅正好學，善山水。贈禮部尙書。

史瓊　官至省郎。善畫鞍馬人物。

戴重席　工子女，極精細。

裴諝　字士明，河東人。畫山水極有思。官至兵部尙書。

陳曇　字玄成。工山水，有情趣，但峰岫少奇，往往煩碎。官至衡州刺史。

顧況　字逋翁，吳興人。頗好詩詠，善畫山水。

鄭寓　學昉，畫天王菩薩，有思。

沈寧　善樹石山水，有格律，師張璪而少劣。

蕭祐　畫山水。爲桂州觀察使。

劉整　任祕書正字。善山水。同時有劉之奇，亦能山水。

强穎　善水鳥。

陳庶　揚州人。師邊鸞花鳥，尤善布色。

陳恪　工山水，師張鄭，人物鞍馬蟲禽並精。子積，善山水，妙過於父。

周太素　善畫花鳥佛像。終尙書郎。

麹庭　善山水，格不甚高，但細巧耳。

侯莫陳廈　字重搆，工山水，用意極精。

王弘　太原人。畫人馬。永徽時人。

會稽僧道芬　滎陽鄭町　梁洽　青州吳恬　並善山水。芬格高，鄭淡雅，梁美秀，吳險巧。

牛昭　善山水。

高道興　成都人。光化中與趙德齊同畫西平王儀仗，授翰林待詔。

趙德玄　長安人，天復中入蜀。工畫車馬人物山水佛像屋木。

陳義　殷敎　殷季友　許琨　同州僧法明　錢國養　左文通　宋抱一　孟仲暉　已上皆開元時人，善寫貌。

高江　車道政

嗣滕王湛然　善畫花鳥蜂蝶。官至太子詹事。

衞憲　師周昉，花木竹雀，各造其妙。

張立　不知何許人，蜀中畫跡甚多，亦能墨竹。

五代

王商　不知何許人，工畫道釋仕女，尤精外國人物。與胡翼同時，並爲都尉趙嵓所厚。

燕筠　不知何許人，工畫天王，筆法師周昉，頗臻其妙。然不見他畫，獨天王傳於世。

支仲元　鳳翔人。畫人物極工，筆法師顧陸，緊細有力，人物淸潤不俗。其畫神仙人物，多作奕棋之勢，宋高宗題作晉六朝者，多仲元所作。

左禮　成都人。工畫道釋像，學吳道玄，描染與楊庭光相類，但行筆差細耳。宣和畫譜謂「與張南本筆法相似」。圖畫見聞志謂「與張南筆法相似」，豈卽張南本也。

朱繇　長安人。工畫道釋，妙得吳道玄筆意，所畫未有不以爲法者。時出新意，千變萬態，動人耳目。弟子趙裔，亦知名。

李昇　成都人。善畫人物，尤善山水，筆意幽閒。人有得其畫，往往誤稱王右丞者焉。

杜子瓌　華陰人。精意道釋，硏吮丹粉，尤得其術，故彩繪特異。

杜齯龜　秦人，避地居蜀，事王衍爲翰林待詔。博學强識，善畫佛像人物，始師常粲，後捨舊學，自成一家，故筆法凌轢輩流，粲亦莫能接武也。

張玄　簡州金水石城山人。善畫，尤以羅漢得名。

曹仲元　建康豐城人，江南李氏時爲翰林待詔。畫道釋鬼神，初學吳道玄，不成，棄其法，別作細密，自爲一家，尤工傅彩。

陸晃　嘉禾人。善人物，多畫道釋神仙。性踈野，每沉湎於酒。遇筆揮灑，略不預搆，故妍醜互出，當其合作，描法甚細而有力。有一等繆畫，粗惡可厭，亦其所作。

僧貫休　俗姓姜氏，字德隱，婺州蘭溪人。初以詩得名，後入兩川，頗爲王衍待遇，因賜紫衣，號禪月大師。能畫，間爲本教像，唯羅漢最著。其畫像多作古野之貌，不類世間所傳。

梁駙馬都尉趙嵓　本名霖，後改今名，喜丹青，尤工人物，格韻超絕，非尋常畫工所及。尤能鑒畫。

杜霄　善畫仕女，得周昉筆法爲多。尤工蜂蝶及曲眉豐臉之態，非風流蘊藉，有王孫貴公子之思致者，未易得之。

丘文播　廣漢人，又名潛，與弟文曉，俱以畫得名。初工人物，兼作山水，後多畫牛，時稱奇絕。子仁慶，善畫，尤長花雀。

丘文曉　與文播齊名，山水亦工。

阮部　不知何許人，入仕爲太廟齋郎。善畫，工寫人物，特於士女得纖穠淑婉之態，但傳於世者甚少。

婦人童氏　江南人，莫詳其世系。所學出王齊翰，工畫道釋人物。童以婦人而能丹青，故當時縉紳家婦女往往求寫照焉。後不知所終。

胡翼　字鵬雲。工畫道釋人物車馬，樓臺山水，種種臻妙。嘗臨模古今名筆，目之曰「安定鵬雲記」。

衞賢 長安人，江南李氏時爲內供奉。長於樓觀人物，初師尹繼昭，後伏膺吳體。其畫高崖巨石，則渾厚可取，而皴法不老，爲林木雖勁挺，而枝梢不稱其本，論者少之。然至妙處，亦人希及。

李贊華 本北虜東丹王後，唐明宗賜姓名。善畫本國人物鞍馬，不作中國衣冠，亦安於所習者也。然議者謂馬尙豐肥，筆乏壯氣。

王仁壽 汝南宛人，石晉時作待詔。工畫道釋鬼神及馬，始師王殷，後學精吳法。

房從眞 成都人。工畫人物番騎。王蜀時爲翰林待詔。

袁羲 河南登封人，爲侍衞親軍。善畫魚，窮其變態，得唅喁游泳之狀，非俗所畫庖中物也。

僧傳古 四明人。畫龍獨造乎妙，弟子德饒、無染，皆臻其妙。

闕仝（一名穜。）長安人。畫山水師荆浩，晚年有出藍之美。所畫脫略毫楮，筆愈簡而氣愈壯，景愈少而意愈長，深造古淡，石樹出於畢宏，有枝無榦，當時郭忠恕亦師事之。然仝於人物非所長，多求胡翼爲之。

杜楷一作揩。成都人。善山水，作枯木斷崖，雲崦煙岫之態，思致頗遠。

羅塞翁隱之子，爲吳中從事。喜丹青，善畫羊，精妙卓絕。

張及之京兆人。畫犬馬花鳥頗工，作犬得敎寵之狀，無搖尾乞憐之態。

道士厲歸眞莫知其鄉里。善畫牛虎，並工竹雀鷙禽，筆簡意盡，氣韻蕭爽。坡岸山林亦佳。

李靄之華陰人。善畫山林泉石，尤喜畫貓於藥苗間。雅爲羅紹威所厚，建一亭爲靄之援毫之所，名曰「金波」，時號爲金波處士。

胡擢不知何許人，博學能詩，氣韻超邁。善畫花鳥，亦詩人感物之作也。

梅行思一作再思。江夏人。畫人物牛馬，最工於鷄。爲南唐李氏翰林待詔，品目甚高。

郭乾暉北海營丘人，世呼爲郭將軍。工畫鷙鳥雜禽，疎篁槁木，田野荒寒之景，格律老勁，曲盡物性之妙。鍾隱亦一時名流，變姓名，師事久之，方授以筆法。

郭乾祐乾暉弟。工花鳥，雖不如兄，所學亦相上下。

鍾隱天台人。善畫鷙禽榛棘，能以墨色淺深分其向背。變姓名師郭乾暉，深得其旨。兼工畫山水人物。

黃筌　字要叔，成都人。始學畫，師刁光（胤），早得時名。十七歲事蜀王衍爲待詔，至孟昶，加撿挍少府監，累遷如京副使。花竹師滕昌祐，鳥雀師刁光（胤），山水師李昇，鶴師薛稷，人物龍水師孫位：資諸家之善，而兼有之，無不臻妙。

黃居寶　字辭玉，筌次子。工畫，得家傳，兼以八分書知名。事蜀爲待詔，累遷至水部員外郎。其畫石，文理縱橫，爽砂爽石，稜角峭硬，如虬如虎。

黃居實　紹興祕閣中有會禽圖一，而諸書不載其名。筌有五子，不審其爲第幾人。

滕昌祐　字勝華，吳人。後游蜀，以文學從事，初不婚宦，志趣高潔，脫略時態。工畫花鳥蟬蝶，析枝生菜，傳彩鮮澤，宛有生意，尤長於畫鵝。蓋其觀動植而形於筆端，未嘗專於師資也。兼善書大字。

李頗（一作坡。）南昌人。善畫竹，氣韻飄舉，不求小巧而多於情，任率落墨，便有生意，然所傳於世者不多。

韓虬（一作求。）李椳（一作祝。）不知何許人，皆倜儻不拘，有經略才能。屬唐祚陵季，遂退藏不仕，以丹青自污。學吳道玄，尤長於道釋，好游晉唐間。爲李克用所殺。

張圖　字仲謀，河南洛陽人，朱梁時將軍。少穎悟而好丹青，及善潑墨山水，皆不由師授，自致神妙，亦不法古今，自成一體，尤長於大像。其畫用濃墨粗筆，如草書頣掣飛動，勢甚豪放；至於手面及服飾儀物，則用細筆輕色，詳緩端慎，無一欹吳，怪怪奇奇，自成一家法。

朱瑤　字溫琪，不知何許人，學吳道子，由是知名。

跋異　汧陽人。善畫佛道鬼神及大像。

陶守立　池陽人。世業儒，保大間應舉下第，退居齊山，閉門却掃，以詩酒丹青自娛。善畫道釋鬼神殿閣車馬山川人物，靡不精妙。

竹夢松　建康溧陽人，仕南唐爲東川別駕。善畫人物仕女臺閣，冠絕當代。其布景命意，綽約體態，宛得周昉之格。

施璘　字仲寶，京兆藍田人。工畫竹，有生意，爲當時絕伎。

丁謙　義宜人。工畫竹，師蕭悅，兼善寫蔬果。

何遇　河南長水人。善畫宮室，慕衞賢筆法，尤善山水樹石，爲當時所稱。其間人物，則假手於人。

梁相國于兢　善畫牡丹。幼年從學，因覩檻中牡丹，乃命筆倣之，不浹旬奪眞，後遂酷思無倦，動必增奇。

梁左千牛衛將軍劉彥齊　善畫竹，頗臻清致。有孟宗泣竹、湘妃寺圖傳於世。人物多假胡翼之手，尤能鑒別圖繪，皆極精當。

王殷　工畫佛道士女，尤精外國人物。

李羣　字文幹，唐宗室。工畫人物，爲世所稱。

李玄應及弟玄審　並工畫蕃馬，專學胡瓌。

韋道豐　江夏人。善畫人物寒林，逸思奇僻，不拘小節，當代珍之。然經歲月方成一圖，成則驚人。

朱簡章　江夏人，工畫人物屋木。

王喬士　工畫佛道人物。

鄭唐卿　工畫人物，兼長寫貌。

郭權　江南人，師鍾隱。

史瓊　善畫雉兔竹石。

程凝　善畫鶴竹，兼長遠水。

王道古　善畫雀竹，當時號雀兒王。
唐垓　善畫野禽生菜，水族諸物，世稱精妙。
王道求　工畫佛道鬼神，人物畜獸。始倣周昉，後學盧稜迦，當時名手歎伏。
宋卓　工畫道釋，志學吳筆，不事傅彩。
富玫　工畫佛道。
黃延浩　工畫人物。
王偉　工畫道釋。
張質　定州人，工畫田家風俗。
宋藝　蜀郡人，工寫貌。事王蜀爲翰林待詔。
阮知誨　成都人。工畫貴戚子女，兼長寫貌，事王蜀爲待詔。
高從遇　道興之子。襲父藝，爲孟蜀翰林待詔。
阮惟德　知誨之子。紹精父業，事孟蜀爲翰林待詔。尤善狀宮闈禁苑，皇妃帝戚，富貴之事，精妙頗甚。
杜敬安　齯龜之子，事孟蜀爲翰林待詔。妙於佛像，尤能傅彩。益州名畫錄載爲杜子瓌子，未知孰是。

趙忠義　元德之子，事孟蜀爲翰林待詔。雖從父訓，宛若生知。

蒲宗訓　蜀人，事孟蜀爲翰林待詔。師房從眞，畫人物鬼神，筆法雖細，其勢甚壯。

蒲延昌　宗訓養子，爲孟蜀待詔。工畫佛道鬼神，尤精獅子，行筆勁利，用色不繁。

張玫　成都人，爲孟蜀翰林祇候。工畫人物士女，兼長寫貌。

徐德昌　成都人，爲孟蜀翰林祇候。工畫人物士女，墨彩輕媚，爲時所稱。

周行通　成都人。工畫鬼神人馬，鷹犬嬰孩，得其精妙。

孔嵩　蜀人。善畫龍，兼工花雀與蟬，師刁處士。

趙才　蜀人。工畫人物鬼神，亦長甲騎。

姜道隱　漢州綿竹人。齠齔好畫，及長，不事產業，惟畫是好，布衣芒屩，隨身筆墨而已。嘗於淨衆寺畫山水松石，趙庭隱賵之十縑，拂衣而去。

楊元貞　石城山張玄外族也。工畫釋道羅漢，善爲曹筆，尤精布色。始居蜀，後召入鄴中不回。

董從誨　成都人。世本儒家，心游繪事，佛道人物，舉意皆精。

張景思　金水石城山張玄之裔，工畫佛道。

朱悰　不知何許人，與衞賢並師尹繼昭。

僧楚安　漢州什邡人，俗姓勾氏。善畫山水人物樓臺，點綴甚細。論者謂筆蹤全虧六法，非大手高格。

僧智蘊　河南人。工畫佛像人物，學深曹體。

僧德符　善畫松柏，氣韻瀟灑。住汴州相國寺。

李文才　華陽人。工畫人物屋木山水，善寫眞，時輩罕及，周昉之亞也。事孟蜀爲翰林待詔。

杜弘義　蜀州晉原人，工畫佛像羅漢。

程承辨　眉州彭山人，工畫人物鬼神。

僧令宗　乃丘文播異姓弟。工山水人物、佛像天王。

道士李壽儀　邛州人。宗張簡卿筆法，多畫道門尊像，人呼爲李水墨。

吳越王錢鏐　畫墨竹。

朱澄　事江南李中主爲翰林待詔。工畫屋木。嘗與高太冲等合畫雪景宴圖，時稱絕手。

高太冲　江南人，工傳寫，事李中主爲翰林待詔。嘗寫中主眞，得其神思。

浙僧蘊能　工雜畫，善畫佛像。

李夫人　西蜀名家，未詳世胄。善屬文，尤工書畫。郭崇韜伐蜀得之，夫人以崇韜武弁，常鬱悒不樂。月夕獨坐南軒，竹影婆娑可喜，卽起揮毫濡墨，模寫窗紙上，明日視之，生意具足。或云，自是人間往往效之，遂有墨竹。

李仁章　並州人。學吳畫，長於神鬼。當時論非盧稜迦無以並轡。

杜韜　京兆人，少爲富商。師衞賢深得其要。賢後延爲東榻，所畫與賢相爲伯仲，但傷於奇巧不老耳。

趙弘　字德彰。善畫花鳥，變邊鸞古體，而奪眞像生也。

圖繪寶鑑卷第二終

圖繪寶鑑卷第三

宋

仁宗天資穎悟，聖藝神奇，遇興援毫，超逾庶品。獻穆公主喪明，親畫龍樹菩薩，命待詔傳模，鏤板印施。又嘗畫馬，上有押字，並御寶。

徽宗萬幾之暇，惟好書畫，興學較藝，如取士法。丹青卷軸，具天縱之妙，有晉唐風韻。尤善墨花石，作墨竹，緊細不分濃淡，一色焦墨，叢密處微露白道，自成一家，不蹈襲古人軌轍。尤注意花鳥，點睛多用黑漆，隱然豆許，高出縑素，幾欲活動。畫後押字用天水，及宣和、政和小璽志，或用瓢印，蟲魚篆文。

燕恭肅王元儼名重戚藩，精於像物。畫竹鶴圖，曲盡其妙。嘗自朽十六羅漢，令蜀人尹質描染，稜稜風骨，非嘗所能及。

鄆王楷徽宗第三子。善畫花鳥，極爲精到。尤善墨花，但用墨粗，欠生動耳。

孫夢卿字輔之，東平人。工畫道釋人物，深得吳法，世謂之孫吳生。

孫知微字太古，眉陽彭山人。世本田家，天機穎悟，善畫，初非學而能，清淨寡欲，飄飄然眞神仙中人。喜畫道釋，用筆放逸，不蹈襲前人筆墨畦畛，時輩稱服。描法甚老，黃筌不能過也。

勾龍爽　蜀人。好丹青，喜爲古衣冠，多作質野不媚之狀。尤善嬰孩，得其態度。國初爲翰林待詔。

陸文通　江南人。畫山水道釋樓臺，得名於時。山水學董元、巨然。畫道釋，尤工作神仙故實。

王齊翰　金陵人，事江南李後主爲翰林待詔。畫道釋人物多思致，好作山林丘壑，隱嵓幽卜，無一點朝市風埃氣。

顧德謙　建康人。善畫人物，多喜寫道像，此外雜工動植，風格特異，論者謂王維不能過，而李後主亦嘗謂之曰：「古有凱之，今有德謙。」其愛重如此。

侯翌　字子冲，安定人。善畫，端拱雍熙之間，聲名籍甚。學吳生，落墨淸駃，行筆勁峻，峭拔而秀，絢麗而雅，亦畫家之絕藝也。始年十三，師郭巡官，郭忘其名。越四年，所學過郭遠甚，慮掩郭名，徙寓秦川。

武洞淸　長沙人。父岳，學吳生，工畫人物，尤長於天神星象，用筆純熟。洞淸能世其學，過父遠甚。作佛像羅漢，善戰掣筆，作髭髮尤工，布置落墨，神妙不俗。

楊棐京師人，客遊江浙，後居淮楚。善畫道釋人物，學吳生，尤於觀音得名天下。其子圭，有父風，描像手面，作極細筆。

武宗元字總之，河南白波人，官至虞曹外郎。善丹青，長於道釋，造吳生閫奧。行筆如流水，神彩活動，大抵如寫草書，奇作也。

道士李德柔字勝之，河東晉人，徙居西洛。喜讀書，丹青之技，不學而能。多畫神仙故實，蓋其夙世之習也。尤工寫貌，其設色所設朱鉛，多以土石爲之，故世俗不能。宣和中爲凝神殿校籍。

道士徐知常字子中，建陽人。能詩，善屬文。尤通道儒典教，畫神仙事跡，明其本末，宣和中除蕊珠殿侍晨。

周文矩金陵句容人，事李煜爲翰林待詔。善畫道釋人物，車馬樓觀、山林泉石，尤精仕女。其行筆瘦硬戰掣，蓋學其主李重光畫法。至畫仕女，則無顫筆，大約體近周昉，而纖麗過之。

石恪字子專，成都人。性滑稽，有口辨。工畫佛道人物，始師張南本，技進益縱逸，不守繩墨，多作戲筆，人物詭形殊狀，惟面部手足用畫法，衣紋皆粗筆成之。

李景道　南唐李昇親屬。喜丹青，而無貴公子氣。作文會圖，頗極其思。

李景遊　景道，季孟行也。好畫人物，極勝。作談道圖，風度不凡。

顧閎中　江南人，事李氏爲待詔。善畫人物，嘗與周文矩同畫韓熙載夜宴圖。

顧大中　江南人。善畫人物牛馬，兼工花竹。

郝澄　字長源，金陵句容人。作道釋人馬，筆法清勁。善設色，尤工寫貌。畫鑒載：「曾見澄畫馬甚俗，不過一工人所爲，殊無古意。」二說未知孰是，當質諸博古者。

湯子昇　蜀人。畫山水人物頗工，有鑄鑑圖傳於世，描法佳。

李公麟　字伯時，號龍眠居士，舒城人，登進士第。博覽法書名畫，故悟古人用筆意。作書有晉宋風格。繪事集顧、陸、張、吳及前世名手所善以爲己有，專爲一家。作畫多不設色，獨用澄心堂紙爲之，惟臨摹古畫用絹素著色。筆法如雲行水流，有起倒。論者謂鞍馬逾韓幹，佛像追吳道玄，山水似李思訓，人物似韓滉，瀟灑如王維，當爲宋畫中第一，照映前古者也。官至朝奉郎。

內臣楊日言　字詢直，開封人。喜經史，作篆隸八分。畫山林泉石人物，荒遠蕭散，氣韻高邁，非世俗得以擬倫。尤精寫照。官至昭化軍節度使。

郭忠恕　字恕先，洛陽人。少能屬文，周時爲博士，能篆隸。善畫樓觀木石，皆極精妙。
始亦嘗師關仝，太宗素知其名，召爲國子監主簿。後忤旨，流登州，至齊之臨邑道
中，尸解仙去。

趙克夐　宗室。戲弄筆墨，游魚盡浮沉之態。封高密侯。

趙叔儺　宋宗室。善畫，多得意於禽魚。每下筆，皆合詩人句法，景物雖少，而意常多。

董羽　字仲翔，毗陵人。善畫魚龍海水，其洶湧瀾翻，咫尺汗漫，莫知其涯涘也。事南
唐爲待詔，後歸宋爲圖畫院藝學。

楊暉　江南人。善畫魚，得其揚鬐鼓鬣之態。

徐易暨弟白　海州人。善畫魚，極得其形似。論者謂其皆作出水鱗，不過刀機間物耳。
兼工雜畫，尤能篆隸，爲御書院藝學。

宋永錫　蜀人。畫花竹禽鳥魚蟹，學梁廣，善傅色。

劉寀　少時流寓京師，狂逸不事事，放意詩酒間。善畫水中魚，雖風萍水荇，觀之活動。
至於鱗尾性情，遊潛迴泳，皆得其妙。官至朝奉郎。

董源　江南人，事南唐爲後苑副使。善畫山水，樹石幽潤，峰巒清深，得山之神氣，天

眞爛熳，意趣高古。論者謂其畫水墨類王維，著色如李思訓。兼工龍水，無不臻妙。其山石有作麻皮皴者，有著色，皴紋甚少，用色穠古。人物多用青紅衣，人面亦用粉素，皆佳作也。

李成　字咸熙，唐宗室，避地營丘，遂家焉。世業儒，善文，磊落有大志，因才命不偶，放意詩酒，寓興於畫，師關仝，凡煙雲變滅，水石幽閒，樹木蕭森，山川險易，莫不曲盡其妙。議者謂得山之體貌，爲古今第一。子覺，職踐館閣，贈光祿丞。

范寬（一作中正）　字中立，華原人。性溫厚，嗜酒落魄，有大度，人故以寬名之。畫山水始師李成，又師荆浩，山頂好作密林，水際作突兀大石。既乃嘆曰：「與其師人，不若師諸造化。」乃捨舊習，卜居終南太華，偏觀奇勝，落筆雄偉老硬，眞得山骨，而與關李並馳方駕也。晚年用墨太多，土石不分。

許道寧　長安人。學李成，畫山水。初賣藥都門，畫山水以聚觀者，故早年所畫俗惡。至中年脫去舊學，稍自檢束，行筆簡易，風度益著。峯頭直皴而下，林木勁硬，自成一家體，至細微處，始入妙理。評者謂得李成之氣。

陳用志　潁川郾城人，居小窰鎭，人呼爲小窰陳。國初爲畫院祇侯，已而告歸鄉里。工畫道釋山林，亦善人馬，學胡瓌而多出己意，雖詳悉精徽，但疎放全少，無飄逸處也。

翟院深　營丘人。師李成畫山水。爲本郡伶人，郡宴，方擊鼓，頓失節奏，部長舉其過，守詰之，翟對曰：「性本好畫，操撾之次，忽見浮雲在空，宛若奇峯，可爲畫範，目不兩視，故失其節。」翊日命院深爲畫，果有疎突之勢，甚異之。其臨摹李成，彷彿亂眞，若論神氣，則霄壤也。評者謂得李成之風。

高克明　絳州人。端愿謙厚，喜游佳山水，搜奇訪古，歸則燕坐靜室，故景造筆下。亦喜道釋人馬，花鳥樓觀。評者謂其山水雖工，不免有畫人之習，無深厚高古之氣。仁宗朝爲待詔，守少府監主簿。

郭熙　河陽溫縣人，爲御畫院藝學，善山水寒林，宗李成法，得雲煙出沒，峰巒隱顯之態，布置筆法，獨步一時。早年巧贍致工，晚年落筆益壯。

孫可元　不知何許人，好畫吳越間山水，筆力雖不至豪放，而氣韻高古。

趙幹　江南人，爲南唐畫院學生。畫山水林木，皆江南風景，多作樓觀舟船，水村漁市，花竹散爲景趣，無一點朝市風埃。

屈鼎　開封人。畫山水學燕文貴，頗有思致。仁宗朝爲畫院祗候。

陸瑾　江南人。善畫江山風物，落筆瀟洒，殊無塵埃筆法。筆法布置，大抵宗王維，媚嫵過之。

王士元　汝南宛丘人，王仁壽之子。善丹青，兼諸家之妙。人物師周昉，山水師關仝，屋木師忠恕：凡所下筆，無一筆無來處，故皆精微。但多作樓臺橋徑，如家中景，乏深山大谷煙霞之氣耳。官止郡推官。

燕肅　字穆之，本燕人，徙居曹，今爲陽翟人，文學治行，縉紳推之。喜畫山水寒林，蹈王維之蹤，做李成之範，獨不爲設色。官至禮部尙書，後贈太師。

宋道　字公達，洛陽人，擢第爲郎。善畫山水，閒淡簡遠，取重於時，但乘興即寓意而作，傳世故少。

宋迪　字復古，道之弟，以進士擢第爲郎。師李成畫山水，運思高妙，筆墨淸潤，又喜畫松，或高或偃，或孤或雙，以至于千萬株，森森然，殊可駭也。其猶子子房，亦得家法。

王穀　字正叔，潁川郾城人。寓意丹靑，多取今昔人詩詞意趣，寫而爲圖繪，故鋪張布置，率皆瀟洒。官至大理卿。

范坦字伯履，洛陽人。善畫山水，其筆法學關仝、李成。兼工花鳥，游藝繪事，下筆老健。官至承議郎。

黃齊字思賢，建陽人，擢第爲兵部侍郎。寓興丹青，作風烟欲雨圖，非陰非霽，如梅天霧曉，霏微晻靄之狀，殊有深思。

李公年不知何許人，善畫山水，用筆立意，風格不下於前輩。所布置者，甚有山水雲烟餘思。嘗爲江浙提刑。

李時雍字致堯，號適齋，成都人，崇寧間爲書學諭。寓意丹青，皆不凡。作墨竹尤高，與文同並馳。官至殿中丞。

駙馬都尉王詵字晉卿，本太原人，後爲開封人。喜讀書屬文，所從游者，皆一時之老師宿儒。能畫，學李成山水，清潤可愛。又作著色山水，師唐李將軍，不古不今，自成一家。畫墨竹師文湖州。築堂曰寶繪，收藏古今法書名畫，以爲勝玩，東坡爲之記。

內臣童貫字道輔，開封人。御下寬厚，能節制兵戎。時弄翰游戲，作山林泉石，人以爲珍玩。官至太傅。

內侍劉瑗　字伯玉，開封人。家多奇畫，尤能考覈眞僞，皆極精當。放筆作雲林泉石，頗復瀟灑。官至通侍大夫，贈少師。

內侍梁揆　字仲敍，開封人。善丹靑，花竹人物山水，一一能之。官至直睿思殿。

內侍羅存　字仲通，開封人。性喜畫，作小筆山水，雖身在京國，而浩然有江湖之思致。官至尙食局奉御。

內侍馮覲　字遇卿，開封人。少好丹靑，作江山四時之景，頗極精妙。慕王晉卿筆墨，臨倣亂眞。官至武翼大夫。

僧巨然　鍾陵人。善畫山水，筆墨秀潤，善爲煙嵐氣象於峯巒嶺竇之外。至林麓之間，猶作卵石松柏，疎筠蔓草之類，相與映發；而幽溪細路，屈曲縈帶，竹籬茅舍，斷橋危棧，眞若山間景趣也。得董源正傳者，巨然爲最也。少年時礬頭多，老年平淡趣高。

趙令松　字永年，大年弟。工畫花竹，無俗韻，尤工作水墨花果，但作朽蠹太多，論者或病之。兼畫犬，得名於時。官至右武衞將軍。

趙邈齪　亡其名，朴野不事修飾，故人以邈齪稱，不知何許人也。善畫虎，不惟得其形似，而氣韻俱利。樹石亦佳，如草書法。

朱羲　江南人。畫牛得名，作斜陽芳草，村落荒閒之趣，雖望戴嵩不及，而亦後來名家。

朱瑩　羲族也。畫牛馬得名，尤工人物。

甄慧　睢陽人。善畫佛像，脫落世間形相，具天人之威儀。亦工畫牛馬，而留意甚精。

王凝　不知何許人，爲畫院待詔。畫花竹翎毛，下筆有生意，又工爲鸚鵡獅貓等。

祁序　江南人。工畫花竹禽鳥，又工畫牛，人或謂有戴嵩遺風。至於畫貓，近世亦罕有其比。

何尊師　不知何許人，居衡岳，往來蒼梧五嶺，僅百餘年。人問其氏族年壽，但云「何何」，問其鄉里，亦曰「何何」，時人因號曰何尊師。喜戲弄筆墨，工作花石，尤以畫貓專門，爲時所稱。

趙宗漢　字獻甫，太宗曾孫，濮王幼子。博雅該洽，無聲色之好，唯以丹青自娛。嘗爲雁圖，氣韻瀟散，有江湖荒遠之趣。贈太師，追封景王。

趙孝穎　字師純，端獻魏王第八子。翰墨之餘，雅善花鳥，頗有思致。仕至德慶軍節度使。

趙仲佺　字隱夫，宋宗室。明敏無他嗜好，一意於文詞翰墨間，至於難狀之景，則寄興於丹青。善作草木禽鳥，皆詩人之思致也。封和國公。

趙仲僩　字存道，宋宗室。長於宮邸，雅好繪畫，善花鳥，出遊以筆篋粉墨自隨，遇興見高屏素壁，隨意作畫，率有眞趣，或求則未必應也。追封榮國公。

趙士腆　宋宗室。善畫寒林晴浦，甚多思致，其竹石禽鳥亦稱是。官任武節郎。

趙士雷　字公震，宋宗室。畫山水人物，淸雅可愛，尤長於花鳥。官至襄州觀察使。

李植　字化光，京兆人，觀察使士衡之孫，自幼好道，不樂婚宦。工畫山水，劉貢父嘗贊之。

宗婦曹氏　雅善丹青，所畫花鳥等，皆非優柔軟媚，取悅兒女者，眞若得於游覽，見江湖山川間勝概，以集於豪端耳。

南唐後主李煜　字重光，自稱鍾峯隱居，又略其言曰鍾隱後人。能文，善書畫，書作顫筆樛曲之狀，遒勁如寒松霜竹，謂之「金錯刀」。畫山水人物，禽鳥墨竹，皆淸爽不凡，別爲一格。然書畫同體，高出意外。

黃居寀 字伯鸞，蜀人，筌之季子，初仕孟蜀爲翰林待詔。能世其家學，作花竹翎毛，皆妙得其眞，寫怪石山景，往往過其父。宋太宗朝授光祿丞，委之搜訪名畫，詮定品目，時輩莫不歛衽。當時較藝者，視黃氏體製爲優劣去取。自崔白、崔愨、吳元瑜出，其格遂大變。

丘慶餘 蜀人，文播之子。善畫花禽，兼長於草蟲，凡設色者，已逼於動植。至其草蟲，獨以墨之淺深映發，亦極形似之妙，風韻高雅，爲世所推。初師滕昌祐，及晚年，遂過之。

徐熙 金陵人，世爲江南顯族。熙所尙高雅，寓興閒放，畫花木禽魚蟬蝶蔬果，妙奪造化。今之畫花者，往往以色暈淡而成，獨熙落墨以寫其枝葉蕊萼，然後傅色，故骨氣風神，爲古今絕筆。所畫多在澄心堂紙上，至於畫絹，絹文稍粗，米元章謂「徐熙絹如布」是也。議者謂黃筌之畫，神而不妙，趙昌之畫，妙而不神。兼二者一洗而空之，其爲熙歟。孫崇嗣、崇勳，亦頗得其所傳焉。

徐崇嗣 熙之孫，畫花鳥，綽有祖風。又出新意，不用描寫，止以丹粉點染而成，號「沒骨圖」，以其無筆墨骨氣而名之，始於崇嗣也。

徐崇矩　熙之孫，崇嗣、崇勳，其季孟焉。畫花鳥，能不墜家學。作士女益工，曲眉豐臉，蓋寫花蜨之餘思也。

唐希雅　嘉興人。妙於畫竹，作翎毛亦工。學江南李後主金錯刀書，有一筆三過之法，雖若甚瘦，而風神有餘。變而爲畫，故顫掣三過處，書法存焉。喜作棘櫝荒野之趣，氣韻蕭疎，非畫家繩墨所拘也。

唐宿　唐忠祚　皆希雅之孫。善畫花竹翎毛，得世傳之妙。墨作棘針，雖易元吉不能及之。

趙昌　字昌之，廣漢人。善畫花果，名重一時。初師滕昌祐，後過其藝，作折枝有生意，傅色尤造其妙，兼工於草蟲。蓋其所作，不特取其形似，直與花傳神也。禽石非其所精。

易元吉　字慶之，長沙人。初工花鳥，及見趙昌畫，乃曰「世不乏人」，遂遊荆湖，搜奇訪古，幾與猿狖鹿豕同游，故口傳心繫之妙，一寫於豪端。又於長沙舍後開圃鑿池，以亂石叢篁，梅菊葭葦，馴養水禽山獸，以伺其動靜，資於畫思，故寫動植，無出其右，尤喜畫獐猿。評者謂徐熙已後，一人而已。畫上多自書「長沙助教易元吉畫。」

崔白　字子西，濠梁人。善畫花鳥道釋人物，山林飛走之類，尤長於寫生，極工於鵝。所畫無不精絕，宋畫院較藝者，必以黃筌父子筆法爲程式，自白及吳元瑜出，其格遂變。宋仁宗朝畫垂拱殿御扆稱旨，補圖畫院藝學。

崔愨　字子中，崔白弟。工畫花鳥，推譽於時，筆法規模，與白相若。尤喜作兔，自成一家。官至左班殿直。

艾宣　金陵人。善畫花竹禽鳥，能傅色，暈淡有生意，孤標雅致，別是風規，敗草荒榛，尤長野趣。尤喜畫鵪鶉，著名於時。

丁貺　濠梁人，善畫花鳥。

葛守昌　開封人，畫院祇候。善畫花鳥，率有生意。又工於草蟲蔬菜等物，蓋其所兼耳。

王曉　泗州人。善畫鳴禽叢棘鷹鷂，師郭乾暉而遊其藩。亦能畫人物，極古拙，嘗於李成讀碑圖上見之。

劉常　金陵人。善畫花竹，氣格淸秀，名重江左。家治園圃，植花竹，日游息其間，得意輒索紙落筆，遂與造物者爲友。染色不以丹鉛襯傅，調勻深淺，一染而就。米海岳謂「常之所學，不減趙昌」。

武臣劉永年　字公錫，本彭城人，後徙開封，因家焉。喜讀書，曉兵法，勇力兼人，能從事丹青，出人意表。作鳥獸蟲魚頗工，尤善寫道釋人物，得貫休之奇逸，而用筆非畫家纖豪細管，遇得意處，雖堊帚可用，此畫史所不能及也。官至崇信軍節度使。

武臣吳元瑜　字公器，開封人。善畫花鳥人物山林，師崔白，描法纖細，傳染鮮潤，大變唐五代宋國初之法，自成一家。晚年因求畫者多，因取他畫，或弟子所模寫，冒以印章，繆爲己筆，以塞其責。官至合州團練使。

內侍賈祥　字存中，開封人。少好工巧，至於丹青之習，頗極其妙。作竹石草木鳥獸樓觀皆工，亦善人物。官至知內侍省事，贈少師。

內侍樂士宣　字德臣，祥符人。善丹青，獨喜金陵艾宣畫，久乃悟宣之拘窘，於是捨其故步，而筆法遂陵轢於前輩。善畫花鳥，尤工水墨。官至虔州觀察使，贈少保。

內侍李正臣　字端彥。工寫花竹禽鳥，頗有生意。官至文思使。

內侍李仲宣　字象賢，始專於窠木，後喜工畫鳥雀，頗造其妙。其所缺者，風韻蕭散，蓋亦有所未至焉。官至內侍省供奉官。

端獻王頵　英宗第四子。能篆籀飛白，戲作小筆花竹蔬果，尤喜寫墨竹，無不曲盡其妙。

趙令穰　字大年，宋宗室。游心經史，戲弄翰墨，尤得於丹青之妙。所作甚淸麗，雪景類王維筆，汀渚水鳥，有江湖意。又學東坡作小山叢竹，思致殊佳，但筆意柔嫩，實年少好奇耳。

趙令庇　宋宗室。善畫墨竹，宗文同。凡落筆，瀟灑可愛。官至衡州防禦使。

越國夫人王氏　端獻王婦，王審琦後。作篆隸有古法，爲小詩有林下風致。以淡墨寫竹，整整斜斜，曲盡其態，見者疑其影落縑素也。

駙馬都尉李瑋　字公炤，其先錢唐人，尙仁宗兗國公主。善作水墨，畫竹石亦佳，尤善章草飛白散隸。官至平海軍節度使。

劉夢松　江南人。善以水墨作花鳥，於淺深之間，互相映發，雖采繪無以加也。尤精於墨竹。

文同　字與可，梓潼永泰人，稱石室先生，又自號笑笑先生、錦江道人。善畫墨竹，知名於時。或戲作古槎老枿，淡墨一掃，雖丹靑極豪楮之妙者，形容所不能及也。亦善山水。官至司封員外郞，充祕閣校理。

李時敏　字致道，成都人，時雍之弟。尤工大字，妙於丹青，宣和內府有詩意圖。官至朝請郎。

閻士安　宛丘人，家世業醫。性喜作墨戲，荆檟枳棘，荒崖斷岸，蟹燕蒲藻，皆極精妙。尤長於竹，下筆淸勁，造形圓備。官至國子助教。

梁師閔（一作士閔。）字循德，開封人。能詩，好畫花竹羽毛。官至忠州刺史。

僧夢休　江南人。喜丹青，學唐希雅，作花竹禽鳥，盡物之態。

武臣郭元方　字子正，開封人。善畫草蟲，信手寓興，俱有生態。官至內殿承制。

武臣李延之　善畫蟲魚草木禽獸，寫生尤工。官至左班殿直。

僧居寧　毗陵人。喜飲酒，酒酣則好爲戲墨。作草蟲筆力勁峻，不專於形似，每自題云「居寧醉筆」。

王瓘　字國器，河南洛陽人。工畫道釋人物，深得吳法，世謂之小吳生。武宗元謂「瓘畫事物盡工，設色淸潤，古今無倫」。子端，能世其學。

王靄　開封人，畫佛像人物，追學吳生，能盡其妙。尤長於寫眞。太宗朝授翰林待詔。

趙光輔　耀州華原人。太宗朝爲畫院學生，工畫佛道人物，兼精蕃馬，筆鋒勁利，名「刀頭燕尾」。

高益　涿郡人。工畫道釋鬼神，蕃漢人馬，用墨重，傅色輕，變通應手，不拘一態。

孟顯　字坦之，安化華池人。畫佛道鬼神，人馬屋木，筆無少滯，轉動飄逸，出自己意，自成一家。大率作用氣格，與陳用智相似。

張昉　字升卿，汝南人。工畫佛道人物，學吳生，僅得其法，然用意敏速，變態皆善。

王端　字子正，山東人，瓘之子。喜讀書，工畫山水人物花竹。山水專師關仝，好爲崞石濺水，怪樹老根，有出人意思。亦善墨竹，取唐希雅生竹情狀而爲之，故於向背不失。尤長寫眞，畫鑒謂端「人物古拙無神氣，描法不秀」。

厲昭慶　建業人。工畫佛道人物，尤長於觀音。至於衣紋生熟，亦能分別，前輩殆不及。授圖畫院祇候。

王兼濟　洛陽人。工畫釋道鬼神，學吳道玄，得其餘趣。

高文進　蜀人，從遇之子。工畫佛道，師倣曹吳，筆力快健，施色鮮潤。太宗朝爲翰林待詔。

趙元長　一作長元。字慮善，蜀人。工畫道釋人物，兼工翎毛。授圖畫院藝學。

趙元亨 字彥德，一名懷寶。開封人。工畫釋道人物，兼長屋木，多狀京城市肆車馬，盡事物之情。

孫懷說 安定靈臺人。工畫道釋人物，學吳生，略得其奧，乘興命筆，往往稱絕。評者謂氣格清峭，理致深遠。

南簡 平涼人。性簡傲，閉門獨居，以畫自樂。工畫佛道人物，傳於世者絕少。

王道眞 字幹叔，蜀郡新繁人。善畫佛道人物，兼長屋木。太宗朝爲畫院祇候。亦善畫魚，兼得揚輝之奧。

陳士元 開封人，初名允。喜丹青之學，尤好王士元筆，遂改其名。至於畫屋宇車騎子女皁隸及人家景物，若太湖石、芭蕉花之類，皆如王士元之迹。

王拙 字守拙，河東人。工畫佛道人物，雖放縱矜逸，往往失於卑懦。

王居正 拙之子，學丹青，有父風。善畫仕女，師周昉，得其閒冶之態，然精密有餘，而氣韻不足。

葉進成 江南人。善畫人物士女，設色清潤，頗得閻令之體。

燕文貴 吳興人，隸軍中。善畫山水及人物，初師河東郝惠，又善畫舟船盤車。其作山水，不專師法，自成一家，細碎清潤可愛，然取其骨氣，無有也。

葉仁遇　江南人，進成族弟。工畫人物，多狀江表市肆風俗，田家人物。

毛文昌　字則之，蜀人。好畫郊野村堡人物，能與眞迫。又爲村童入學圖，其行步動止，拜立誦寫，備其風概。

商訓　不知何許人，善鼓琵琶，工畫山水，師范寬，但筆勢勾斫，山石少皴，頗失之拙。宋畫評載學關仝。

黃懷玉　華原人，有足疾，時人目爲跛子。學范寬，頗有其格，蓋意思孤特，得其岩嶠之骨，樹木皴剝，人物淸灑，然大約失之工。向嘗見一本，淸潤可愛；而往往傳世者皆無足觀，恐是僞作耳。

紀眞　亦學范寬，失之似。

劉永　開封人。工畫山水，始師僧德符畫松石，後覩關仝畫，遂捐棄餘學，專法關氏意思筆墨，頗得其法。

李隱　五原人。善畫山水，其勢超峻，截空而立。復有平遠之趣，止以焦墨皴淡，全無勾斫。

龐崇穆　字季和，右北平人。工畫山水，能爲羣峰列岫，雲烟聚散之象。大中祥符中，欲授以畫院之職，遯去不仕。

曹仁希　字企之，毗陵人。善畫水，爲驚濤怒浪，萬流曲折，以至輕波細溜，於一筆自分淺深之勢，甚佳，古今無及。

裴文睍　開封人，仁宗朝翰林待詔。工畫水牛，骨氣老重，翎渲謹密，亦一代佳手。然形似乏古意，不足也。

龍章　字公絢，京兆人。性淳靜好古，居亦冠帶。善畫虎兔，亦工道釋，尤長於裝染。

馮清　陝郡閿鄉人，眞宗時入圖畫院。善畫槖駞，兼工平畫，亦能畫火。

韓拙　字全翁，南陽人。善畫山水窠石，有山水純全集行於世。

荀信　江南人，工畫龍水，眞宗時翰林待詔。

吳懷　江南人，善畫龍水。

吳進　亦善龍水。

李用及　開封人。能畫馬，深得韓幹筆法，人多稱之。亦善鬼神，宗吳生。

張戩　一名鈐。幽國人。善畫蕃馬及人物，師趙光輔，得其筆法。但爲蕃族面目，多類漢人，於體爲失。

辛成不知何許人，籍隸軍中。工畫虎，有精神氣骨。

陶裔京兆鄠人，工畫花鳥，精於寫生，形製設色，與黃筌相近。太宗朝爲翰林待詔。

馮進成江南人，工畫犬兔，思慮精巧，尤善染澤。

解處中江南人，爲南唐後主翰林司藝，俗呼爲解將軍。善畫雪竹，有冒寒之意，但間泊翎毛，頗虧形似耳。

毋咸之江南人。善畫雞，毛色明潤，瞻視清爽，大有生意。

傅文用開封人。工畫花鳥，有黃筌之風，特精野雉鵓鴿，能辨四時毛采。

李茂不知何許人，善畫人物，淸麗可愛。

夏侯延祐字景休，蜀人。工畫花鳥，師黃筌，粗得其要。官至圖畫院藝學。

劉文惠不知何許人，善畫花鳥，傅采雖勤，而氣格傷懦。

王友字仲益，漢州人。師趙昌，畫花果不由筆墨，專尙設色，得其芳豔之意，比之於昌，終乏潤澤之妙。

道士牛戩字受禧，河內人。工畫翎毛，多信筆寫寒鵲野雉鳩子，佳甚。但柘棘不甚精高。然筆墨粗豪縱放，亦不俗，師劉永年。

李雄　北海人。工畫佛道，偏長鬼神，罕有倫比。

蔡潤　建康人。善畫舟船及江河水勢。太宗朝授圖畫院待詔。

呂拙　開封人。工畫樓觀，太宗營玉清宮，拙畫鬱羅蕭臺樣稱旨，授翰林待詔，不就，願爲本宮道士，仍得賜紫。拙畫屋木絕妙，又能映帶池塘，但人物傷繁耳。

劉文通　開封人。善畫樓臺。眞宗朝入畫院爲藝學。

宋澥　字則未聞，長安人，湜之弟，司封道之從祖。高潔不仕，善畫山水林石。

隱士趙雲子　善畫道像，於青城丈人觀畫諸仙，奇絕。

袁仁厚　師李文才。

郝處　江南人。工畫佛道鬼神，兼長寫貌。

顧洪祝　不知何許人，工畫人物。

高懷節　文進長子，太宗朝爲翰林待詔。頗有父風，兼長屋木。

童仁益　字友賢，蜀人。工畫人物尊像，出自天資，不由師訓，筆力勁健，類孫知微。

龍章　京兆櫟陽人。工畫道釋人物，兼工傳寫，尤善畫虎。子淵，有父風。

鍾文秀　開封人，爲翰林待詔。工畫道釋，山水學關仝。

田景　慶陽人，工畫人物，有奇思。

李元濟　太原人，工畫道釋人物，精於吳筆。

王易　鄜州人，亦工佛道人物，學隣元濟。

陳坦　晉陽人，工畫道釋人物。其畫田家，固爲獨步。

張宗古　工山水。

道士李八師亡其名。　邛州依政人。工畫道門尊像。

劉道士亡其名。　建康人。工畫佛道鬼神，落筆遒怪。尤善山水，師董源與巨然，同時畫亦同，但劉畫道士在左，巨然則以僧在左，以此爲別耳。

丘訥　河南洛陽人。工畫山水，體近許道寧，筆氣不逮，而用墨過之。

郝銳　不知何許人，工畫山水。

梁忠信　開封人，仁宗朝爲畫院祇候。工畫山水，體近高克明，而筆墨差嫩。又寺宇過盛，棧道兼繁。

李宗成　鄜畤人。工畫山水寒林，學李成，破墨潤媚，取象幽奇，林麓江皋，尤爲盡善。

評者謂得戚之似。

董贇 潁川長社人。工畫山水寒林，學志精勤，豪鋒老硬；但器類近俗，格致非高。

侯封 邠人，爲圖畫院學生。工畫山水寒林，師許道寧，不能踐其老格，然筆墨調潤，自成一體，亦郭熙之亞。

符道隱 長安人。工畫山水寒林，學無師法，多從已見，當其合作，亦有可觀。

僧擇仁 寓永嘉。善畫松，初集諸家所長而學之，後夢呑數百條龍，遂臻神妙。性嗜酒，每醉揮墨於綃紈粉堵之上，醒乃添補，千形萬狀，極於奇怪。

吳僧繼肇 工畫山水，與巨然同時，體亦相類，但峯巒稍薄怯也。

劉贊 蜀人。工畫花鳥龍水，迹意兼美。

李符 襄陽人。工畫花，彷彿黃體，而丹青雅淡，別是一種風格。然於翎毛，骨氣有得失耳。

李懷兗 蜀人。工畫花鳥，學黃氏，與夏侯延祐不相上下。

李吉 開封人，嘗爲畫院藝學。工畫花鳥，學黃氏。

侯文慶 開封人，爲翰林待詔。工畫草蟲及寫蔬菜，體尙精謹，殊乏生氣。

董祥　開封人，爲翰林待詔。工畫花木，有瑠璃瓶中雜花折枝，人多愛之。

李祐　河內人，善畫花鳥。

建陽僧惠崇　工畫鵝雁鷺鷥，尤工小景，善爲寒汀遠渚，瀟灑虛曠之象，人所難到也。

卑顯　不知何許人，眞宗朝爲翰林待詔。工畫馬，有韓幹之風，筆力勁健。

張戡　瓦橋人。工畫蕃馬，居近燕山，得胡人形骨之妙，盡戎衣鞍勒之精。

丘士元　不知何許人，工畫水牛，精神形似外，特有意趣。

胡九齡　絳人。工畫水牛，筆弱於裴文睍，而意瀟灑。愛作臨水倒影牛，人多稱之。

包貴　宣城人。善畫虎，名聞四遠，號老包也。

包鼎　貴之子。雖從父訓，抑又次焉。

任從一　開封人，仁宗朝爲翰林待詔。工畫龍水海魚，爲時推賞。

戚文秀　工畫水，筆力調暢。畫清濟灌河圖，一筆長五丈，自邊際起，通貫於波浪之間，與衆豪不失次序，超騰回摺。畫鑒載：「常州佛寺後壁有徐友畫水，亦名清濟灌河，中有一筆，尋其端末，長四十丈，筆法既老，波浪起伏，相對活動，愈看愈奇。」

路衙推（亡其名。）不知何許人，善畫魚，體致純古。

劉仲懷　山陰人，元祐徙居諸曁。善畫墨竹，筆法師文湖州。

蒲永昇　成都人，性嗜酒放浪。善畫水，東坡嘗得其畫，每觀之，陰風襲人，毛髮爲立。

何霸　不知何許人，工畫船水，其名尤著。

支選　不知何許人，仁宗朝爲畫院祇候。工畫太平車，又畫酒肆邊絞縛樓子，有分疎界畫之功，兼工雜畫。

趙裔　不知何許人，工雜畫，兼長道釋人物，學朱繇，用筆少亞，而傅彩爲精。亦善花鳥。

高懷寶　懷節之弟。工畫花鳥草蟲蔬果，頗臻精妙。與兄懷節，同時畫院祇候。高氏自道興至二子，凡四世，皆以畫進，延賞於世，誠可佳矣。

鄧隱　梓州人。工佛像鬼神，山水花鳥。

張敦禮　汴梁人，哲宗壻也。畫人物樹石，並倣顧陸，筆法緊細，神采如生。贈太師。

程坦　善雜畫，松竹頗佳，人物甚俗。米元章謂能汙茶坊酒肆者，此論眞是。

僧仲仁　會稽人，住衡州花光山。以墨暈作梅，如花影然，別成一家，所謂寫意者也。

趙叔盎　字伯充，宋宗室。善畫馬。

趙士暕　字明發，宋宗室。讀書能文，兼工畫，有高軒過圖。
趙士衍　宋宗室，號花一相公。長於著色山水，意韻可喜。
趙士安　宋宗室。長於墨竹，不遵川派，好作筆竹，殊秀潤。
蘇軾　字子瞻，眉山人。高名大節，照映古今，復能留心墨戲。作墨竹師文與可；枯木奇石，時出新意，木枝榦虬屈無端，石皴老硬，大抵寫意，不求形似。
米芾　字元章。天資高邁，書法入神。作畫喜寫古賢像；山水其源出董源，天眞發露，怪怪奇奇；枯木松石，自有奇思。
晁補之　字無咎，濟北人。善畫山水，官至知泗州事。
劉涇　字巨濟，簡州人，米元章書畫友也。善作林石槎竹，竹以圈筆爲葉，筆墨狂逸，體製拔俗，極有奇思。官至職方郎中。
蘇過　字叔黨，東坡先生季子也。善作怪石叢篠，咄咄逼翁。又畫山水，遠水多紋，依岩多屋木，皆人迹絕處，並以焦墨爲之，此出奇也。官至中山倅。
宋子房　字漢傑，鄭州滎陽人，少府監選之子，復古之姪。善畫山水，不古不今，稍出新意。官至正郎。

程堂　字公明，眉人。善畫墨竹，宗文湖州。好畫鳳尾竹，其梢極重，作囘旋之勢，而枝葉不失向背。尤善寫園蔬，極佳。

范正夫　字子立，潁昌人，文正公諸孫，德孺之子。長於水墨雜畫，標格清秀，有訪戴圖、鶺令圖、竹石圖。知鳳翔，還鄉死於兵。

顏博文　字持約，德州人。長於水墨，作人物，筆法位置如李伯時，但氣韻差短耳。又善墨花。

任誼　字才仲，宋復古之甥。畫山水，髣髴籠潑，清潤可喜。亦能畫花。隸書學蔡中郎。官至灃州通判。

李石　字知幾，資州人。醉吟之餘，時作小筆，風調遠俗。官至成都倅。

杭士林生　作江湖景，蘆雁水禽，氣格清絕。米元章謂「可並徐熙，在艾宣張涇之右，南唐無此畫」。

寶覺大師　畫翎毛蘆雁，甚不俗。

李甲　字景元，華亭人。作逸筆翎毛，有意外趣。木不佳。

周純　字忘機，成都華陽人，後久留荆楚，亦自稱楚人。畫山水師李思訓，衣冠師顧愷之，佛像師李伯時，又尤善畫花鳥松竹牛馬，一一清絕。

高燾　字公廣，沔州人，自號三樂居士。作小景自成一家，清思可人，一洗工氣；眠鴨浮雁，枯枿衰楊，最爲珍絕。篆隸飛白，一一造妙。

僧德正　信州人，徐競明叔之兄，徐林稺山之弟，登科爲平江教官，棄而爲僧。能畫山水人物，種種清絕，專師李伯時。

劉明復　善畫山水，師李成。官至直龍圖閣。

蔣長源　字永仲。作著色山水，頂似荆浩，身似李成。葉取眞松爲之，如靈鼠尾，大有生意。石不甚工。作淩霄花纏松，亦佳作。

鄜陵王主簿（亡其名。）長於花鳥，東坡曾題其折枝花。

李世南　字唐臣，安肅人。善畫山水寒林。官至大理丞。

趙宗閔　畫墨竹，山谷嘗題之。官至尙書郎。

薛判官　不知其名，善墨竹。

倪濤　字巨濟，宣和間爲都司。善畫墨戲草蟲。

文勛　字安國，善畫山水，官至太府寺丞。

劉延世　字王孟，新喻人，公是先生敞之猶子。善寫墨竹。築堂曰「抱瓮」，爲講書之所。

王沖隱　名持，字正叔，長安人。畫禽鳥竹棘，師崔白。

靳東發　字茂遠。工畫人物，集古今諫諍百事爲圖，號百諫圖。官至州倅。其子詠，字少張，亦善山水。

李頎　字粹老。嘗畫山，並詩上東坡，東坡次其韻。

陳直躬　高郵人，工畫禽雁。

朱象先　字景初，松陵人。馳名元符間，善畫。

張無惑　山人也，善山水。

何充　姑蘇人。能寫貌，擅藝東南，無出其右。

眉山老書生　不得其名，作七才子入關圖，山谷謂「人物各有意態，以爲趙雲子之苗裔，摹寫物象漸密，而放浪閒遠，則不逮也」。

雍秀才　不知何許人，善畫蟲魚。

章友直　字伯益。善畫龜蛇，頗有生意。

黃斌老　潼川安泰人，文湖州妻姪，登科，任戎倅。善畫竹。

黃彝　字子舟，斌老弟。善畫竹。

劉明仲　善作竹。

黃與迪　善墨竹。

楊吉老　字克一，張文潛之甥。善畫竹。

成子　不得其名，畫山水。

張遠　字行之，太原榆次人，隱居山間。善畫山水。

張明　遠之姪，亦擅名山水。

王元通　滄州人。工山水，師李成。爲人毫逸，每畫竟，大呼奇奇數聲，乃得意筆也。

閭丘秀才　江南人，不記名。長於畫水，無所宗師，自成一家。

喬仲常　河中人。工雜畫，人物師李伯時。

孔去非　汝州人，寧極先生之後。長於小筆，淸雅可玩。尤工草蟲，蜂蝶竹雀，甚可觀。

劉松老　字榮祖，巨濟之子。書學米元章，畫師東坡。

王逸民　永康導江人，初爲僧，名紹祖。詩畫俱倣周忘機，而氣韻懸絕也。學山谷草書，亦佳。
馮久照　字明遠，汾州人，後寓蜀。畫山初頗繁冗，後因郭熙之孫游卿來爲太守，盡以家學傳之，其格遂一變。
劉履中　字坦然，汴人也。善畫人物，筆勢雄特，仙佛亦其所長。但故事人物，未脫工氣。
劉銓　字眞孺，成都人。喜畫山水，尤精佛像，描墨成染，與李道明無異，而淸勁過之。
季皓　字雲叟，唐臣孫也，避亂入蜀，畫山林。
張嗣昌　字起之，與可外孫。筆法旣有所授，每作竹，乘醉大呼，然後落筆。
婦人盧氏　許州人。能作墨竹，梅聖俞嘗賦詩題之。
任粹　才仲之姪，能作著色山水。
雍巘　字幼山，興元人。善山水，作岩崖枯木雲氣。畫墨梅尤佳。
牟谷　不知何許人，善傳寫，能寫正面眞。眞宗朝授翰林待詔。
尹質　蜀人，工傳寫，兼長雜畫。
歐陽鬒　開封人，工傳寫。

僧維眞　嘉禾人，工傳寫。

僧元靄　蜀人，太宗朝供奉，工寫貌。

蔡肇　字天啓，丹陽人，登進士第，仕至從官。畫山水人物，尤好作枯槎老樹，怪石奔湍，頗多古意。

程若筠　宣政間太乙宮道士。善作古木老棘，殊峭勁。兼寫花竹翎毛，疏渲頗工。花則每樹只作數花，亦頗淸雅。

道士蕭太虛　畫墨竹墨梅，松柏雜樹。每畫須用濃墨作枝梢，其上斡暈梅花，有山林淸幽氣象。題名作陰文篆字於石上，如石刻然，自作一格，淸奇可愛。

甘風子　關右人，陽狂好酒，畫人物以細筆作頭面，動以十數，然後放筆如草書法，以就全體，頃刻而成，妙合自然，多畫列仙之流。

王顯道　漢州人。本餅師，後專心畫龍，格製雄壯。

成宗道　長安人。工人物，兼善刻石，臨摹吳筆上石，眞迹細如絲髮，不失精神體段，宛然如畫。

三朵花　房州人，不知姓名，嘗戴三朵花，故名之。能自寫眞。

眉山道士羅勝先　自號雲和山長。善山水，有古意。

李時擇　遂寧人。見武洞淸所畫羅漢，豁然曉解，得其筆法。兵亂歸蜀，卽以畫名。

楊大明　字民瞻，號至樂子。善龜蛇。

杭僧眞慧　杭人。畫山水佛像，近世佳品；翎毛墨竹，有江南氣象。

惠洪覺範　能畫梅竹，用皂子膠畫梅於生絹扇上，燈月下宛然影也。筆力於枝梗極遒健。

道宏　峨眉人，姓楊，受業於雲頂山，相貌枯瘁。善畫山水佛僧。晚年似有所遇，遂冠巾改號龍岩隱者。

妙喜師　長寫貌。

道臻　嘉州石洞僧，能墨竹。

吳僧法能　工畫羅漢。

祖鑒　成都僧，畫觀音。

智平　成都淸涼院僧，善畫觀音。

虛己　成都柏林院僧，善山水。

覺心　字虛靜，嘉州人。善畫草蟲，後工山水。
智源　字子豐，遂寧人。工雜畫，尤長於人物山水。
智永　成都僧。工小景，長於傳摸，宛然亂眞。
眞休　漢嘉僧。善摸榻人物如眞。
宋莊　字臨仲，漢傑之孫。其山水氣韻得家法，但筆未老耳。
賈公傑　字千里，昌朝孫，炎之子。學馬賁，而標格過之。又作佛像，極精細，衣縷皆描金而不俗。
郭道卿　字仲常；游卿　字季態：熙之諸孫，皆爲郡守。頗有家學，善畫馬，其筆法眞季孟也。
高大亨　字通叟，長於山水。
錢端回　戚里人。善寫平遠。
李景孟　字仲淳。善畫馬，尤於圖畫，鑒別精確。
邵少微　字叔才，澤民子。工畫石竹禽獸，筆墨草具，而有餘意。
李元崇　字季姚，文正公裔，無盡甥。畫山水師范寬，淸潤可喜。官至縣令。

葉漢卿　李漢舉　楊道孚　薛彥晦　王佐才　雷殿直　已上俱善墨作。

道士田白　兗州人。畫竹石，學東坡。

李蕃　字元翰，成都人，才元之曾孫。能畫道釋人物，全學范瓊，但不喜布色。

崇德郡君李氏　王之才妻，公擇之妹。能臨松竹木石，見本即爲之，卒難辨。

臺亨　夏縣人。元豐中修景靈宮，調天下畫工，亨名第一。待詔翰林，固辭歸養。

和國夫人王氏　宗室仲輗室。善字畫，兼長翎毛。

張嗣昌母　文湖州第三女。嘗臨湖州黃樓障，暮年以手訣傳嗣昌。

章友直女　名煎，能如其父篆筆畫棊盤。

任才仲妾豔豔　有絕色，善著色山水。

桐廬方氏　陳晦叔子婦，作梅竹極清遠。

魏觀察　宣政宦寺，善墨竹。

劉國用　漢州人，工畫羅漢。

陳自然　工畫佛，兼長水禽。

于氏　不記名，河東人。能畫佛道鬼神。

雷宗道　商州人。工雜畫，尤長於佛像山水，山水似郭熙。

能成甫　工畫佛像山水。官至縣令。

費宗道　蔡州人，畫佛道鬼神。

吉祥　平陽人。工佛道，筆墨輕淸，山水亦佳。

司馬寇　汝州人。佛像鬼神人物，種種能之，宣和間稱第一手。

楊傑　閬州人。長於鬼神，每下筆，先畫手足，然後三兩筆成就全體。

張通　鄜延人，長於仙佛。

李士雲　金陵人；程懷立　南郡人；朱漸　開封人；朱宗翼　徐確　俱善寫照。

劉宗道　開封人。作照盆孩兒。以手指水影，影亦相指，形影自分。

杜孩兒　開封人。在宣政間，其筆盛行。

王可訓　京西人，元豐待詔。工山水，自成一家。

池州匠　畫秋浦九華，粗有淸趣，師董元。

李明　善山水。

蔡規　建昌人，善山水。

八二

兼至誠不知何許人，善畫山水，意匠精深，筆力高古。補將仕郎。

賀眞延安人，出自戎籍。畫人物山水，古木怪松，得郭熙筆法。

寧濤華陰敷水人。師范寬，多作關右風景，其巧過寬，而渾厚藏蓄不及。但樓觀人物，失於太顯。

寧久中濤子也。工山水人物，得出俗之態，筆意不減其父，但多平遠道路之景，不起峯頂耳。

高洵開封人。工山水，師高克明，尤長於湖石，晚年復師范寬，花鳥師程若筠。

馮曠河內人。工山水，體製不類前人，自成一家，筆墨蒼老，峯巒秀潤，馳名熙寧間。

何淵畫院人。專師高克明，往往逼眞，然失之繁碎。

劉翼耀州人，呼爲劉評事。學范寬，而有自得處。

宋處邢州人。善畫山水，曾模郭熙滿溪春溜圖。

李遠青州人。學李成，氣象深遠，馳名崇觀間。

郝士安太原楡次人，張遠弟子。事師甚敬，常執杖倚立左右。

張舉懷州人。工山水，尤長瀑濺。

趙林　字子安，懷州人。善山水，步驟李成。
郭鐵子　楡次人。學李成，善鍛鐵作方響，故號之。
老成　洛州人。工雜畫，尤長山水。性沈靜，筆法謹細如其人。
李希成　華州人，慕李成，遂命之。初入畫院，自晦以妨忌嫉，比已補官，始出所長。
田和　陝州人。學李成，意韻深遠，筆墨精簡。
蒙亨　華州人。學寧濤山水，得典型也。
戰德淳　畫院人。能著色山水，人物甚小，靑衫白袴，烏巾黃履，不遺豪髮。又作紅花綠柳，淸江碧岫，一扇之間，有十里光景，眞可愛也。
和成忠　京西人，宣和待詔。學李成山水，筆墨溫潤，病在煙雲太多爾。
劉仲先　成都人，善山水。
郝孝隆　太原人，師李成。
瀟湘劉堅　師范寬，頗柔媚，樓閣人物，種種皆工。多作小圖，無豪放之氣。時作竹石，甚有風致。畫院學生。
尹白　汴人。專工墨花，習花光梅，扶疏縹緲。

李覺　京師人，字民先。長於山水，醉後能潑墨作圖，曲盡自然之態。

張涇　姑蘇人。米元章稱其翎毛蘆鴈不俗。

陳常　江南人。以飛白筆作樹石，有淸逸意，折枝花亦以逸筆，一抹爲枝，以色亂點花，欲奪造化，妙作也。人物不工。

張希顏　漢州人，初名適。善畫花，師趙昌。大觀初累進畫花，得旨補畫學諭，後變從院體。官至蜀州推官。

任源　漢州人，少隸軍籍。師張希顏，盡得其法。

費道寧　懷安人，善畫花，多作交枝。

楊寵　成都人。善畫花，可亞費道寧。

楊祁　彭州人。善花鳥，又工畫雞。

李猷　河內人。長於鷹鶻，精神態度，曲盡其妙。

韓若拙　洛人。善翎毛，政和間兩京推爲絕筆。

孟應之　不知何許人，精於翎毛。

老麻　關中人。熙寧間以花鳥稱，非蜀之居禮也。

宣亨　汴人，精於花鳥。

胡奇　長安人，長於蘆雁。

鮑洵　京西人，工花鳥。弟洋，亦善其技。

盧章　汴人。工畫花鳥，多畫禁中佛像。

劉益　字益之，汴人。工花禽，宣和間與富燮供御，多取內殿珍禽諦玩以爲法。其描染類郭乾暉，尤長小景，靖康之難，流落嶺表，多畫山果野禽，故人呼爲劉村。子椿，世其業。

富燮　汴人，宣和間與劉益同供御。布景運思，過於益。

夏奕　不知何許人，工翎毛，畫瀉鵡作對而皆雄，蓋求脫俗也。

田逸民　濟南人。長於墨竹，極佳。入宣和畫院祇應。

李誕　河間人。多畫叢竹，筍籜鞭節，色色畢具，此宣和體也。

張舜民　字芸叟，號浮休居士。嗜畫山水，作秋景自賦詩云：「我有故山常自寫，免教魂夢落天涯。」畫上有浮休二字可辨。紹聖貶筠州，紹興初追復直學士。

李遵易　不知何許人，善畫魚。

侯宗古　善畫龍。

郗七　不知名。亦善畫龍，比宗古有筆力。

陳皋　漢州人。長於蕃馬，頗盡胡態。張戡之甥也。

路皋　並州人。畫槖駝，兼長鬼神。

龔吉　不知何許人，長於兔，人所不及。

吳九州　燕人。善畫鹿，曲盡其態。

周照　專畫狗。

郝章　汾州人，長於人馬。

老侯　瀘州人。善畫猿鹿，兼長花鳥，頗有生意。

趙樓臺　不知名，相州人，善畫屋宇。

郭待詔　趙州人，善界畫。

任安　汴人。工界畫，每與賀眞合手作圖軸。

陶績　金陵人，畫花果，尤工蔬菜。

薛志　字子尙。長於水墨雜畫，翎毛不逮花果，不善設色。

馬賁　河中人，宣和待詔。工畫花鳥佛像，人物山水，尤長於小景。

周曾　不知何許人，與馬賁同時，差高於賁。尤長山水。

段吉先　不知何許人，晁無咎曾題其小景。

李達　汴人。好作沙汀遠岸，含蓄不盡意。

劉浩　居華陰。愛作雪驢水磨，故事人物，多布敍景致，意象幽遠，筆法輕清。

楊威　絳州人，工畫村田樂。

郭思　熙之子。亦善雜畫。崇觀中應制畫山海經圖，其中瑞馬，頗得曹韓遺法。

姒頤眞　南陽人。畫墨鬼，暈淡有功，山谷嘗跋之。

黃宗道　宣和畫院待詔。工畫人物，蕃馬師胡瓌、東丹王。世論胡畫馬得肉，東丹得骨，宗道二法俱備。畫上寫「京師黃宗道」。

道士林靈素　善作墨竹，湖州玄妙觀有石刻一枝尙存。

陳珍　蜀人。畫花竹學徐熙。

何澄　長沙人。工畫神佛，因其祖曾收武洞清畫本甚多，觀習久之，得其遺意，然後落筆。自幼及長，無日不作，老而愈勤。傳染簡淨，不假重色。

賈行恭　北地人。善寫道釋鬼神，尤長於巨人大馬。

郭信　京師人，補畫院，賜緋待詔。或云熙之裔。工畫道釋，落筆細秀。亦善山水，得李成惜墨法，氣象淸曠。其皴搶叉類賀眞，亦一代奇筆也。

呂漸　洛陽人。工畫佛像，威儀雄偉，尤善山水窠石，深得位置。

周與權　長沙人，工畫佛像，筆法勁爽。

田松　舞水人。工畫道釋人物，筆法勁健，傅染輕淡。

王藻　工畫牛馬。

趙宣　用飛白筆作人物，宣和元年，試中畫人。

洪子範　東京人。工人物山水。

楊安道　九江人。學范寬山水，用焦墨太重耳。

戴琬　京師人，宣政間在翰林，恩寵特異。工翎毛花竹。嘗得入閤供奉，後因求者甚衆，徽宗聞之，封其臂不令私畫，故傳世者鮮。

王登仕　中原人。畫佛道像別具一體，衣帶飄薄。

超師　北地人，宣和畫院名手。工道釋人物。

張武翼名諒。工道釋人物，其蹟爲畫家格範，今世稱院體者是也。二子永年、康年。永年後事劉益學花鳥；康年有父風，未中年而卒。

張戩不知何許人，志尙淸虛，每以琴自娛。工畫山水，應奉翰林日，徽宗遣其乘舟，往觀山水之勝，作八景圖。未及進上，而虜禍作，遂留滯湘中。

傅逸京師人。工畫人物，師張諒，善描染。

王晟景陵人。師張諒，長而變法，尤善山水。初學張戩，而後變體。

盧道寧少事張諒，工畫人物，尤精傅染。作山水師賀眞，多作寒林古木，用墨恬淡。

丁晞顏字令子。書畫皆精，全似李伯時，嘗有所畫孝經。

圖繪寶鑑卷第三終

圖繪寶鑑卷第四

宋南渡後

高宗　書畫皆妙，作人物山水竹石，自有天成之趣，上用乾卦印。晚居北內，多用「太上皇帝之寶」、「德壽殿寶」御府圖書。

趙士遵　高宗之叔，封漢王。善人物山水，著色景頗似李昭道。紹興間，一時婦女服飾及琵琶阮面，所作多以小景山水，實始於士遵。然其筆超俗，特一時倣傚宮中之化，非專爲此等作也。

趙子澄　字處廉，宋宗室。嘗作濺瀑，欲動屋，筆力極遒壯。

景獻太子諱詢　燕王德昭九世孫，希懌之子。善畫竹石。其子乃裕，孝宗之弟也，官至保寧軍節度使，臨川郡王，謚莊靖。書學高孝兩朝筆法。尤工墨竹，喜作挂屏，長竿枝梢，傍出如簷底，乍見濃墨獵獵，頗具掀舞之態。題詩其上，用「善雅堂」印。

趙師宰　字牧之，居天台臨海。登眞西山門，學墨竹，得徐熙之妙，見稱於人。號隨菴。

趙與懃　居處州青田，正惠公希暉之子，嘉熙間知臨安府，以右文殿修選奉祠，與兄與戀以治辦並稱於時。臨摹古畫莫能辨，善作墨竹。號蘭坡。

趙伯駒　字千里。善畫山水花禽竹石，尤長於人物，精神清潤，能別狀貌，使人望而知其詳也。高宗極愛重之，仕至浙東兵馬鈐轄。

趙伯驌　字希遠，千里弟。善畫山水人物，尤長於花禽。傅染輕盈，頓有生意。嘗畫姑蘇天慶觀樣進呈，孝宗書其上，令依元樣建造，今玄妙觀是也。仕至觀察使。子師睪，官至八座。

趙孟堅　字子固，號彝齋居士，居海鹽廣陳鎭，寶慶二年進士。修雅博識，人比米南宮，東西游適，一舟橫陳，僅留一榻偃息地，餘皆所挾雅玩之物，意到左右取之，吟弄忘寢食，過者望而知爲趙子固書畫船也。善水墨白描水仙花梅蘭山礬竹石，淸而不凡，秀而雅淡，有梅譜傳世。官至朝散大夫，嚴州守。

趙孟淳　字子眞，子固之弟，繼秀安僖王後，自號竹所。墨竹可觀。

趙孟奎　字文耀，太師忠惠公與𥲅之子，號春谷。畫竹石蘭蕙。官至祕閣修撰。

吳琚　字居父，憲聖皇后姪，太寧郡王益之子。性寡嗜好，日臨古帖以自娛，字類米南宮。以詞翰被遇孝宗，非他戚屬比。嘗作墨竹坡石，品不俗。自號雲壑，歷尙書郎，部使者，直學士，慶元年間，以鎭安節度使留守建康，遷少保，謚忠惠，世稱吳七郡王，汴人。

楊瓚　字繼翁，恭仁皇后姪孫，太師次山之孫，度宗朝女爲淑妃，官列卿。好古博雅，善琴，倚調製曲，有紫霞洞譜傳世。時作墨竹，自號守齋。

楊鎭　字子仁，嚴陵人，自號中齋，節度使蕃孫之子，尙理宗周漢國公主。平居少飮，喜觀圖史，書學張即之。工丹青墨竹，在鄆王員大夫間，蘊藉可觀。凡畫，賦詩其上，卷軸印記，淸致異常，用「駙馬都尉」印。

謝堂　號恕齋。善畫竹拂蘭，松石窠木，淸雅可愛。官至樞密使。

米友仁　字元暉，元章之子。能傳家學，作山水淸致可掬，略變其父所爲，成一家法。煙雲變滅，林泉點綴，草草而成，不失天眞，意在筆先，正是古人作畫妙處。每自題其畫曰「墨戲」。晚年多於紙上作之。

廉布　字宣仲，山陽人，自號射澤老農。畫山水，尤工枯木叢竹，奇石松柏，本學東坡，靑出於藍。官至武學博士，以張邦昌壻，貟才不得用。子孚，亦有父風。

王淸叔　開封人，乾道間進士，號醒菴。學廉宣仲畫枯木竹石，臨倣逼眞，但筆墨粗惡，少生意耳。官至太府卿，世稱王經略之名特著。

揚補之　字無咎，號逃禪老人，南昌人也，祖漢子雲，其書從才不從木。高宗朝以不直
秦檜，累徵不起，又自號淸夷長者。水墨人物學李伯時，梅竹松石水仙，筆法淸淡
閒野，爲世一絕。

韓侂胄　嘉泰間爲平章大師。善作水墨竹石，所畫大葉琅玕，自稱曰「太師竹」。卷軸上
用「安陽開國」印記。

俞澂　字子淸，吳興人。作竹石得文蘇二公遺意，淸潤可愛。光宗朝任大理少卿，寶謨
閣待制，致仕號且軒。

晁說之　字以道，號景迂。喜作帶景秋色蘆鴈。世惟知崔白，不知以道尤妙。官至侍讀
學士。

李昭　字晉傑，鄄城人，李文靖之曾孫。山水學范寬，又善畫花，長於墨竹，自云：「他
人以蕭疎爲能，余以重密爲巧，吾一派不讓文湖州也。」尤精篆，學三墳記。

魏燮　字彥密，北人。長於水墨梅竹雜畫，工詩。高宗見而喜之，除浙西參議。

連鰲　字仲舉，自號石臺居士。精長短句，工畫魚，幾於徐白。紹興年間人。

王利用　字賓王，潼川人，舉進士。善畫山水，長於人物，精謹而已。亦能書。高宗頗

愛之，官至夔憲。

朱敦儒　字希眞。善畫山水，官至浙東憲。

江參　字貫道，江南人。形貌清臞，嗜香茶以爲生。居霅川，深得湖天之景，平遠曠蕩，盡在方斗。長於山水，師董源、巨然、趙叔問。居三衢，治園築館，取楚詞之言，名之曰「崇蘭」，嘗與陳簡齋、程致道從容其中，命貫道爲之圖，及令畫史各繪像其上，乃賦詩焉。

鄭希古　河東人。長於平畫，每出新意，輒過人。初未甚精，紹興初遇郝章於閬州，盡得其法。

楊簡　字敬仲，慶元慈溪人，師於陸象山。喜作墨竹，士大夫求者，欣然落筆，有石本橫枝傳世。理宗朝官至寶謨閣學士，謚文元，人尊稱曰慈湖先生。

王會　字元叟。工花鳥，頗拘院體，枝葉爪羽，窮極微細，乾道間官朝請大夫。

馬和之　錢唐人，紹興中登第。善畫人物佛像，山水倣吳裝，筆法飄逸，務去華藻，自成一家。高孝兩朝，深重其畫，每書毛詩三百篇，令和之圖寫。官至工部侍郎。

陳容　字公儲，自號所翁，福唐人，端平二年進士，歷郡文學，倅臨江，入爲國子監主簿，出守莆田。賈秋壑招致賓幕，無何，醉輒狎侮之，賈不爲忤。詩文豪壯。善畫龍，得變化之意，潑墨成雲，噀水成霧，醉餘大叫，脱巾濡墨，信手塗抹，然後以筆成之，或全體，或一臂一首，隱約而不可名狀者，曾不經意而得，皆神妙。時爲松竹，云作柳誠懸墨竹，豈卽鐵鉤鎖之法歟。寶祐間名重一時，垂老筆力簡易精妙，絳色者可並董羽，往往贋本亦託以傳。

單煒　字炳文，好古博雅，與姜白石爲友。善書，喜寫竹。

張端衡　鎭江人。畫木石有名。以進士調句容縣尉。

丁權　字子卿，越人。善畫竹，自述竹譜。

陳珩　字行用，號此山，所翁弟。亦善龍水，時亦作水墨枯荷折葦，蟲魚蟹鷸及墨竹，極有生意。仕朝請郎。

艾淑　字景孟，建寧人，號竹坡，早游太學。善畫竹，與陳所翁同舍，畫龍俱得名，時稱六館二妙。仕爲寧海軍節度判官。時又有茅汝元，舉進士，號靜齋。善墨梅，人以艾竹茅梅爲稱。

林泳　興化人，膚齋林希逸之子。善墨竹。自號弓寮。

魯之茂　海鹽當湖人，號雪村。畫梅竹。寧宗朝仕爲郎。

王柏　字會之，號魯齋，金華人，丞相淮之族。事朱氏門人楊船山，又從何北山，不求聞達。德祐間將起之，俄卒。梅竹之妙，不妄與人，世罕知之。

湯正仲　字叔雅，江西人，揚補之甥，後居黃巖，號閒菴，開禧年貴仕。善畫梅竹松石，清雅如傅粉之色，水仙蘭亦佳，大抵宗補之，別出新意，用「湯氏叔雅」印。

畢良史　字少董，紹興間進士。善作窠木竹石雲龍，能寫唐人小楷，書畫俱妙。

陳虡之　字雲翁，號止所，溫州人，咸淳初進士，深於易。作墨竹，每見竹折小枝，就日影視之，皆欲精到。歷官揚州教授，終奉議郎。

馬宋英　溫州人，放達能詩。父歿，家貲日削，至錢唐游淨慈寺，寫古松於壁，題云：「磨出一錠兩錠墨，掃出千年萬年樹，月明烏鵲誤飛來，踏枝不著空歸去。」丁大全丞相賞其詩畫，急命索之，人忌其能，閟不令出，卒不遇，此誠詩讖。作墨梅竹，俱妙。

毛信卿　失其名，溫州人。屢試無成，放意詩酒，畫竹自給，號貧山。杭人得其片幅，轉售於市，輒爭取之。自言「大竹畫形，小竹畫意，得法於趙牧之」。

裴叔泳　字德游，號靜菴居士，其先汴人，徙錢唐，財雄鄉里，建炎間裴節使之孫也，與楊中齋駙馬爲書畫友，善寫蘭竹窠木怪石，畫上用「嘉善堂」印。

水丘覽雲　杭州臨安人。效米元暉作山水逼眞，又善寫貌。

揚季衡　洪都人，補之姪。畫墨梅得家法，又能作水墨翎毛。又有劉夢良，亦鄉里親黨，俱寫墨梅。

僧超然　不知何許人，善作山水，其峯巒礬頭，酷似郭熙；至於屋宇林石，坡灘水口，筆法孱弱，與巨然殊不相類。今人多以巨然超然連稱，莫曉所謂。

武道光　錢唐人，東太乙宮道士。善潛補六朝古名畫，又能作花鳥窠木竹石。

闕生　不知何許人，作古木雪景梅花，寒鴉凍鵲，深得其意。

許龍湫　江南術士。山水師米元暉，用筆自成一家，設色淸潤。

左幼山（一作幻山。）　錢唐景靈宮道士。善花鳥山水人物，師閻次平。

葛長庚　閩人，自號白玉蟾。嗜酒苦吟，善草書，畫竹石。游湘潭，與葉天谷皆言得道。鄂州城隍廟壁林竹，是其眞跡。嘗畫祖師張平叔、薛道光及自己像。

丁野堂　名未詳，住廬山淸虛觀。善畫梅竹，理宗因召見，問曰：「卿所畫者，恐非宮梅？」對曰：「臣所見者，江路野梅耳。」遂號野堂。

歐陽楚翁　字無塵，龍虎山道士。善畫山水窠木竹石，水墨梅花，四時之景，尤工畫龍。

其子雪友，亦臻其妙。

僧梵隆字茂宗，號無住，吳興人。善白描人物，山水師李伯時，高宗極喜其畫，每見輒品題之，然氣韻筆法，皆不逮龍眠。

僧法常號牧溪。喜畫龍虎猿鶴，蘆雁山水，樹石人物，皆隨筆點墨而成，意思簡當，不費妝飾；但粗惡無古法，誠非雅玩。

僧月蓬不知何許人，貌古怪，亦不知止宿何地。畫觀音佛像、羅漢天王，得古人體韻。其畫不妄與人，人罕有之。

僧靜賓號白雲。善作異松怪石，如龍騰虎踞，上寫草字，寺院多收。

瑩玉磵西湖淨慈寺僧。師惠崇，畫山水。

僧蘿窗不知名，居西湖六通寺。與牧溪畫意相侔。

僧子溫字仲言，號日觀。作水墨葡萄，自成一家法，人莫能測。又號知歸子。

僧若芬字仲石，婺州曹氏子，爲上竺寺書記。摹寫雲山以寓意，求者漸衆，因謂：「世間宜假不宜眞，如錢唐八月潮，西湖雪後諸峯，極天下偉觀，二三子當面蹉過，却求玩道人數點殘墨，何耶？」歸老家山，古澗側流，蒼壁間占勝作亭，扁曰「玉澗」，因以爲號。又建閣對芙蓉峯，號芙蓉峯主。嘗自題畫竹云：「不是老僧親寫，曉來誰報平安。」

僧仁濟　字澤翁，姓童氏，玉澗之甥。書學東坡，墨竹學俞子淸，梅學揚補之，自謂用心四十年，作花圈稍圓耳。山水亦得意。

僧圓悟　閩人，號枯崖。能詩，喜作竹石。

僧慧舟　號一山叟，天台人，居西湖長慶寺。能詩，作小叢竹，或二三竿，或百十成林，不見其重復冗雜。

僧太虛　江西人，作竹學鄆王楷。

李唐　字晞古，河陽三城人，徽宗朝曾補入畫院。建炎間太尉邵淵薦之，奉旨授成忠郎，畫院待詔，賜金帶，時年近八十。善畫山水人物，筆意不凡，尤工畫牛。高宗雅愛之，嘗題長夏江寺卷上云：「李唐可比唐李思訓。」

劉宗古　汴京人，宣和間待詔，成忠郎。畫人物山水佛像。靖康亂，流落江左；紹興二年進車輅式稱旨，復舊職，除提舉車輅院事。其畫人物，長於成染，不背粉，水墨輕成，但筆墨纖弱耳。

馬公顯　弟世榮。興祖子。俱善花禽人物山水，得自家傳。紹興間授承務郎，畫院待詔，賜金帶。世榮二子，長曰逵，次曰遠，世其家學。

楊士賢　宣和待詔，紹興間至錢唐，復舊職，賜金帶。工畫山水人物，師郭熙，多作小景山水。林木勁挺，似亦可取；峯石水口，雄偉之筆，遠不逮熙。

李迪　河陽人，宣和蒞職畫院，授成忠郎，紹興間復職畫院副使，賜金帶，歷事孝光朝。工畫花鳥竹石，頗有生意，山水小景不逮。

李安忠　居宣和畫院，歷官成忠郎，紹興間復職畫院，賜金帶，工畫花鳥走獸，差高於迪。尤工捉勒，山水平平。

蘇漢臣　開封人，宣和畫院待詔。師劉宗古，工畫釋道人物臻妙，尤善嬰兒。紹興間復官，孝宗隆興初畫佛像稱旨，補承信郎。其子焯，能世其學，隆興畫院待詔。

朱銳　河北人，宣和畫院待詔，紹興間復職，授迪功郎，賜金帶。工畫山水人物，師王維，尤好寫騾綱雪獵盤車等圖，形容布置，曲盡其妙，筆法類張敦禮。

李端　汴人，宣和畫院待詔，紹興間復官，賜金帶。作梨花鳩子得法。

張浹　宣和畫院待詔。畫人物山水師郭熙。紹興間復官，賜金帶。

顧亮　宣和待詔。師郭熙畫山水人物。與張浹同流落江左，宮觀寺院，畫壁餬口。紹興間復職，賜金帶。

胡舜臣　張著　俱學郭熙山水，與張浹、顧亮同門，各得熙之一偏。亮能作大幅巨軸；浹喜布置；著畫重山疊巘，頗繁冗；舜臣謹密，雖皆不逮其師，然後人亦無及之者。

李從訓　宣和待詔，紹興間復官，補承直郎，賜金帶。工畫道釋人物花鳥，位置不凡，傅采精妙，高出流輩。

閻仲　宣和百王宮待詔。工畫人物絳色山水，尤工畫牛。紹興間復官，補承直郎，畫院待詔，賜金帶。筆法頗粗俗。

閻次平　弟次于，皆仲之子，能世其學而過之。畫山水人物，工於畫牛。次平彷彿李唐，而跡不逮意，次于又次之。孝宗隆興初進畫圖稱旨，補次平將仕郎，次于承務郎，畫院祇候，賜金帶。

吳炳　毗陵人。工畫花鳥寫生折枝，可奪造化，采繪精緻富麗。光宗李后，多愛其畫，恩賚甚厚。紹熙間畫院待詔，賜金帶。

林椿　錢唐人，工畫花鳥翎毛，師趙昌，傅色輕淡，深得造化之妙。淳熙年畫院待詔，賜金帶。

趙彥　汴人，居臨安，不入畫院，開市鋪，畫扇得名。作人物山水，細碎深遠。

蕭照　濩澤人。頗知書，亦善畫。靖康中流入太行爲盜，一日掠至李唐，檢其行囊，不過粉奩畫筆而已。叩知其姓氏，照雅聞唐名，卽辭賊隨唐南渡，得以親炙；唐感其生全之恩，盡以所能授之。紹興中補迪功郎，畫院待詔，賜金帶。其畫山水人物，異松怪石，蒼浪古野，惜用墨太多。書名於樹石間。

周儀　宣和畫院待詔。善畫人物，謹守法度，淸秀入格，承應摹唐畫有可觀。紹興年復官，賜金帶。

劉松年　錢唐人，居淸波門，俗呼爲暗門劉，淳熙畫院學生，紹熙年待詔。師張敦禮，工畫人物山水，神氣精妙，名過於師。寧宗朝進耕織圖稱旨，賜金帶。院人中絕品也。

李嵩　錢唐人。少爲木工，頗遠繩墨，後爲李從訓養子。工畫人物道釋，得崇訓遺意，尤長於界畫。光寧理三朝畫院待詔。

賈師古　汴人。善畫道釋人物，師李伯時白描。紹興畫院祗候。其人物頗得閒逸自在之狀。

王訓成　山東人。爲人物山水，描寫粗惡。紹興畫院待詔，名餠餡王。當時上方所尙蕭李之迹，故訓成不得志而死。

焦錫　宣和院人，紹興復爲畫院待詔。師石恪畫人物。

馬興祖　河中人，賁之後，紹興間待詔。工花鳥雜畫，高宗每獲名蹤卷軸，多令辨驗。

馬遠　興祖孫，世榮子。畫山水人物花禽，種種臻妙，院人中獨步也。光寧朝畫院待詔。

馬逵　遠兄，得家學之妙。畫山水人物，花果禽鳥，疏渲極工，毛羽燦然，飛鳴生動之態逼眞，殊過於遠，它皆不逮。

徐珂　蘇漢臣壻。學婦翁畫人物，得其遺意，頗能描寫，其傳染則不及。

梁楷　東平相義之後。善畫人物山水，道釋鬼神，師賈師古，描寫飄逸，青過於藍。嘉泰年畫院待詔，賜金帶，楷不受，挂於院內，嗜酒自樂，號曰梁風子。院人見其精妙之筆，無不敬伏，但傳於世者皆草草，謂之減筆。

夏珪　字禹玉，錢唐人，寧宗朝待詔，賜金帶。善畫人物，高低醞釀，墨色如傅粉之色，筆法蒼老，墨汁淋漓，奇作也。雪景全學范寬，院人中畫山水，自李唐以下，無出其右者也。

毛松　沛人。一作吳郡崐山人。善畫花鳥四時之景。

毛益　松之子，乾道間畫院待詔。善畫花鳥小景。

王定國　汴人，隨吳郡王渡江，居臨安。工寫花鳥，師李安忠，亦學二崔筆法，傅色輕淺，清雅不凡。後郡王薦入仕，賜金紫。

陳居中　嘉泰年畫院待詔。專工人物蕃馬，布景著色，可亞黃宗道。

白良玉　錢唐人。工畫道釋鬼神。寧理朝畫院待詔。子用和輝，能世其學，寶祐年畫院待詔。

王輝　錢唐人，理度朝畫院祇候。畫人物道釋頗工，亦能作山水，草率。嘗用左手描寫，遂目爲左手王。

李瑛　安忠子。家傳畫花竹禽獸。紹興年畫院待詔。

李永年　嵩之姪。世其家學，咸淳畫院祇候。

何青年　錢唐人，善畫道釋人物。

陸青　師李唐作山水得筆法，用墨清秀，簡易不凡。喜用濃墨，木葉不分，唯風雨圖最佳。紹熙畫院待詔。

張訓禮　舊名敦禮，避光宗諱，改今名。學李唐畫山水人物，恬潔滋潤，時輩不可及，劉松年師之。一說著色青綠如趙千里筆法。

趙大亨 乃二趙阜隸。每供其昆仲，研朱調粉，遂亦能畫。時人以其肥偉，目爲趙大漢，自恥其俗，因就名大亨。多畫青綠山水，神仙故實。

於青年 毗陵人。嘉定間專畫荷花草蟲，世號於荷。

馮大有 文簡公族孫，自號怡齋，寓居吳門。專畫蓮荷，精巧入格。

彭皋 錢唐人。師林椿，畫花果寫生。

高嗣昌 珣之從子。師李唐作山水寒林古木。嘉定間畫院待詔。

韓祐 石城人。尤善寫生小景花鳥草蟲，師林椿，染色筆法，可並石橋王。紹興畫院祗候。較之時流畫，頗覺版實。

朱懷瑾 錢唐人，寶祐年畫院待詔，景定間爲福王府使臣，咸淳年賜金帶。作人物山水樹木窠石，多畫雪景。筆法用墨，全師夏珪，謹守規矩，殊欠瀟灑。

孫必達 錢唐人。善畫道釋鬼神，師蘇漢臣。淳祐年畫院待詔。

俞珙 錢唐人，師梁楷畫人物山水，布景著色逼眞，但筆法差弱。紹定年畫院待詔。

毛允昇 益之子。能世家學。景定年畫院待詔。

李權　錢唐人。師梁楷。咸淳年畫院祗候。
陳淸波　錢唐人，多作西湖全景。
喬鍾馗　又喬三教　寶祐年待詔。
葉肖巖　杭人。作人物小景類馬遠，專工傳寫。寶祐間人。
馬永忠　錢唐人，寶祐畫院待詔。師李嵩，嵩多令代作。
豐興祖　錢唐人。工畫人物山水，界畫花禽，師李嵩。景定畫院待詔。
張仲　工畫花禽，筆法可並林椿。寶祐年待詔。亦善人物山水。
顧興裔　錢唐人。專師馬和之，筆法設色俱不逮。淳祐年畫院待詔。
孫覺　善水墨白描毛女，筆力細巧。寶慶年畫院待詔。
陳宗訓　杭人。師蘇漢臣，畫道釋人物仕女，描染未精，人呼爲鐵陳。紹定年畫院待詔。
范安仁　錢唐人，寶祐畫院待詔。善畫魚，俗呼范獺子。
夏森　珪之子。善畫山水，筆法用墨，不逮其父遠甚。
胡彥龍　儀眞人。善畫人物天神，寒林水石窠木，描法用大落墨，自成一家格法。紹定間苗安撫薦入朝，爲畫院待詔。

趙芾　鎭江人。作人物山水窠石，江勢波浪，金焦二山，有氣韻，有筆力，師古人，無院體，惜乎僅作一郡之景，畫意不遠耳。

魯宗貴　錢唐人，善畫花竹鳥獸窠石，描染極佳。尤長寫生，雞雛鴨黃，最有生意。紹定年畫院待詔，出入楊駙馬府。

錢光甫（甫一作普。）杭人。專科畫魚帶景，精妙如活可愛。景定間畫院待詔。

陳可久　寶祐間待詔。工畫魚，四時花木師徐熙，上花下魚，筆力意淺，用色鮮明。

李章　杭人，從訓之後。善畫人物、著色山水。

蘇堅　焯之子。善畫道釋人物。慶元間待詔。

范彬　錢唐人。善畫人物山水，師李權，劉朴，其弟子也。

陳珏　錢唐人，號桂巖。善人物、著色山水。寶祐年待詔。子琳世其學。

崔友諒　金陵人。善畫道釋人物、絳色山水。淳祐年馬光祖薦補畫院待詔。多作大幅雪景及小簇子。

劉朴　師范彬，又師梁楷，畫人物。子燿，世其學。

徐道廣　杭人，號古巖，畫花鳥，師樓觀。景定年待詔。

曹正國字良有。善畫佛像天神，描法入格。景定年待詔。
李德茂迪之後。善畫花禽鷹鶻野景，不逮其父。淳祐待詔。
謝昇杭人。善畫花竹仕女。景定年待詔。
顧師顏杭人。師李嵩，畫道釋人物。景定年待詔。
史顯祖杭人。善畫人物仕女、青綠山水。端平年待詔。
周鼎臣杭人。師王輝，畫道釋人物。
朱玉杭人，號栁林朱。善畫天神雷部兵將。寶祐待詔。
張翠峯淮陽人。師胡彦龍，專畫龍神雷部天將。
衞松二趙昆仲皁隸。嘗供役使，遂多獲其遺稿，且熟識其用意傅色制度，與趙大亨每倣二趙圖寫，皆能亂眞。
單邦顯吳郡人。學千里晞遠。畫林木山水，則全不然，惟花卉蜂蜨，粗可彷彿。
老戴忘其名，吳郡崑山人。亦學二趙，林木山水，可追蹤趙大亨、衞松。花卉謬甚，與單邦顯正相反。
趙子雲江西人。能作一筆畫，凡寫人面及手，描畫頗工，至衣摺則如草符篆，一筆而就，蓋不欲蹈襲，自成一家爾。

陳善　紹興間人。學易元吉畫猿獐禽鳥花果，頗能逼眞。傅色輕淡，過於林吳。

劉思義　紹興間待詔。專畫青綠山水，拙於布置。善於傅色，亦不足觀。

朱光普　字東美，汴人，南渡補入畫院。學左建畫村田樂及農家迎婦等，亦善山水。

朱森　銳之弟。亦工山水人物，凡布置行筆，俱不逮兄。

楊公傑　不知何許人？畫小景禽鳥，得荒閒之趣。

張紀　錢唐人。師李迪，工畫花竹禽獸，不及其師。

朱紹宗　工畫人物貓犬花禽，描染精邃，遠過流輩。隸籍畫院。

王宗元　不知何許人，家居石橋，人遂目爲石橋王。專學惠崇，作池塘小景，頗有野趣。

周詢　錢唐人。工畫界畫樓臺。占籍后邸，少與人畫，故所傳不多。

王友端　不知何許人，工畫獵犬，得其搖尾乞憐之態，世不多見。亦善花鳥。

秦友諒　毗陵人，少爲縣吏。善畫草蟲，其花卉未可言工，特於蟬蜨之類，傅色輕妙，人頗稱之。

李東　不知何許人，理宗時常於御街鬻其所畫村田樂、常酣圖之類，僅可娛俗眼耳。

畢生　文簡公諸孫，寓居吳郡。工畫牡丹，甚有生意。其壻姚亨，能繼其業。

僧智叶　白描佛像人物。

僧眞惠　善畫花果。

僧希白　白描荷花。

聞秀才　善畫梅蘭竹石。

員眞　字光祖，一字勝之，金陵人。畫墨竹坡石。

吳迪　字泰之，杭州人。畫梅蘭竹石，蕭散可喜。扁所居室曰「惠齋」，號心玉道人。

陸仲明　畫山水窠石。

李思賢　畫人物山水。

張思義　善畫人物花竹。

闞次安　仲子。畫山水窠石。

黃益　畫山水，學夏珪。

王公道　畫山水人物小景。

侯守中　畫花竹翎毛。

李春　畫神佛。

李遵　畫人物，嘗見有女孝經圖傳世。

孫用和　畫道釋人物。

張圍練　山水人物頗清潤。

李煥　畫神佛。

李確　白描學梁楷。

徐凱之　畫人物窠石。

王用之　輝子。畫道釋人物。

房斂　畫花竹。

徐世榮　畫界畫，兼工嬰兒。

衞昇　畫花鳥甚佳。

夏東叟　畫道釋人物。

宋良臣　畫花鳥。

黃承務　道釋人物，兼寫照。

魏道士　畫道釋人物。
章程　畫人物山水。
呂源　畫花禽。
綱兵朱　畫山水窠石。
王木　畫蕃馬。
夏子文　畫山水。
赤目張　畫山水師夏珪。
葉森　畫山水。
儲大有　畫花竹。
楊八門司　畫蘭石窠木。
何閣長　畫魚。
蔣太尉　畫山水窠石梅蘭。
劉門司　墨戲。
李苑使　墨戲。

張鎡　字功父，號約齋。淸標雅致，爲時聞人，詩酒之餘，能畫竹石古木，字畫亦工。

毛存　杭人。父伯益，坐韓侂胄黨，流嶺表，存乃跋涉數千里，函骨歸杭，人稱篤孝。善墨竹水石，如楊中齋、裴德游諸人皆宗之。號勿齋，人但謂之毛門司。

王介　號默菴，慶元間內官太尉。善作人物山水，似馬遠、夏珪，亦能梅蘭。

劉夫人　希，字號夫人，建炎年掌內翰文字。善畫人物，師古人筆法，及寫宸翰字，高宗甚愛之。畫上用「奉華堂」印。

胡夫人　平江胡元功尙書女，黃尙書由之妻，自號惠齋居士。精於琴書，畫梅竹小景俱不凡，時比李易安夫人。

湯夫人　叔雅之女，趙希泉妻。寫梅竹，每以父閒菴圖書識其上。

翠翹　洪內翰侍人，失其姓，自題云「翠翹戲筆，」字畫婉媚。程大昌題詩云：「戲作風枝斜，再惱玉堂宿。」

蘇氏　建寧人，淳祐間流落樂籍，以蘇翠名。嘗寫墨竹扶疏，旁八分書題，如「倚雲」「拂雲」之類，頗不俗。亦作梅蘭。

趙士表　宋宗室。善山水，尤喜作墨竹，思致如鄆王，秀潤過之。

羅仲通　汴人。好畫墨竹，頗自珍惜，故傳世絕少。所作殊精緻，但類院體，行筆巧妙，乏瀟散氣象。

李明友　字題孺，成都人。

黃廣　字彥暉，靖州人。

霍適　字南仲，渭州人。俱善畫竹。

吳璜　延陵人。畫竹師文湖州。

師永錫　蜀人。嘗畫老竹枯木。

王世英　字才仲，號頤齋，不知何許人，效東坡作墨竹。

來子章　不知何許人，作墨竹，但葉失之太短。

鑑湖惰民　云賀方回裔孫，名字未詳。作平遠細竹，瀟灑可喜。

尹大夫　遺其名，高宗朝畫院待詔。善墨竹。

張茂　杭人，光宗朝隸畫院。作山水花鳥俱精緻，小景更佳。

趙子厚　宋宗室。作小山叢竹，有思致。

劉浩　常州無錫人。作窠石人物。紹興中人。男顯，世其業。

劉文惠　善畫花鳥。

何浩　畫花鳥類李迪。

侯必大　不知何許人，工畫花竹。

陶忠　工水墨山水。紹興中人。

游昭　京口人。習山水。紹興間人。

李祐之　東京人，紹興間居臨安。寫佛像鬼神，尤工牛馬。

左建　西京人。用逸筆畫村田樂。

田宗源　字子濟，東京人。習范寬山水，尤工雜畫。後居金陵。

周珏　專畫水。紹興中人。

時光　大名人。習賀眞山水，筆蹟細碎，喜作短松怪石，密林芳樹。後居鎭江。男建亨，小字烏郎，亦能畫。

執煥　紹興中殿前使臣。工畫人物故實。

張鎰　字季萬，北人，後居滁州水口，善草書，尤工山水，得破墨法。

呂元亨　金陵人，工花鳥。

林俊民　紹興畫院待詔。習范寬山水。

祝次仲　字孝友，太末人。工山水，尤善草書。

徐本　工雜畫。紹興間人。

黃庭浩　工人物。

武克溫　上京人，紹興間工蕃馬。

陸琮　工山水蕃馬，學田宗源。

毛文昌　工田家風俗。

陳廣　宣城人，習徐白魚水。

睢世雄　工魚水。

施義　金陵人，習李唐山水。

周白　平之曾祖。工山水。

董琛　金陵人，習施義山水。

劉興祖　工花鳥，師江伯清，後習韓祐。

熊應周　金陵人。習小米山水，兼工花鳥。

陸懷道　通州人。習田宗源山水，作濺瀑，出而無源，流而不散。

毛政　廬江人。工神佛及山水。

趙君壽　臨安人，工傳寫及仕女。

趙賓王　鄂渚人，工傳寫。

萬濟　工墨竹。

宋永年　臨江人，後居金陵。善寫梅。

趙山甫　京口人。淳熙中習老米山水。

王洪　龍祥　俱蜀人，紹興中習范寬山水。

陳禧　金陵人，乾道中工雜畫。

何世昌　淳熙畫院人，工花鳥。

陳椿　杭人。習郭熙山水。乾道間祗應甲庫。

徐世昌　石城人，本之從子。工花鳥。

魯莊　杭人，工人物。乾道間祗應修內司。

徐京　宗馬遠山水。

王安道　宗李迪花鳥。

林彥祥　紹興間人。嘗臨盧鴻草堂圖，小米跋其後。

衞光遠　畫花鳥師李迪。

曹瑩　畫花鳥師李迪。

周左　山水人物師周儀。

陳左　仕女宗陳宗訓。

梁松　隸畫院。師賈師古，描寫飄逸，青過於藍。

李公茂　安忠之子。世其家學，然不逮父。

宋碧雲　景定間畫院待詔。善人物花竹翎毛。

吳俊臣　江南人，淳祐間畫院待詔。善人物山水，多作雪景，師朱銳。

李澄　畫山水及牛，宗李唐。

王曾　字孝先，封沂國文正公，昭陵名臣。書畫皆合格。

吳瓌　益王子琚之弟。工畫竹。

翟汝文　字公巽、潤之，丹陽人，紹興初參知政事。嘗自畫佛道像六十餘軸及著色楚天春曉圖，藏於家。

湯叔周　乃叔雅之弟。亦工墨梅。

紫微劉尊師　僞齊豫之孫。工山水人物。

趙師睪　字從善，千里之姪。善畫花。

曹申甫　工木石風竹，與梵隆爲畫友。

王華　景定間畫院待詔。工花鳥。

包寀　宣城人。家世畫虎，能紹其業。

盛師顏　金陵人。工雜迹及道釋像，仕女凝面，每用北螺青或烟墨水淡開，謂之「青蛾粉白」，有一種富貴氣象。

牟益　字德新，理度朝人。畫入能品。

僧德止　號濤谷。工畫，嘗畫廬山尋眞觀一壁，朱文公題其上。

張翼　字性之，號竹林，金陵人。初學畫於胡彥龍，成於盛師顏，人物道像雜迹外，尤工逸筆。居杭時嘗爲巨璫羅大節作導引四圖，各系以自製小讚，羅上直時，張於直舍中，理宗顧見之，曰：「此畫極工緻，可於閤下開版。」竟不問誰筆，其運窮不偶如此。

顏直之　字方叔，號樂閒，吳郡人。善小篆，工畫人物。

金

顯宗　章宗父。畫獐鹿人馬，學李伯時，墨竹自成一家，雖未臻神妙，亦不涉流俗，章宗每題其籤。

海陵煬王完顏亮　嘗竹墨戲，多喜畫方竹。

完顏璹　字仲實，號樗軒，封密國公。家藏法書名畫，幾與中祕等。喜作墨竹，自成規格，亦甚可觀。

王庭筠　字子端，號黃華老人，遼東人，大定中進士，官至翰林修撰。善山水古木竹石，上逼古人。論者謂胸次不在米元章下。尤善草書。曼慶子。

王曼慶　字禧伯，號澹游。善墨竹，樹石絕佳。亦能山水，然不迨墨竹。官至行省左右司郎中。

任詢　字君謨，號南麓，易州人。草書入能品。山水亦佳，在王子端下。

李澥　字公渡，相州人。能行書，工畫山水。

龐鑄　字才卿，號默翁，大興人，明昌進士，官至京兆轉運使。善山水禽鳥。

李遹　字平甫，號寄菴，欒城人，明昌進士，官至東平府治中。善山水，嘗爲元裕之畫繫舟山圖，得前輩不傳之妙。龍虎亦佳。

李仲略　字簡之，大定進士，官至山東按察使。畫山水，嘗臨米元章楚山圖。

劉謙　光甫父，號東軒。工畫山水。

王競　字無競，彰德人，官至翰林承旨。善大字，作墨竹亦古怪。

虞仲文　字質夫，武州定遠人。善畫人馬墨竹，學文湖州。官至平章，封秦國公。

趙秉文　字周臣，號閒閒，滏陽人，官至翰林學士。書效鍾王。畫梅花竹石，筆力雄健，命意高古。

蔡珪　字正甫，丞相松之子。畫墨竹學文湖州。官至濰州守。

張汝霖　字仲澤，遼陽人。畫墨竹師黃華。官至平章。

耶律履　字履道，契丹人，東丹王七世孫，官至尙書右丞。善畫鹿，作人馬墨竹尤工。

耶律浩然　工山水。

韓將軍　未詳其名。善墨竹。

馬天驥　字雲章，介休人。能畫作小竹石，瀟灑可喜。弟雲卿、雲漢，皆善畫。

陳道輔　京兆人。好寫墨竹。自號夜江散人。

謝宜休妻　遺其姓氏，小字阿環。山水學李成，精妙合格。竹學王華，亦可觀。

武元直　字善夫，明昌名士。能畫，有巢雲、曙雪等作。

李元素　趙霖　周濟川　並善畫。

喬夫人　工墨竹。

李早　工畫人物，甚佳，樹石不稱。明昌間人。張翰林翥嘗題其三馬圖云：「金原六葉全盛年，明昌政似宣和前；寶書玉軸充內府，時以李早方龍眠。」

武伯英　惇縣人，進士，官至觀州同知，善畫。

劉器之　祁陽人，以墨竹得名，兼精小景。

張公佐　並州人。工山水，明昌泰和間，推爲獨步。

大簡之　渤海人，工松石小景。

錢過庭　畫山水，以米老楚山淸曉圖爲法。

段志賢　工畫龍。

徐榮之　工花鳥。
李仲華　善畫湍流高樹。
李漢卿　東平人，工草蟲。
黃謁　精蕃騎，嘗見雪獵圖，題「大金國御前應奉黃謁」。
胡先生　又號胡叟，不知何許人，工山水。
杜文　字苹老，雲中人。工山水。
張珪　正隆中工人物。
重陽眞人王壽　字知明，咸陽人，大定中得道登眞。其初度馬丹陽夫婦日，嘗畫骷髏天堂二圖，並自寫眞；及作松鶴圖與史宗密眞人。
僧玄悟禪師　能詩書，墨竹學樗軒。
僧歸義　工山水。
龍門公　善墨竹。
隱秀君　善山水。
圖繪寶鑑卷第四終

圖繪寶鑑卷第五

元朝

趙孟頫　字子昂，號松雪道人，宋宗室，居吳興，官至翰林學士承旨，贈江浙行省平章政事，封魏國公，謚文敏。榮際五朝，名滿四海，書法二王，畫法晉唐，俱入神品。

趙雍　字仲穆，文敏子，官至集賢待制，同知湖州路總管府事。畫山水師董源，尤善人馬，書篆俱精妙。子鳳，字允文。畫蘭竹，與乃父亂眞，集賢每題作己畫以酬索者，故其名不顯。麟，字彥徵，以國子生登第，今爲江浙行省撿挍。善畫人馬。

李衎　字仲賓，號息齋道人，薊丘人，官至江浙行省平章政事，致仕封薊國公，謚文簡。善畫竹石枯槎，始學王澹游，後學文湖州，著色者師李頗，馳譽當世。

李士行　字遵道，文簡子，官至黃巖知州。畫竹石得家學，而妙過之，尤善山水。

商琦　字德符，曹南人，左山參政第七子，官至集賢學士。山水師李營丘，得用墨法。墨竹自成一家，亦有妙處。

商璹　字台元，左山之姪，司業台符之弟，自號遜齋。安恬不仕，喜畫山水，得破墨法，窠石最佳。

劉融　字伯熙，薊丘人，官至祕書卿。善畫山水，師郭熙。

柯九思　字敬仲，號丹丘生，台州人，官至奎章閣鑒書博士。博學能文，喜寫墨竹，師文湖州，亦善墨花。

王振鵬　字朋梅，永嘉人，官至漕運千戶。界畫極工緻，仁宗眷愛之，賜號孤雲處士。

周密　字公謹，號草窗，歷山人，居錢唐，宋寶祐間爲義烏令。家藏名畫法書頗多，善畫梅竹蘭石，賦詩其上。

鄭思肖　字所南，福州人。工畫墨蘭。嘗自畫一卷，長丈餘，高可五寸許，天眞爛熳，超出物表，題云：「純是君子，絕無小人。」

金應桂　字一之，號蓀壁，錢唐人。在宋爲縣令，歸附後隱風篁嶺。書法歐陽率更，畫學李龍眠。嘗作巖居上眞出塵觀音刻石。

錢選　字舜舉，號玉潭，霅川人，宋景定間鄉貢進士。善人物山水、花木翎毛，師趙昌，青綠山水師趙千里，尤善作折枝，其得意者，自賦詩題之。

龔開　字聖與，號翠巖，淮陰人，宋景定間兩淮制置司監當官。作隸字極古，畫山水師二米，畫人馬師曹霸，描法甚粗。尤喜作墨鬼鍾馗等畫，怪怪奇奇，自出一家。

沈孟堅　畫花鳥，師錢舜舉，往往逼眞。

王正眞　先名纘，字承之，號竹齋，又號筠溪，杭人。以宋內侍奉謝后北覲，受命佩虎符。一旦辭入道，工山水墨竹，學毛勿齋。

趙孟籲　字子俊，文敏弟，官至知州。畫人物花鳥頗佳。

陳琳　字仲美，珏之次子。善山水人物花鳥，俱師古人，無不臻妙。見畫臨模，咄咄逼眞，蓋得趙魏公相與講明，多所資益，故其畫不俗。論者謂宋南渡二百年，工人無此手也。

劉敏　字有功，宣德龍門縣人，賜號龍門居士，自號年豐老人。善畫墨竹，學顧正之，有風烟夕翠圖傳於世。子世亨，字嘉甫，亦善墨竹。

史杠　字柔明，號橘齋道人，官至行省左丞。讀書餘暇，弄筆作人物山水、花竹翎毛，咸精到。

郭敏　字伯達，杞縣人。幼讀書，旣好丹青，工畫人物山水，喜武元直畫，師其意，不師其法，至於花竹墨竹，亦臻妙。官至州倅。

李有　字仲方，先名立義，燕人，官至兩浙運司經歷。善古木竹石，筆意高遠，作者推服。

喬達　字達之，燕人，官至翰林直學士。善丹青，山水學李成，墨竹學王庭筠，後更學文同。

王英孫　字才翁，號修竹，紹興人，宋將作監簿，入朝隱居不仕。作墨竹蘭蕙，頗雅潔不凡。

李倜　字士弘，號員嶠眞逸，官至集賢侍讀學士。喜作墨竹，宗文湖州。

田衍　字師孟，彰德人。性穎異博識，多藏古法書名畫。畫墨竹學王澹游，頗得雅趣。

張衡　字士衡，樂陵人，爲中書左司員外郎，辭閒屢辟不起。作文字務奇古，書學張長史，山水學荊關，墨竹不師古人，自成一家。

顧正之　不知何許人，善墨竹，學樂善老人，有酷似處，人莫能辨。

范庭玉　保定人。善墨竹，師樂善老人筆法。

劉貫道　字仲賢，中山人。工畫道釋人物，鳥獸花竹，一一師古，集諸家之長，故尤高出時輩。亦善山水，宗郭熙，佳處逼眞。至元十六年寫裕宗御容稱旨，補御衣局使。

柴楨　字君正，東平人，自號適齋。善畫山水，才思天賦，不習而工。

信世昌　字雲甫，東平人，自號中隱。善畫山水，學於沈士元，有出藍之譽。墨竹別成一家，蓋黃華之後，又一變者也。

李章　字君章，東平人。善書。晚年畫墨竹，有高致。

胡瓚　字元禮，京兆人，官至衡州路同知。善丹青墨竹。

韓公麟　字國瑞，號雪谷，眞定人，爲太醫副使，善養生之學。留情翰墨，喜寫竹，筆意簡當，殊有生意。

牛麟　字伯祥，太原人。初業詞賦，作大字。畫墨竹，意度蕭散。

張德琪　字廷玉，燕中豪家。讀書樂道，行書學劉房山；草書學張長史；畫墨竹梅花竹學王澹游，有佳趣。

劉德淵　字仲淵，燕人，官至藍山縣尹。墨竹學劉自然。

韓紹曄　字子華，燕人，官至御衣局使。畫山水學武元直，墨竹學樂善老人。

張敏夫　燕人。喜畫墨竹，學顧正之。

高吉甫　燕人。喜畫竹石，宗劉自然，亦無大過人者。

趙淇　潭州人，宋趙葵之仲子，號平遠，又號太初道人，故合而曰平初，又云靜華翁，官至湖南宣慰使。作墨竹，長竿勁節，風致甚佳。

周堯敏　字禹卿，號學山，海鹽當湖人。畫竹宗文湖州，頗有得處。

王鼎　字德新，海鹽人。好寫竹，學丁子卿，深悟筆意。子泰之，號竹趣，能紹父業。

謝顯　字耀卿，號隱麓，大名人。畫墨竹，宗員大夫。員一作尹。

劉廣之　燕人，善寫墨竹。

宋敏　字好古，善墨竹。

沈雪坡　嘉興魏塘人。好寫梅竹。

姚雪心　台州黃巖人。畫墨竹，宗文湖州。

趙雪巖　溫州人，寓華亭青龍鎮。喜作花鳥，設色有法，亦善墨戲墨竹。

喬戚里　名字出處未詳。畫梅竹石，建安白鶴山嶽祠東廡中壁有其畫。

王仲元　不知何許人，專門花鳥，尤善作小景，得用墨之法，溫潤可喜。

自然老人　姓劉氏，遺其名，眞定祁州人，兵後居燕。工畫墨竹禽鳥。

牛老　大名人。自少居市廛間，作絲絹牙郎，號窩絲牛。能畫墨竹，得於巧性，不師古人，亦粗可觀。

朱淳甫　濟陰人，居曹之樂平坊。世業丹青，山水人物樹石俱精，亦寫梅竹，有佳致。

焦善甫　燕人。工雜畫花竹人物，尤長寫貌。

陳仲仁　江右人，官至陽城主簿。善山水人物花鳥。爲湖州安定書院山長，日與趙文敏論畫法，文敏多所不及。後見其寫生花鳥，含毫命思，追配古人，嘆曰：「雖黃筌復生，亦復爾耳。」其見重如此。

顏輝　字秋月，江右人。善畫道釋人物。

孫君澤　杭人。工山水人物，學馬遠、夏珪。

吳梅山　工山水人物。

吳梅溪　工花鳥雜畫。

馮君道　錢唐人。畫花竹翎毛。性酷嗜鵪鶉，每袖養之，觀其飲啄，以資畫筆。

楊月澗　畫花鳥龍虎。

楊說巖　畫道釋，尤工寫貌。

馬虛中　善畫花鳥山水。

許擇山　工畫神佛。

沈月田　工畫林木樹石。

朱梅間　善畫花竹。

劉耀　字耀卿，朴之子。畫山水，學馬遠、夏珪。

吳古松　杭人，山水學郭熙。

王淵　字若水，號澹軒，杭人。幼習丹青，趙文敏多指教之，故所畫皆師古人，無一筆院體。山水師郭熙，花鳥師黃筌，人物師唐人，一一精妙。尤精水墨花鳥竹石，當代絕藝也。

朱德潤　字澤民，吳郡人，官至征東儒學提舉。畫山水學郭熙，其合作者甚佳。

唐棣　字子華，吳興人，官至休寧縣尹。畫山水師郭熙，亦可觀。

黃公望　字子久，號一峯，又號大癡道人，平江常熟人。幼習神童科，通三教，旁曉諸藝。善畫山水，師董源。晚年變其法，自成一家，山頂多巖石，自有一種風度。

曹知白　字貞素，號雲西，華亭人。畫山水師馮覲，筆墨差弱，而清氣可愛。有僕夏汲清，亦能畫。

吳鎮　字仲圭，號梅花道人，嘉興魏塘鎮人。畫山水師巨然，其臨模與合作者絕佳；而往往傳於世者，皆不專志，故極率略。亦能墨竹墨花。

倪瓚 字元鎭，號雲林生，常州無錫人。畫林木平遠竹石，殊無市朝塵埃氣。晚年率略酬應，似出二手。

盛懋 字子昭，嘉興魏塘鎭人。父洪甫，善畫，懋世其家學而過之。善畫山水人物花鳥，始學陳仲美，略變其法，精緻有餘，特過於巧。

孟玉澗 吳庭暉 皆吳興人，畫靑綠山水花鳥，雖極精密，然未免工氣。同時有姚彥卿，亦能畫。

王士熙 字繼學，東平人，官至御史中丞。善畫山水。

賈策 字治安，中州人，嘗爲杭仁和尹。畫花竹禽鳥，得其飛鳴翔集之狀。

顧安 字定之，不知何許人，嘗仕泉州路判官。善畫墨竹。

陶復初 字明本，號介軒老人，天台人，官至台州儒學教授，贈樂淸尹。師李薊丘父子畫墨竹及著色竹甚工，亦能山水。

李賞嶠 河東人，官至翰林學士。善畫墨竹。

謝庭芝 字仲和，號雪村，平江崑山人。善畫墨竹。

李升　字子雲，號紫質生，濠梁人。畫墨竹，亦能窠石平遠。
盛昭　字克明，揚州人。竹石師文湖州。
郭畀　字天錫，京口人。畫竹石窠木。
蘇大年　字昌齡，號西坡，眞定人，居揚州。竹石師蘇東坡，窠木師廉宣仲。
張遜　字仲敏，號溪雲，吳郡人。善畫竹，作鉤勒法，妙絕當世。山水學巨然，則不逮竹。
顧逵（一名達）　字周道，中吳人。畫山水人物，並能寫貌。
班惟志　字彥功，號恕齋，大梁人，官至集賢待制，江浙儒學提舉。善墨戲。
邊魯　字至愚，號魯生。善畫墨戲花鳥。
陳君佐　宿州人，居揚州。山水師馬遠夏圭，墨戲師徽廟。
李容瑾　字公琰。畫界畫山水，師王孤雲。
林士能　字若拙，畫山水，無渾厚秀潤之氣。
朱裕　字敏道，延陵人。畫山水師李成。
沈麟　字秋澗，杭人。畫山水學郭熙，兼能寫貌。

鄭禧　字熙之，吳郡人。善墨山水，學董源筆法，用墨淸潤可愛。畫墨竹禽鳥，全法趙文敏。惜乎夭折。

王蒙　字叔明，吳興人，趙文敏甥。畫山水師巨然，甚得用墨法，秀潤可喜。亦善人物。

趙元　字善長，山東人。畫山水師董源。

張羲上　字師夔，善畫山水。

陳植　字叔方，吳郡人。畫樹石甚有意趣。

李士傳　字仲芳，薊丘人。畫山水人物學李伯時，尤善摹徽廟墨戲。

戴淳　字厚夫，錢唐人。善畫山水。

杜本　字原父。畫墨牛蒲萄甚可觀，亦善山水。

吳垕　字從禮，杭人。臨摹院畫，咄咄逼眞。

張渥　字叔厚，號貞期生，杭人。善白描人物，筆法不老，無古意。

王冕　字元章，會稽人。能詩，善畫墨梅，萬蕊千花，自成一家。凡畫成，必題詩其上。

吳瓘　字瑩之，嘉興人。多藏法書名畫，能作窠石墨梅，學揚補之，頗有淸趣。

張文樞　字石隱，湖州德淸人，幼嘗爲僧。能畫山水，學巨然。亦善墨竹。

李沖　字用之。善畫山水，學李成荆浩。

張遠　字梅巖，華亭人。善畫山水人物，學馬遠夏珪。至於潛補古畫，無出其右。臨摹亦能亂眞。

陳鑑如　居杭州。精於寫神，國朝第一手也。其子芝田，能世其業。

佟士明　居上都。以寫貌得名。

冷起嵒　居京師。工傳神，至正間嘗寫御容稱旨。

王繹　字思善，杭人。善寫貌，尤長於小像，不徒得其形似，兼得其神氣。

林伯英　嘉興魏唐人。工畫花鳥，師樓觀。

周如齋　杭人。畫山水學高房山。

沈月溪　華亭青村人，以稜作爲業。畫山水人物，學馬遠，往往亂眞，人莫能辨。

邊武　字伯京，京兆人。善墨戲花鳥。

王迪簡　字庭吉，號蕺隱，越人。善畫水仙。

陶鉉　號菊村，金陵人。畫山水師李成。

謝佑之　居都下。善畫折枝，傅色差厚，蓋欲倣趙昌而未能升堂者。

劉夢良　蜀人。畫梅花，宗揚補之。
朱邱　蜀人，善畫竹木。
簡生　蜀人，善畫山水。
陳立　嘗畫龍眠山圖，虞先生集題之。
華岳　善山水。楊先生載詩云：「華岳能詩世有名，學畫丹青亦疏放。」
潘桂　金陵人，宋末張翼孫壻也。善寫貌。
何大夫　工畫人馬。虞先生詩云：「國朝畫手何大夫，親臨伯時閱馬圖。」
霍元鎮　規摹董北苑、米南宮父子，寫山水雲物，殊有標致。
王起宗　善畫山水樹石。
戈叔義　善畫墨竹。
臧良　字祥卿，錢唐人。畫花竹翎毛，師王若水。
夏迪　字簡伯，溫州人。畫山水竹石。
趙天澤　字鑑淵，蜀人。畫梅竹。
張中　字子正，松江人。畫山水，師黃一峯，亦能墨戲。

衛九鼎 字明鉉，天台人。畫界畫，師王孤雲。

徐愷 字士元，湖州南潯鎭人。畫山水，師李成。

曾瑞卿 號褐夫，居錢唐。工畫山水，學范寬。

張觀 字可觀，松江楓涇人，世業稜作。畫山水，學馬遠、夏圭，特長於模倣。

趙淸澗 淮人，工畫人物仕女。

楊基 字孟載，蜀人，居平江。畫山水竹石。

高克恭 字彥敬，號房山，其先西域人，後居燕京，官至刑部尙書。善山水，始師二米，後學董源、李成，墨竹學黃華，大有思致。怪石噴浪，灘頭水口，烘鎖潑染，作者鮮及。

伯顏不花 高昌世子，而鮮于伯幾之甥，號蒼巖，官至江東廉訪副使。工畫龍。

赤盞君實 女眞人，居燕城。畫竹學劉自然，頗有意趣。

蕭䫻摶 字圖南，本契丹人。父榮甫，王子端之甥。圖南幼有巧思，博學多能，詩書畫三事，皆追蹤黃華。尤長於山水，亦喜墨寫梅竹。

丁野夫 回紇人。畫山水人物，學馬遠、夏圭，筆法頗類。

宋嘉禾　上黨人，伶優也。畫人物學石恪減筆，好作利市仙官和尙，骨格態度，俗工莫及。亦能墨竹，小景絕佳。

宋汝志　錢唐人，宋景定年畫院待詔，歸附後爲開元宮道士，號碧雲。善畫人物山水花鳥，師樓觀。

天師張與材　字國梁，號薇山，別號廣微子，封留國公，居信州龍虎山。能大字，畫竹與龍。

天師張嗣成　號太玄。能畫龍，亦嘗見其所畫廬山圖。

天師張嗣德　號太一，畫墨竹禽鳥。

道士方方壺　居上淸宮。畫山水極瀟洒，無塵俗氣。

道士吳霞所　居龍虎山，善畫龍。

六一道士張彥輔　多居京師，善畫山水。

道士趙元靖　不知何許人，浪游閩浙間，以墨竹有名。所至淋漓牆壁，雖頗近繁重，亦有可觀。

道士丁淸溪　錢唐人。工畫道釋人物，師李嵩、王輝、馬麟，尤善寫貌。

道士王景昇　杭人，居開元宮。善畫道釋人物，學王輝、李嵩。

道士徐太虛　不知何許人，善畫山水。

道士盧益修　天台人。善畫水仙，學趙子固。

道士蕭月潭　淮人。善白描道釋人物。

宗師溥光　字玄暉，號雪菴，俗姓李氏，大同人，特封昭文館大學士，賜號玄悟大師。善眞行草書，亦善畫山水，學關仝，墨竹學文湖州，俱成趣。

頭陀溥圓　字大方，號如菴，俗姓李氏，河南人，於雪菴爲法弟。書學雪菴，山水墨竹俱學黃華。

僧海雲　墨竹學樗軒。

僧妙圓　墨竹頗法度。

僧智浩　號梅軒。墨竹雖少蘊籍，脫洒簡略，得自然趣。

僧道隱　字仲孺，號月澗，俗姓李氏，海鹽當湖人。蘭石學趙子固，墨竹宗王翠巖。

僧允才　號雪岑，受業嘉興石佛寺。墨梅竹似丁子卿。

僧時溥　字君澤，號雨巖，華亭人，居奉賢鄉接待寺。通經律，作詩，亦畫墨竹，三梢五葉而已。

僧智海　居燕中。喜畫墨竹，學海雲禪師。

僧明雪窗　畫蘭柏，子庭，畫枯木菖蒲：止可施之僧坊，不足爲文房淸玩。

管夫人道昇　字仲姬，趙文敏室，贈魏國夫人。能書，善畫墨竹梅蘭。

劉氏　不知何許人，孟運判室，號尙溫居士。能臨古人字逼眞，喜吟小詩。寫墨竹效金顯宗，亦粗可觀。

蔣氏　汴人，完顏用之室，婺居以淸淨自守。好作墨竹。

張氏　喬德玉室，善寫竹。

外國

日本國　古倭奴國也。有畫不知姓名，傳寫其國風物山水，設色甚重，多用金碧，然殊方異域，而能留意繪事，亦可尙也。至今倭僧多能作墨畫觀音佛像。

高昌國　畫用金銀箔子及朱墨，點點如雨，銷洒紙上。畫翎毛如中國，花卉亦佳。

夏國　英宗元昊，通蕃漢文字，善繪畫。

西蕃　畫佛像，多畫布上，作奇形詭狀，上用油油之。

高麗 畫觀音像甚工，其源出尉遲乙僧，筆法流而至於纖麗。

圖繪寶鑑卷第五終

圖繪寶鑑補遺

宋

宗少文　南陽人，文帝朝徵不起。妙善書畫。

齊

宗測　字敬微，一字茂深，宋徵士少文孫，明帝徵爲司徒主簿，不就。善畫。

毛惠秀　善畫，武帝欲北侵，使畫漢武北伐圖。

劉瑱　字士溫，官至義興太守。爲當世所稱，尤長於婦人。

毛惠遠　滎陽人。善畫馬，與劉瑱同時，並爲當世第一。

殷蒨　陳郡人。善寫人面，與眞不別。

梁

南郡大連　字仁靖，簡文帝子。善丹青。

蕭賁　字文奐，齊武帝曾孫，官湘東王法曹參軍。善畫。

後魏

王由　字茂道，官至東萊太守。善書畫。

李從儼　岐王茂貞子。工書善畫。官至鳳翔節度使。

田弘正　工丹青，尤善圖人形表。官至魏博節度使。

梁令瓚　或云蜀人，開元中工畫人物。宋祕閣有五星二十八宿眞形圖一卷，李伯時云：「甚似吳生。」

倪鱗　開元中集賢畫直，工人物。

陳子昂　工畫人馬。

楊岫之　大曆中工鬼神。

周助　工佛像。

修處士　工花鳥。

李覿　工花鳥。

桓言　桓駿　皆善屋木。

周邁　工人馬。

令元素　工古仙事迹。

于邵　以德宗誕日進自畫松竹圖。

李方叔　元和中工山水人物。自號西河山人。

宋之望　善傳寫。

鄭華原　善松石。

祁岳　項洙　范山人　並工山水。

杜宗　河南人，工佛經變。

李察　張昱　並善畫雞。

韋叔方　進士也，工畫馬。

梁司馬　工畫馬。

元俊　善畫牛及山坡草野之景。

盧珍　爲內供奉。工人物及佛經變。

陳庶　揚州人。師邊鸞花鳥，尤善布色。

裴遼　善鷺鷥幷牛。

崔希眞　鍾陵人，精繪事。

侯造　工折枝并牛。
杜秀才　善畫牛。
李紹　工花鳥。
張桂　西川人，工雜迹。
李奉珪　樊守素　俱善人物。
李約　善畫梅。
五代
胡嚴徽　晉天福間工神佛。
王畊　吳越人。善畫，尤精牡丹。
黃惟亮　筌之子。畫亦如其父兄，人鮮知者。
成處士　江南人，善寫眞。
宋
欽宗　以徽宗元子，漸染聖藝，亦精繪事。居東宮日，嘗畫唐十八學士圖以賜宮僚張叔夜，豫章、天台，皆有刻本。

仁懷皇后朱氏　欽宗后也。學米元暉著色山水，甚精妙。畫上有印曰「朱氏道人」。

趙令晙　字景升，封嘉國公。師李伯時，善畫馬。

高彥實　開封人。畫佛像，學吳道子。

錢昆　字裕之，吳越王俶之子，歸朝仕至祕書監。自畫寒蘆沙鳥於紈扇，人競藏之。

錢仁熙　武肅諸孫。頗讀書，善丹青，尤工水牛，多寫於紈扇上，人爭傳之。歸朝歷信、泰、光三州倅。

錢易　字希白，廢王第十二子，歸朝仕翰林，儤直而卒。自畫十六羅漢，極古怪。

錢鏵　字輔軒，武肅第五子。善丹青。

徐競　字明叔，歷陽人，以蔭補官。善山水人物，宣和中使高麗，撰圖經四十卷行於世。

黃伯思　字長睿，閩人，政和間終祕書郎。嘗模顧愷之桓溫像，閻立本文會圖，惟不出己意。

鄭天民　字先覺，宣和中爲郎官。山水師巨然。

趙廉　東都人。工山水，宣和末甚得幸。

胡錫　錢唐人，熙豐間以道釋像得名。

王延嗣　國初工鬼神。

申屠亨　畫山水，宗黃筌。

江惟清　工佛道人馬。

李象坤　工佛道人馬鬼神。

譚宏　成都人，工花果。

曹訪　畫柳塘家鵝，學徐熙。

陳文頊　泉州仙遊人。頗知書，亦工畫。

高述　丹陽人。學東坡書及竹石，皆逼眞。

秦潙　字處度，少游子。善著色山水。

李咸熙　王崇　國初同時，工人物。

道士楊世昌　字子京，武都山人。與東坡游，善山水。

邢敦　字君雅，隱居雍丘。眞宗詔爲許州助教，辭。工畫。

王述　善羅漢，學盧楞伽。

宋純　花果染色，極似趙昌。
靳青　號野處，絳之驛卒也。遇異人，得道，畫貓能逼鼠。
曾達臣　號歸愚居士，江西人。工草蟲。
任撫幹　不知何如人，工山水。
譚季蕭　畫水墨梅竹絕清潤，坡石亦佳。
道士朱大洞　錢唐人，山水人物宗蕭照。
王鼎　北人，善人物仕女山水，宗徽廟，頗粗俗。
王珏　北人，善花竹翎毛，學馬賁。
張萬成　花鳥宗林椿。
周吉言　仕女宗李嵩。
徐改之　山水學李唐。
李次山　工山林人物。
白思恭　工畫神佛。
時叔遠　道像人物亦可取。

劉古心　工梅竹鳥雀。
寇君玉　工蟹。
張師錫　工花竹禽鳥。
徐皋　乃白之族。工魚。
任生　建康人，工仕女。
吳隱之　工仕女。
胡良史　工山水。
宋京　工山水。
戚化元　毗陵人。家世畫水，化元兼工魚龍。
董常　嘉興人，工道釋像，筆力細而勁拔。
馬隱　東都人，畫花師刁光胤，工而不化。
龍升　善小景花竹，山水學夏圭、馬遠。
張敏叔　工花木。
盧象先　工道釋人物。

李鬱　平陽人，人物精贍。
許中正　蜀人，工鬼神及龍。
郭煥　邠州人，善楊寫。
劉漢卿　工山水。
張德新　善花鳥。
謝大昌　嘉興人，工平畫。
白昌　華亭人，工平畫。
李友直　工山水。
李益　渭州人。工畫。
彩郎中　河南人。工畫。
劉允文　廣漢人。工佛像。
陳揚　吳眞　孫玠　並工雜迹。
曹虛白　張咸熙　皮簡　並工畫。
賀六待詔　海州朐山人。家世專畫觀音，至其身，於藝尤工。忽觀音化爲丐者求畫，遂得眞相，其名益彰。

危道人　不知其名，住麻姑山，蓋有道者。工畫魚。

周弼　字伯弜，汶陽詩人。善墨竹。

邵斌　工江潮。

寒溝漁人　工畫。

僧敏行　彭州人，工佛像。

僧修範　潤州人，工湖石。

僧志堅　蜀人。工山水。

僧彥深　工佛像，尤精觀音。

僧明川　工山水。

遼

義宗　諱倍，小字圖欲，太祖長子。幼聰敏好學，善畫本國人物，如射騎雪獵、千鹿圖，皆入宋祕府。

耶律題子　字勝隱，官至西南面招討都監，嘗從北院樞密使侵宋，宋將有因傷而仆，題子繪其狀以示宋，咸嗟神妙。

耶律褭　字德隣，官至太子太師，風神秀爽。工於畫。

陳升　聖宗翰林待詔。嘗奉詔寫南征得勝圖。

元朝

李希閔　字克孝，薊丘人。畫山水竹石。

趙彥正　仲穆姪，工畫人馬。

僧維翰　字古淸，江右人。畫龍學所翁。

續補

五代

錢俊　吳越文穆王傳壚之養子，官至秀州刺史。精於畫藝。

宋

李交　汀州人，工畫貓。

任源　字道源，宣和間架閣，紹興中復舊官。善人物山水，枯木怪石，又作小景，高宗愛之，御題其上。號眞常子。

處士朱象先　嘉泰間人，號西湖隱士。作人物山水，橫塘野景。以畫易酒，日在醉鄉。

蘇晉卿　漢臣子，工佛像。

徐明　乃改之之子，畫山水似其父。

金

楊邦基　字德茂，號息軒，大定中進士。畫人物兼馬，尤善山水，師李成。官至祕書監，禮部尚書。

圖繪寶鑑補遺終

圖繪寶鑑續編序

繪畫之事，其來尚矣，曰寶鑑者，則元夏文彥氏所著也。蓋畫始盛於唐，大盛於宋，雖胡元之世，亦多有其人焉。其在唐時，則有若張彥遠氏著歷代名畫記，自軒轅至會昌，凡三百七十餘人。其在宋時，則有若郭若虛著圖畫見聞志，自會昌至熙寧，凡二百七十四人。有若鄧椿著畫繼，則自熙寧至乾道，凡百一十九人。有若陳德輝著續畫記，則自高宗訖宋終，凡百五十一人。其在勝國時，有若湯垕之畫鑒，而實大備於寶鑑，蓋裒集諸志記見聞而成編，故自軒轅以至宋，又自宋以至元，凡一千五百餘人，嗚呼，可謂勤矣。然夷考文彥則博雅多識，精於畫藝，又世藏名跡，玩索有得，非徒知而好之者也。肆國朝承平百五十年，才藝之士，四方輩出，顧未有嗣志記以追配古作者，豈非遺乎？錦衣苗公益之，嗜古好文，富藏名蹟，慨寶鑑之舛落，痛今賢之亡傳，乃取自國初以至今日能畫者若干人，彙爲一卷，以續夏氏之編，爰命工重刊，總爲六卷。嗚呼！甚盛心哉。編既成，乃假予敍之，余鄙陋非知畫者，竊好焉，間求所謂寶鑑考之，則皆漫滅不可讀，恨矣，乃今獲覩巽齋公盛舉，豈非一大快哉。舉殘隊，躋時哲，尚友論世，於斯在矣，可以一藝小之耶。苗公名增，字益之，泌陽縣人，今官錦衣衛都指揮，巽齋其別號云。賜進士出身、奉直大夫、司經局、太子洗馬、兼翰林院編修、經筵講官、同修國史，建安滕霄書。

圖繪寶鑑卷第六

玉泉　韓昂孟顒續纂
海虞　毛晉子晉　訂

皇明

宣廟御筆　有山水，有人物，有花果翎毛，有草蟲，上有年月及賜臣名。寶用不一，有「廣運之寶」、「武英殿寶」等寶，「雍熙世人」等圖書。臣仰惟宣廟臨御，當重熙累洽，四海無虞，萬幾之暇，留神詞翰，於圖畫之作，隨意所至，尤極精妙。蓋聖能天縱，一出自然，若化工之於萬物，因物賦形，不待矯揉，而各遂生成也。臣謹識。

憲廟　孝廟御筆，皆神像上識以年月及寶。宗室中善寫神像及金瓶金盤、牡丹蘭菊梅竹之類，舊家多有珍藏者。

郭文通　永嘉人。善山水，布置茂密，長陵最愛之。有言馬遠、夏珪者，輒斥之曰：「是殘山剩水，宋僻安之物也。」文通之遭際，竹軒徐以道先生嘗言之，水東日記亦載之。

商喜　字惟吉。善山水人物，超出衆類。際遇累朝，士林多重之。今孫祚，字天爵，能世其學。

韓秀實　涿州人，與商惟吉同被寵渥。人物亦佳，尤善畫馬。

張靖　山東人。道釋人物得吳道子之奧，尤善寫照。

孫玘　字廷□，曾孫錦，字大紳，俱能山水，人物寫照有其祖之妙。

殷善　字從善，金陵人。花果翎毛極清致。子偕，字汝同，專其業。

邊景昭　隴西人，及子楚祥。花果翎毛，工緻過殷氏。

謝庭循　永嘉人。山水爲同事所宗，東里楊少師稱其淸謹有文，尤精繪事，是以獨見重於宣廟，非臣所及。

周文靖　莆田人。山水堪配庭循。

王紱　字孟端，號友石生，又號九龍山人，毗陵人。高介絕俗，書法詩文皆出羣。任中書舍人，有王舍人詩集行於世。畫竹石絕倫，名馳天下。不輕與人，故人不可苟得也。

莊瑾　字公瑾，號栥芝，龍江人。爲人雅淡高致，能詩善草書。尤長於畫，師法夏珪、馬遠，蓋張可觀以後一人而已。

僧溫日觀　妙於葡萄，無不知其名者。

胡大年　僧曉菴　皆工葡萄。

李在　字以政，莆田人，遷雲南，行取來京。山水細潤者宗郭熙，豪放者宗夏珪、馬遠，其人物評者謂八面生動，故四方重之。

戴進　字文進，號靜菴，又號玉泉山人，錢塘人。山水得諸家之妙，神像人物、走獸花果翎毛，極其精緻：喜作葡萄，配以鈎勒竹、蟹爪草，奇甚，眞畫流第一人也。子泉，字宗淵，山水得家傳，但用墨太重耳。

夏芷　字廷芳，錢塘人。從游戴靜菴，克勤於學，筆力逼其師，不幸早卒。弟葵，字廷暉，山水人物皆工緻。

華朴中　浙中詩僧。師戴靜菴，作畫得名。

上官伯達　譙川人。神佛人物，傳色既精，神采亦備，能使人起敬。

夏昶　字仲昭，初姓朱，登第後始改正爲夏，東吳人，自中書舍人累進太常寺卿直內閣。詩文書法皆妙。喜作竹石，求者無虛日，一一應之，得之者寶藏。

張益　字士謙，與仲昭同郡，同登第，官至學士。寫竹亦妙。

陳嗣初　東吳人，以文章擅名翰林，任檢討。寫竹尤奇，仲昭、士謙，皆師事之。

謝宇　字伯寬，號容菴，湖廣衡陽人。幼聰穎，宣德中欽選司禮監，與同中貴讀書，以中書舍人直內閣，累進工部左侍郎，掌通政司事。山水法諸大家，花木鳥獸，無不能者，皆到妙處。仲子中書舍人汝明，字晦卿，號東巖，亦善山水。

任道遜　字克誠，瑞安人，詞翰皆佳，官至太僕寺卿，直文華殿。善寫梅。夫人孫氏亦能。夫人之父任太守，寫梅得名，人以孫梅花稱之。

夏衡　字以平，松江人。工書法，篆隸高古。自中書舍人進太常寺卿。作畫有黃子久之妙。

金文鼎　鶴城人。工書法，詩文流麗，畫得黃子久筆意。子鈍，字汝厲，次子銳，字汝潛，並有父風致。

金湜　字本清，號朽木居士，四明人。善書法。任中書舍人。寫竹石佳甚，其鈎勒竹尤妙。官至太僕。

陳謙　字士謙，號訥菴逸人。書畫皆學趙松雪，自誇體貼，評者亦許其有六七分妙云。

丁文暹　號竹坡。善山水翎毛，筆力清勁。

陳叔謙　武林人。玩古器，識名畫，其價值纖毫不爽。作畫學倪雲林，亦妙。嘗書一聯於庭以自況：「博古圖蒐周漢制，無聲詩寫晉唐題。」

王尙賢　梅溪人。善戲墨人物，年至九十，下筆益妙。

姚綬　字公綬，號雲東逸史，浙人，由進士仕至監察御史，有晉人風致，早年掛冠，游優泉石。畫法吳仲圭，三絕之亞擘。成圖或售於人，遂厚價返收之，其自重如此。

孫隆　號都癡，毗陵人，開國忠愍侯孫，生而穎敏，有仙人風度，寫翎毛草蟲，自成一家，號「沒骨圖」。

張祐　字天吉，鳳陽人，爵襲隆平侯。爲人和易如儒者，作梅花淸氣逼人。其從弟祿，字天爵，亦世其爵。梅花有其兄之妙。

王謙　字牧之，號冰壺道人，以儒士隆平侯聘爲西席。善書，作爲梅花，淸奇可愛，實天吉之師也。子應奇，作梅得家傳。

陳憲章　號如隱居士，會稽人。詩、畫梅，與牧之齊名。評者以二家雖格意不同，憲章筆力，實過牧之。子英，亦善寫梅。

張緖　字廷端，海虞人。屈處誠，東吳人。右二人與仲昭同時，工竹石，亞於仲昭。

毛良　字舜臣，號兩山居士，爵襲南寧伯，北平人。寫山水師米元章，雲霞出沒，有天然之妙，眞賞鑒家。尤工詩。著無聲詩，曲盡畫法之奧，與詩集並行於世。

太監陳喜　字仲樂，韃靼人。工人物鳥獸，下畫無痕，爲一代之妙。

石銳　字以明，錢塘人。畫得鄭子昭金碧山水，界畫樓臺及人物皆傅色鮮明溫潤，名著於時。

丁玉川　江右人，工人物山水。

林良　字以善，廣東人，歷陞錦衣指揮。著色花果翎毛極精巧。其放筆作水墨禽鳥樹木，皆遒勁如草書，人皆不及。

顧宗　字學淵，五羊人，任中書舍人。畫學黃子久。

姜立綱　字廷憲，號東谿，永嘉人。能文善書，字畫楷正，人得片紙，爭以爲法。畫學黃子久，亦妙。

黃璨　字蘊穌；柳楷　字文範，號萬竹山人，俱永嘉人，與廷憲官直內閣，詩文書畫，並皆佳妙。

范暹　字起東，號葦齋，東吳人，蔣廷暉先生之壻。工書法，設帳授徒，多所造就。工於花竹翎毛，人多尙之，葉文莊公嘗謂起東善花鳥，有談論，館閣名公多重之，老於京師，人稱范葦齋先生云。

陳復　字啓陽，號坦坦居士，燕山人。幼同弟後從伯父任南京通政司右通政，因與詩人文士交稔，是以才思充溢，詩文淸奇。尤長作畫，山水松竹，皆有矩度，亦精寫照，由儒士任鴻臚序班，理禮部鑄印局事，用薦改國子監典籍。

陳後　字啓先，號寓齋，復之弟也。詩文書畫，與兄齊名，尤精堪輿之學，用薦任欽天監博士。子漢，繼其業焉。

劉志壽　字伯齡，密縣人。聰穎能詩，以世業任南京欽天監五官靈臺郎。善寫翎毛，尤長蝦蟹，落筆瀟洒，活動可愛。

李昶　字光遠，號柯耕，衢之西安人，工楷書，授禮部司務。善寫松竹，有過庭章、張廷端之筆意。

杜堇　字懼男，有檉居古狂、青霞亭之號，鎭江丹徒人，有籍於京師。勤學經史及諸子集錄，雖稗官小說，罔不涉獵。舉進士不第，遂絕意進取。爲文奇古，詩精確，通六書，善繪事。其山水人物、草木鳥獸，無不臻妙，由其胸中高古，自然神采活動，宜乎宗之者衆。

沈周，字啓南，號石田，姑蘇人。博學有奇思，爲詩清新，皆不經人道語，字亦古拙。畫學黃大癡，法其善處，略其不善處，遂自名家。因求畫者衆，一手不能盡答，令子弟摸寫以塞之，是以眞筆少焉。

陶成　字孟學，號雲湖仙人，寶應人。以宦家子中應天府鄉試，以試以事不果會試。天性落魄，然多才藝，書工篆隷眞草，詩文奇古。畫山水多用青綠，尤喜作鈎勒竹兔與鶴鹿，皆妙，由其胸中灑然也。

蔣子成　江東人，工道釋神像。

阮福　北海人。畫道釋神像，亞於子成。

趙丹林　善作龍角、鳳尾、金錯刀竹。

過庭章　無錫人，妙於寫松。

林廣　廣陵人。山水人物學李在，得瀟洒活動之趣。

楊塤　字景和。善以彩色漆作屛風器物，極其精巧，皆以泥書題於上，由其能書畫也。

沈政　字以政，閩人，官至順天府丞，直仁智殿。工花竹翎毛。

徐柱　字夢節，東吳人。善寫葡萄。

伍概　字廷節，臨川人。工書，寄祿中書科。善花竹翎毛。

倪端　善工山水人物。

李福智　釋道人物可繼上官伯達。

周全　工畫馬。

朱應祥　字岐鳳，號玉華外史，松江人，鄉貢進士。其志高尙，草書與東海、南山，並爲時重。寫竹尤奇。

俞泰　字國昌，號正齋，無錫人，弘治壬戌仕戶科都給事中。寫山水絕類黃子久、王叔明。爲人溫雅，詩文書畫皆似之。

王田　字舜耕，山東濟南人。以縣佐請老歸田，才敏，喜爲樂府詞，膾炙人口，遠近傳播。山水學高房山，不失矩度焉。

何澄　號竹鶴老人，毗陵人。善山水。官至太守。

道士彭玄中　沈明遠　張復陽　浙人。畫法俱相似。

張翬　太倉人，工山水。

汪質　字孟文，金陵人。工山水。

許尙文　金陵人，工山水。

盛行之　江東人。善畫梅花，筆力蒼老，萱葵竹菊，形類草書。

史廷直　號癡翁，復姓名爲徐端本，江東名士。性犖不羈，以詩酒爲樂。畫山水得行雲流水之趣。

陳大章　字明之，號月隴，鳳陽盱眙人，由進士官至太僕少卿。菊花有雲湖之妙。有詩名，尤工行草。

吳偉　字士英，更字次翁，號小仙，江夏人，行取來京，授錦衣百戶。性自是，不授羈絆，放歸。作山水落筆健壯，白描尤佳，觀者自然起興，同藝不及。

呂紀　字廷振，四明人。爲人謹厚，山水人物俱工，獨以翎毛得名。其設色鮮麗，生意藹然，爲畫流所宗，官至錦衣指揮。

鍾欽禮　號南越山人，又號一塵不到處。善畫山水。

劉俊　字廷偉。山水人物俱能。

袁璘　字廷器。山水人物俱善。

張倫　字秉彝，人物專科，尤善寫鬼判。

虞公諱謙，號玉雪齋，京口人，永樂中官居都憲，詩文政事，爲羣公推讓。公餘寫金錯刀竹，多自題詩於上。同里王性善精醫，與公交厚，善寫山水，同時有郭將軍，能詩工畫。公贈詩有「詩律清新畫入神」之句，其重之如此。

楊瑗　當塗人，爲儒學教諭。善畫菜，有生意。

程南雲　號清軒，大儒之後。字備篆隸楷草，詩文奇古。官至太常寺卿。喜作雪梅雪竹極妙。

朱孔易　華亭人，與清軒同官。寫東里少師歸田圖，評者謂其作家士氣皆具，亦今之罕有者也。

黃蒙　字養正，永嘉人，官至禮部郎中。及其子汖，相繼以書法直內閣，俱擅詩文。其畫山水，得黃子久佳處。

蘇致中　西蜀人，由科第官署。山水師郭熙，而清雅高出畫流。

葉澄　字原靜，其先吳人。作畫學戴文進，得其妙。

周臣　字舜臣，東吳人。山水人物，俱清致。能詩。

唐寅　字子畏，東吳人，中應天府鄉試第一，才藝宏博。作畫有古人之妙，人罕及之，圖書「南京解元」。

文徵明　姑蘇人。寫竹得夏昶之妙，山水出沈周之右，工詩文，精書法。吳越間稱之。

王彥　字存拙，沔陽人。善作梅花。

孔福禧　先聖之裔，工山水。

孫天佑　安國公之孫。翎毛蘭竹，清致可愛。

張欽　字士敬，祥符人，號震齋。善山水花竹，得古人之風。官至都閫，寧陽恭靖王懋之長子。

姜濟　浮梁人，寓蜀。寫山水無墨痕，有雲煙出沒之奇。

僧照菴　浙人，竹石學倪雲林。

僧曉菴　東吳人，善畫葡萄。

僧日章　蜀成都人。山水學唐子華。

僧草菴　住嘉禾三塔寺。工詩畫。

王世昌　號歷山，山東人。工山水人物。

王孟仁　以字行，金陵人。小景山水人物。

朱銓　字文衡，號樗仙，長沙人。工山水人物鈎勒竹及菊兔。亦能詩。

朱鑑　字文藻，號墨壺，樗仙之弟也。工山水，人物淸奇。

姜隱　字周佐，山東黃縣人。善人物仕女花果，細潤工緻，得古人之妙。

杜君澤　號小癡，姑蘇人。善楷書，工山水。嗜酒，流寓高郵，落魄不羈，終以酒卒。

馬稷　字舜舉，號醉狂，江東人。善山水人物、花木竹石。

李著　字潛夫，金陵人。工山水人物，花木翎毛。

蔣三松　金陵人，善畫山水。

朱端　字克正，欽賜「一樵」圖書，人物山水學盛子昭，墨竹師夏昶，善花木翎毛。

寶山吳子仁，手錄時人能畫者十數謁予，告曰：「錦衣苗公巽齋，雅好圖畫，以元人夏士良圖繪寶鑑考其收積者之眞贋，厭其舊本模糊，命麒繕寫重刊，及纂當代名士以繼夏氏之編。奈麒因京闈考士，召書試錄所占，望先生代麒彙次以爲續纂。」予一時應之，深愧素無賞鑒，恐負賓山之託，遂以平日所聞所見及家藏之圖，摭拾以應。復謀諸社友錦衣王春泉，益其知見者統書之，皆馳聲於士林者。不敢妄分優劣，以爲取舍，恐礙於世。大抵書之者，略能記其出處姓名，至若有號有字，而不詳其出處姓名者，如雪谷及東川居士之竹，西園逸史之草蟲，松雪之人物，巖東之魚，東山一菴之山水，雖皆清麗，出人意表，不敢列於集中。又若朽菴與賓山皆有水墨山水小景，予皆收之，其筆力之佳，由其善書故也。噫！國家重熙累洽，於茲百五十年餘矣，公卿名士，山林道釋，所作之畫，名當時而傳後世者，不知幾多，予之膚見，不過如此，尚賴後之君子，幸爲正其敘列，增其遺略，以成巽齋之美焉。正德己卯中秋日，欽天監副玉泉韓昂識。

圖繪寶鑑卷第六終

題畫刋圖繪寶鑑跋

乾坤奠位，聖人應世而興，爻象分輝，龍馬負圖而出；淸濁旣含畫意，淡濃自顯文章，古往紛然，今來亦爾。粤吾觀吳興文彥甫氏圖繪寶鑑之所萃者，多方秀氣，歷代淸才，或御筆以通神，或仙機而運化；但取雲林雪景，豈拘緇服黃冠。或稱山水人物之奇，或著花竹禽魚之美，或遺詩壇之逸興，或擣官舍之閒情，文武兼收，君臣並列，初題前序，妍媸已別其區，續綴跋遺，蒐選未臻其極。今我朝大錦衣苗公增，字益之，號巽齋者，貴膺金玉，雅愛丹靑，積集宋唐，辨明眞贋，惜茲殘徧敗缺，嘗懷三豕之疑，想彼舊版湮微，永寢諸坊之售，由是樂捐常俸，禮致能書，考正魯魚，刻添麟鳳，倘經一覽，實勝千聞，與夏氏共播芳聲，資士林誰云小補。正德己卯季夏望日，賜宗師沙門虎林宗林志。

書評

〔陶宗儀輟耕錄〕 友人吳興夏文彥，號蘭渚生，其家世藏名跡，罕有比者，朝夕玩索，心領神會，加以游於畫藝，悟入厥趣，是故賞鑒品藻，百不失一。因取名畫記、圖畫見聞志、畫繼、續畫記爲本，加以宣和畫譜、南渡七朝畫史，齊、梁、魏、陳、唐、宋以來諸家畫錄，及傳記雜說百氏之書，蒐潛剔祕，網羅無遺，自軒轅至宋德祐乙亥，得能畫者一千二百八十餘人，又金元三十人，本朝至元丙子至今九十餘年間二百餘人，共一千五百餘人。其考核誠至，其用心良勤，其論畫之三品，蓋攄前人所未發。

〔錢曾讀書敏求記〕 夏文彥圖繪寶鑑五卷，文彥字士良，吳興人。書成於至正乙巳，自吳晉至宋元，歷代畫家氏姓，網羅搜討殆徧。序云「他無所好，獨於畫，遇所適，諦玩輒忘寢食」。其留心畫史，蓋終身以之者矣。

〔高士奇江村銷夏錄·題何祕監歸去來圖卷〕 何祕監澄，圖繪寶鑑不載其人，九龍山人載良集有題何監丞山水歌云：「至正以來畫山水，祕監何侯擅專美，帝御宣文數召見，抽豪幾動天顏喜。」又云：「海內畫工亦無數，才似何侯豈多遇？權門貴戚虛左迎，往往高堂起煙霧。」今以卷內諸君跋語證之，卽其人也。圖繪寶鑑前後錯亂，遺失殊多，如朱晦翁集中有題祝生畫長句云：「問君何處得此奇？和璧隋珠未必敵。答云衢州老祝翁，胸次亦有陰陽功。」又有觀祝孝友畫卷二斷句云：「天邊雲繞山，江上煙迷樹，不向曉來看，詎知重叠數。」「草閣臨無地，江空秋自寒，亦知奇絕境，未必要人看。」又有「祝孝友作枕屏小景，以霜餘茂樹名之，因題此詩」。祝生何人？敢煩晦翁吟咏，至再至三，則其畫必佳矣。考之圖繪寶鑑，亦未之載，此書之不足據可知，因跋何祕監歸莊圖並記之。

（四庫全書總目提要）圖繪寶鑑五卷，續編一卷，衍聖公孔昭煥家藏本，元夏文彥撰。陶宗儀輟耕錄曰：「友人吳興夏文彥，其家世藏名迹，罕有比者，朝夕玩索，心領神會，加以游於畫藝，悟入厥趣，是故嘗鑒品藻，百不失一。因取名畫記、圖畫見聞志、畫繼、續畫記爲本，加以宣和畫譜、南渡七朝畫史，齊、梁、魏、陳、唐、宋以來諸家畫錄，及傳記雜說百氏之書，蒐潛剔祕，網羅無遺，自軒轅至宋德祐乙亥，得能畫者一千二百八十餘人，又金元三十人，本朝至元丙子（案宗儀此書作於元至元中，故稱元爲本朝）至今九十餘年間二百餘人，共一千五百餘人。其考核誠至，其用心良勤，其論畫之三品，蓋攟前人所未發。」云云，蓋卽指此書也。中間如封膜之類，尚沿舊訛，未能糾正。又每代所列，不以先後爲次，往往倒置，體例亦未爲善。然蒐羅廣博，在畫史之中，最爲詳贍。郎瑛七修類稿嘗謂「圖繪寶鑑但記歷代善畫人名，及其師某人而已，當添言所以，方盡其意，如董源則曰山是麻皮皴之類，馬遠則曰山是大斧劈兼丁頭鼠尾之類，如是則二人之規矩，已寓目前，而後之觀其畫者亦易」云云，然文彥所紀，主於徵考家數源流，中間傳其名者多，見其迹者少，安能一一舉其形似？瑛所云云，蓋未知著書之難，不足據也。續編一卷，明欽天監副韓昂所纂，起明初迄正德，一百五十年間，采輯得一百七人，而冠以宣宗、憲宗、孝宗三朝御筆。成於正德十四年，然核其書中，如文彭、陸治、錢穀等以下，皆嘉靖時人，殆後來有所增補，非昂之舊歟？

〔孫星衍平津館鑒藏記續編〕圖繪寶鑑五卷，補遺一卷，題吳興夏文彥士良纂，前有至正乙巳夏文彥序。據汲古閣刊本，尚有抱遺老人楊維楨序，此本失之。汲古閣第一卷，謝共譌爲謝恭；第二卷，李祝譌爲李枳；又補遺與明芮巽齋續補並爲一卷；又脫寒泩漁人一條；皆不及此本。黑口巾箱本，每葉廿二行，行廿字。收藏有「沈鍊之印」，白文方印，「夢山」朱文方印，「王履約」白文方印。

〔黃丕烈士禮居藏書題跋記〕士良搜羅畫人姓氏，可謂極詳，然吾有疑焉，嘉熙時有宋伯仁梅花喜神譜二卷，潛溪先生詳畫梅之原，五代有滕勝華；宋有趙士處、邱慶餘、徐熙、仲仁師、揚補之。今寶鑑所列，一一不爽，獨遺伯仁一人，則士良之書，殆有未盡耶，聊記於此以備考。

圖繪寶鑑五卷，載於讀書敏求者爲得其眞。他如津逮所刻，已合明欽天監玉泉韓昂續纂者而並爲六卷，又何論近刻之八卷者乎。

〔潘祖蔭滂喜齋藏書志〕士良與陶南村友，南村輟耕錄極稱其賞鑑之精。此書與畫史會要，亦各樹一幟者也。

〔余紹宋書畫書錄解題〕此據津逮祕書本著錄。原爲五卷，卷一倶論畫事，卷二記吳至五代畫人，卷三爲宋，卷四南宋及金，卷五元及外國。又附補遺續補，黃蕘圃藏書題跋記、楊鄰蘇日本訪書志，於其卷數板本，倶有考核，不以津逮本爲然，惜原刊本未得見。此書向爲藝林珍重，明以後論畫之書，多喜徵引。今細覈之，頗嫌蕪雜，卽黃楊兩公稱許之善本，亦不過卷數分合多寡之不同，其於內容，當無甚差異也。第一卷六法、三品、三病、製作楷模、古今優劣四條，剿自郭氏圖畫見聞誌，陶南村輟耕錄稱其論畫三品，蓋攟前人所未發，未免失考。粉本、賞鑒、裝褫書畫定式三條，則剿自湯君載畫論，六要、六長兩條，則剿自劉道醇聖朝名畫評，而去其「識畫之訣」四字，遂似言作畫之訣，又截爲兩則，致與原意不符。後來論畫之書，多徵引六要、六長，誤爲作畫之訣，且多以爲出於士良，尤爲粗疏可笑。以上俱未注所出，獨敘歷代能畫人名一篇，注明出歷代名畫記，遂似前所列諸條，悉爲己說，故爲暴而出之。卷二以下所載畫人，輟耕錄謂其以歷代名畫記、圖畫見聞誌、畫繼、續畫記爲本，加以宣和畫譜、南渡七朝畫史諸書，原不爲病，惜俱未逐條注明，其書實以宣和畫譜爲主，見自序，陶氏所記殊未合。而其最疏失者，卽僅分朝代，而不按畫人時代，重其編次。蓋先就一書所載，依次鈔錄，然後更及他書，其原書體例如何，絕不顧慮，如宣和畫譜本以道釋、人物、宮室、番族等類分編，各類中仍按時代列入，鄧公壽畫繼分類又不同，亦各按時代爲次，具有條理。此書則先取宣和畫譜，不問其分類如何，僅依朝代順次迻錄。錄畢復取畫繼依樣順次錄之。其他各書，亦復如是。所錄之書愈多，則其間分類愈複，分類愈複，則時代錯雜愈甚，故編中每一朝代，道人、釋子、王侯、閨閣，紛雜其間，無復倫次，此但求省事，苟且成書之弊也。四庫提要及高江村諸人，祇知其未按時代編比，而不知其致此之由，故不憚煩而爲發其覆。惟其僅按前人原書編列，故漏略遂不能免，高江村謂其不知何澄、祝次仲、黃羲圖疑其未錄宋伯仁，皆未搔著癢處之論。其後亟出補遺，補遺在原書出版後一年所作殆亦自知闕失而補爲之者。要之此書旣分朝代，而於一朝內之人不次其先後，終無是處，則何如並朝代而亦去之，專就所采之書順次注出，猶不失爲一家體例，亦足使後人得以校核，窺知其剪裁之爲愈也。今取其所采原書對勘，多就原文删節，殆欲自成一家言者，然絕無訂補，亦不足取。蕘圃、鄰蘇諸公徒震其名，偶得舊本，便爾驚喜，而未嘗究其內容，是則骨董積習，賢者猶不能免，卽四庫經多人校覈，亦未能有所抉發，其後續補之數家，且欲附其驥尾，以傳其書，遂使數百年來，久享盛名，無人爲之論定，亦可異矣。前有楊維楨序並自序。朱謀垔自序畫史會要云「此書有陶宗儀序」，今未見。

〔余紹宋書畫書錄解題〕圖繪寶鑑續編一卷，明韓昂撰（按卷前有滕霄序，稱爲苗增所編，似此書非盡出於韓氏，今姑仍津逮祕書本）。是編首宣宗，迄朱端，凡一百十四人，與四庫提要所計百七人未符。又提要云書成於正德十四年，其中有文彭、陸治、錢穀等以下皆嘉靖時人，殆後來有所增補。今按津逮祕書本並無文彭諸人，是校四庫著錄本爲佳矣。其書體例與夏氏同，亦未詳其出處，前有滕霄序，後有自跋，似此書非出於一人，然何者爲苗氏原編，何者爲韓氏補輯，亦莫詳也。

圖繪寶鑑續纂

三卷

明 藍瑛
清 謝彬 纂輯

圖繪寶鑑續纂目錄

卷一

張龍章 楊治卿 張彥 陳國楨 莫是龍
陳子奇 陳紹英 陳龍運 錢旭 董其昌
陳繼儒 米萬鍾 曾鯨 王思任 李日華
李流芳 孫克弘 顧正誼 宋旭 倪元璐
程嘉燧 卞文瑜 楊文驄 施霖 曹羲
汪肇 黃道周 張譽 陳嘉言 陳煥
王醴 王人佐 張鵬

卷二一

清世祖 王國則 王國材 黃應諶 劉源
劉九德 王鼎 藍瑛 陳洪綬 曹振
孫杕 孫淵 趙龍 張宏 沈士充
程正揆 鄒之麟 邵彌 丁元公 吳彥國
程鵠 沈澍玉 曹岳 戚著 劉度
王時敏 李岸 張純修 李玉品 趙徵

何遠　方百里　許緩　王無忝　齊鑑
翟善　萬壽祺　嚴沆　周裕度　周玫
法若眞　嚴弘　康泓　朱蔚　吳倬
僧深度　趙問　程宗　夏時行　陳棟
保時　趙嗣美　吳訥　顧懿德　顧胤光
葉榮　崔子忠　吳賓　陳中　顧銘
程邃　王崇節　朱瑛　葉欣　樊沂
樊圻　吳宏　駱翔　張修　高岑
高遇　王槩　夏森　何亢宗　胡慥
陳卓　鄭淮　胡玉昆　胡士昆　柳堉
黃鑰　周鼒　郭鼎京　趙珣　郭鞏
楊津　黃卷　陳僧權　劉祥開　胡貞開
牛樞暐　僧七處　僧未然　僧山語　僧掃葉
僧參石　僧雪笠　僧豁堂　陳衡　桑豸

四

張璠　毛遠公　翁嵩年　趙所　查繼佐
張一鵠　施政　藍孟　許眉　顧鼎銓
魯得之　徐易　徐炎　杜亮采　曾益
朱虛　楊遠　僧漸江　蘇邈　姜泓
祁豸佳　葉舟　謝彬　僧元逸　史顏節
史喩義　顧見龍　曹垣　張城　許儀
趙尹　陳鵠　吳球　龔賢　顧企
王子寧　胡崇道　顧星　陳字　張南垣
陸鴻　王子元　李穎　葉大年　陸源
楊昌文　李藩　包壯行　申茗清　李曄
沈陛　徐邦　張御乘　吳安　江在峽
俞齡　陸謙　俞泰　童原　童銓
童錦　張瑞　童基　沈賓　李昌
沈瑞鳳　陳來　錢禮齋　許弘環　錢檢

孫獻　周眉　程雲　李穀　黃璧
高儼　張穆　王毓賢　傅山　曹鈖
干溥　蘇誼　余鉉　項悰　項松
費而奇　謝天游　戴梓　吳良　吳旭
王宏　黃簡　周道　陶詩　裘璲
葉鼎奇　葉鶱　俞亮　金璐　高岑
干旌　陳岐　吳達　馮越　董維
夏雯　僧光光　鄭嵩　朱佳會　沈聖昭
朱臣　吳白　顧彝　李紹　錢芬
張麟　藍泗　張琦　陸定　茅鴻儒
仰止　王有年　蔡驥德　王翬　胡蕃
祝筠　王遐　汪智　李寅　方乾
徐泰　徐大珩　倪鼎　洪曜　鄒喆
鄒壽坤　謝成　謝靖孫　僧居易　方啓蒙

卷三

女史

王賓儒　馬守眞　朱斗兒　吳娟娟　寇文華
王蕊珠　頓繼芳　林　雪　呼　舉　呼　祖
楊慧林　許靜芬　阮月卿　韋雪梅　王　氏
王莊淑　文　淑　范隆坤　丁完淑　王智珪
湯　顧　王畹生　章韻先　谷蘭芳　仲愛兒
陳凌雲　馬玉徵　周　素　連　璧　王　琬
張素芷　馮靜容　李文靜　馬閒卿　陳元淑
宋　婉　孟　蘊　曹妙淸　康　氏　邢靜慈
沈宜修　王端淑　吳　祺　蔡　含　杜陵女史

圖繪寶鑑續纂卷一

山陰　馮仙湜沚鑑　鑒閱
錢塘　藍　瑛田叔
武林　謝　彬文侯　纂輯
仁和　戴　有書年　較訂

張　靈　字夢晉，吳人。畫竹石花鳥。淸氣逼人可愛。

王一鵬　號西園，松江華亭人。官至學博，爲人天性灑落，不拘繩墨。書法學黃山谷，晚年自成一家。遒勁可愛。工於繪事，山水學董北苑，皴法稍長，亦善畫黃大癡、吳仲圭，有天然之趣，先輩文待詔諸公，咸稱許焉。

文　彭　字壽承，號三橋，長洲人，徵明之伯子也。任南京國子博士，善詩文。字宗懷素，最得其精。尤善隸篆，自成一家。亦善寫花果。所刻圖章，爲古今冠絕。

文　嘉　字休承，號文水，長洲人，徵明仲子也。字宗二王，畫精山水。

文伯仁　字德承，號五峯，長洲人。善畫山水人物，每效王叔明筆法，得儼然之意。

沈　碩　字宜謙，號龍江，長洲人。善畫山水人物，有吳鎭之風。常臨摹諸大家，與合作者絕佳。尤喜畫白梅翎翅，生生之意自若，活潑之形儼然。當時聞其名者，無不珍藏之。

陸治　字叔平，號包山，東吳人。善畫山水，得荆關遺意，所着青綠重色，更爲得法，花卉設色亦重，而不下於宋之徐黃也。書寫小楷，詩淸人厚，名故愈重。

仇英　號十洲，東吳人。善畫，其山水雖仿宋人，自成一種，頗得靑綠重色之法。人物仕女，悉皆宮妝，富貴口態，樓臺界畫，車馬舟楫，俱精細入神。間有摹臨北宋，寸人豆馬，鬚眉畢具，布置設色，深淺得宜。册頁手卷，愈小愈佳。前可追並古人，後無能繼踵。有孫聲子亦畫，人罕知其名爾。

王穀祥　號西室，以甲科拜吏部郎。淸節居家，博習書畫，而花卉極佳，吳下無不因其人而並重之。

陳括　字沱江，東吳人，道復之子。善花卉，曾被雷震，後端坐，人見地橫一梅，大書「沱江」二字。遂以雷神代筆，有仙風也，名遂大振。

沈仕　號靑門。善花卉，筆意大都與陳白陽相同，字亦然。

錢穀　字叔寶，號磬石，東吳人。善山水人物，筆意不俗，故尙士筆者多重之。

魯治　號岐雲，東吳人，善畫着色花草。

謝時臣　號樗仙，吳人。善山水，得沈石田之意而稍變焉。筆勢縱橫，設色淺淡，人物點綴，極其瀟灑。尤善於水，江潮湖海，種種皆妙。名重一時，亦不誣也。

陳芹　字子野，號橫厓，秣陵人。中鄉進士，任縣尹，能詩文，畫精蘭竹，字仿鍾繇。

宋臣　字子忠，號二水，秣陵人。善畫山水人物，遠宗馬遠、李唐，近宗戴進、吳偉，極妙。臨摹宋元名筆，皆能亂眞，入細筆，尤爲足玩。

杜瓊　字用嘉，畫效北苑。

沈貞　字貞吉；沈恆　字恆吉，石田伯父，二處士善畫。恆吉師杜徵名。

張平山　名路，字天馳，大梁人也。以庠生遊太學，然竟不仕。獨遊情繪事，其人物似吳偉，而山水尤有戴進風致。一時縉紳咸嘉尙之，得其眞跡者，如獲拱璧焉。

關九思　一名思，字仲通，號虛白，浙江烏程人。能書，善畫山水，仿摹唐宋皆佳。其擬元之王叔明、倪雲林更妙。初年蹊徑水口，尤多重叠，至於晚年，山頭石面，粗疎數筆，微微皴染，林樹離披，略加墨葉，人物之飄然，舟室之古雅，令人閱之，眼界肅淸矣。性愛丹砂，故其筆亦虛靈也。

周天球　字公瑕，號幼海，吳人。博學多識，書法妙絕，凡書畫得其題咏數字者，人輒以爲寶，而不辨其眞贋矣。亦善畫蘭，乃文人餘事耳。

陳元素　字古白，長州縣人。善蘭花，子藹，字孝觀，亦紹之。

徐渭　字文長，號天池，山陰人。天資聰穎，立就千言，詩書歌曲，下筆成章，能書小楷行草，亦不下於祝枝山之奇奇怪怪也。又能畫山水人物，以及花果魚蟹，雖點鈎三二筆，自與凡俗不同。其文集海內未有不閱者。

趙左　字文度，華亭人。善山水，筆墨秀雅。烟雲生動，烘染得法，設色韻致，雖自成一家，間有臨仿宋元家法者，亦用焦墨枯筆爲之。吳下蘇松一派，乃其首創門庭也。

僧珂雪　善山水，師趙文度。丘壑雖淺，其一樹一石，俱有別致，惜乎壽夭，遺筆甚少。

張翀　號圖南，江南人。善人物，筆墨豪邁，着色古雅，得人物之正傳，而又不俗。時人故爭重之，又山水亦佳。

丁雲鵬　字南羽，休寧人。善白描人物，山水佛像，無不精妙。初見其筆，似乎過拙，展轉玩味，知其學問幽邃，用筆古俊，皆有所本，非庸流自創取奇也。現有程君房墨譜行世，後學倫以爲範。

吳彬　字文中，莆田人。善人物，奇形怪狀，迥別舊人，自立門戶。其白描鬼怪尤佳，筆端秀雅，果有異人之處。神宗故稱賞之，御府有藏，外傳甚少。

鄭重　字千里，歙縣人，流寓金陵。精潔過人，好樓居，日事香茗。善寫佛像，必齋沐而後舉筆，亦畫山水小景。

朱實　字宵海，嘉興人。摹臨元人舊本，精妙入神，惜乎不能顯己之長耳。

韓旭　浙人。善草蟲，其翎毛深學林良。

李麟　字次公，四明人。善佛像，下筆如蕁葉，用墨焦而不覺其枯，眉目粗而不覺其重，似乎舉筆成章，不假思索者，然而筆之熟處如生，生處又熟，至今無有繼者。

尤長寫貌，亦以焦墨粗鈎爲之。其子仲芳，能紹父藝。

周之冕　字少谷，吳人。善花鳥，自成一家。後人師之者多，僞者亦廣，是以難見其妙。

項元汴　字子京，嘉興人。號墨林，善畫。其收藏書畫古玩，皆極神妙，可稱海內大賞鑒家。興到寫山水數筆，得古人之意。

俞臣　字臣哉，杭州人，寓維揚。善蘭竹，葉葉縱橫，花花飛舞，長條大幅，亦多丘壑，眞得趙松雪正派，非時俗所尙柔花軟葉者也。

趙　備　字湘南，江南人。善畫墨竹，雨露者居多，烘染最爲得法。

張堯恩　字孺承，杭州人。世家之後，善山水，筆意與文氏相似。大約摹仿吳仲圭一派者爲佳，其子錫蘭亦能紹藝。

邢　侗　號子愿，臨淸人。由進士官至開府，能書晉唐諸家之字。又善作荆草拳石，筆之古秀烟潤，庸史孰能及焉。

張瑞圖　字長公，泉州晉江人。學黃大癡數筆。

姚允在　字簡叔，會稽人。善山水，學荆關家數，筆墨遒勁，思致不凡，小者愈佳，且爲人肝膽俠氣，當世孰能效焉。其畫金陵多收藏之。

盛茂燁　號硯菴，善山水，樹木槎枒，山頭高聳，雖無宋元遺意，較後吳下之派，又過善矣。子年，字大有，亦善畫。

馮起震　號靑方，靑州人。善畫竹，狂放不羈，自成一格。

吳　振　號竹嶼，松江人。善山水，筆端穎異，秀媚可愛，其仿宋元者更佳。子昌，字昌伯，能世其業。

張愷　吳人，工山水。
張櫰　字士美，工花鳥。
吳麒　字子仁，賓山人。善水墨山水，手錄繪圖寶鑑。
呂棠　字小村；李宸　字奎南，俱四明人。皆工翎毛。
沈襄　字小霞，忤嚴黨沈練之子。寫梅竹稱絕藝。
鄭顛仙　閩人；袁尙統　字叔明，吳人。畫人物俱野放。
張瀚　號玄洲，官尙書。山水絕似仲圭。
陳裸　雲間人；王聲　字遹駿。俱工人物山水。
唐志契　字敷五，海陵人。潑墨有逸致，著繪事微言。
張龍章　吳人。善人物及馬。
楊治卿　工翎毛。
張彥　字伯美，吳人。工山水。
陳國楨　善翎毛。
莫是龍　號秋木，松江人。善山水，學黃大癡筆意，另得蹊逕之趣。其一種秀雅處，人所莫及，楷書亦佳。
陳子奇。善花鳥。
陳紹英　號瓠菴，仁和人。官副憲，書畫悉臻逸品。子龍運，字階尺。並嗣其妙。
錢旭　字東白，杭人。工山水人物。
董其昌　字玄宰，號思白，華亭人。萬曆己丑進士，官任禮部尙書。十七歲學字，紙費盈屋，遂成名於海宇。後學畫，先摹黃子久，再仿董北苑，如聞元之黃、王、倪、吳、二米眞蹟，以重價購之。元人畫貴，乃其作始。賞鑑法書名畫，可稱法眼。字畫俱佳，名垂千古。
陳繼儒　字仲醇，別號眉公，華亭人。宏才博學，古作詩文，無不精妙。海內求之者衆，悉皆一一應酬而不苟且。別業於泖間之佘山，屢徵不仕，故有山中宰相之名。註述頗多，廣行於世。又善寫水墨梅花，卽其製創，無不堪垂後世也。
米萬鍾　字仲詔，號友石，順天人。由進士官至參議，有南宮之癖，搆房叠石，植木穿池，甚得山水意趣。況其書法更佳，越大越妙，復善作畫，信乎能書自能畫爾。長安紙貴，乃其時也。

曾鯨　號波臣，閩人。善寫貌，大小影像，無不儼然如生。兼得筆墨之靈，衣紋配合，各得其當。□一幅而寫數十人者，行坐顧盼，皆相浹洽也，□□□□□□古人也。

王思任　字季重，號遂東，浙之山陰人。萬曆乙未科進士，歷任禮部右侍郎。有才名，文飯集行世。工行書，間作畫，仿米家數點，雲林一抹，饒有雅致。

李日華　號九疑，嘉興人。任太僕寺卿，能書善畫，兼有文集行世。

李流芳　字長蘅，常熟人。善山水，筆墨淋漓，殊快人目。

孫克弘　號雪居，華亭人。任漢陽太守，休致於家，搆結園亭，搜覓古玩，而於書畫尤最。博覽既多，收藏亦妙，豪放結諾，有晉人之風。天資高敏，下筆蒼古，所畫牡丹玉蘭等圖，石之玲瓏，樹之老幹，花之飛舞絢麗，葉之反正欹斜，卽從來作手，亦當退舍也。

顧正誼　字仲方，別號亭林，松江華亭人。任中書舍人，人品高潔，居常好讀書。詩宗初唐。有蘭雪齋稿刻行於世。精於繪事，學王叔明、吳仲圭、倪雲林，各得神解，用墨布景，力追大雅。其摹黃子久者尤妙。

宋　旭　字石門，湖州人。學畫於沈石田，山頭樹木，蒼勁古拙，巨幅大幛，頗有氣勢，信乎强將之下也。

倪元璐　字鴻寶，紹興人。官尙書，書畫兼美，殉節。

程嘉燧　字孟陽，寫山水，有天趣。

卞文瑜　號浮白，蘇州人。善山水小景，頗佳，大者罕見。

楊文驄　字龍友，貴州人。官至兵部郎，能書善畫，博學好古，其文玩無不精美。善畫山水，一種士氣，人莫能到。

施　霖　字雨咸，山水師大癡、北苑之間。人品高古。

曹　羲　字羅浮，吳下人。善人物山水，似乎周東村一派，雖乏古舊之意，然筆致秀雅可佳也。

汪　肇　號海雲，休寧人。畫山水人物，其翎毛花卉，自成一家。

黃道周　號石齋，進士，福建人。山水人物，俱臻其妙，凡繪古人淸士，皆有題跋，縉紳無不重之。

張　譽　字仲實，號峨石，廣東南海人。曲江文獻公之裔。能詩，善書眞草隸篆，工畫山水人物，花鳥草蟲，白描出李龍眠之右。筆法精妙，種種過人，人皆重之。

陳嘉言　字孔彰，嘉興人。善寫意花卉，鬆秀可佳。

陳煥　字堯峯，蘇州人。善山水，稍似石田之意。

王醴　字三泉，嘉興人。善花鳥，學周少谷筆意。

王人佐　字良才，號梅泉，福建將樂人。家傳寫梅，隨題其上，名盛海內，片紙如珍，諸紳贈刻以口口詩集。

張鵬　字應秋，號雲程，福建甌寧人。發身儒林，游心藝圃，畫擅百家之長，書臻四體之妙，尤工山水烟霧，花草翎毛特其餘事耳。

圖繪寶鑑續纂卷一終

圖繪寶鑑續纂卷二

山陰　馮仙湜沚鑑　鑒閱
錢塘　藍　瑛田叔
武林　謝　彬文侯　纂輯
仁和　戴　有書年　較訂

皇淸世祖章皇帝　聰明天縱，於萬幾之暇，出其緒餘，平章翰墨，名畫法書，無不披閱。書善鍾王，畫則觀象察物，造精入妙，實由天授云。時賜近侍大臣，多珍爲希覯焉。

小臣黃應諶拜識。

國則王公　號霓菴，乃太宗第五子，博雅好古，書畫詩詞以及奕琴圖篆，無一不善。所寫山水，法雲林子久，秀潤天鍾，無一點塵市氣。

王國材　號崑山，大興人。善畫仙釋人物，曾寫世祖御容。

黃應諶　字敬一，號創菴，世居京邸，官上元二尹。人物、鬼判、嬰孩，傅染一遵古法。世祖見其畫，召見供事。今上亦召見命𢻱閱武圖稿，賜官中書養老榮之。

劉　源　字伴阮，河南人。善人物山水，寫意花鳥，書工行篆，尤精龍水，今上召入內府供事，官至部郎。

劉九德　字陽升，順天人。人物仕女，無不精妙，尤工寫貌。今上召寫御容稱旨，賜官中書。凡公侯大像，所寫俱多，無不儼然。

王鼎　字贊元，順天人。善山水，尤工臨摹，所寫董巨一派，精妙亂眞，人爭購之。

藍瑛　號田叔，浙江錢塘人。書寫八分，畫從黃子久入門而惺悟焉。自晉唐兩宋，無不精妙，臨仿元人諸家，悉可亂眞。中年自立門庭，分別宋元家數，某人皴染法脈，某人蹊徑勾點，毫不差謬，迄今後學，咸沾其惠。性躭山水，遊閩粵荊襄，歷燕秦晉洛，涉獵既多，眼界弘遠。故落筆縱橫，墨汁淋漓，山石巍峨，樹木奇古，練瀑如飛，溪泉若響，至於宮妝仕女，乃少年之遊藝，竹石梅蘭，尤爲冠絕，寫意花鳥，俱餘伎耳。博古品題，可稱法眼，□□八十，居於山莊。

陳洪綬　字章侯，諸暨人。明經不仕，天資穎異，博學好飲，豪邁不羈，大有晉人風味。能書善畫，花鳥人物，無不精妙，中年遂成一家。奇思巧搆，變幻合宜，人所不能到也。詩文醉後立成，書畫興到急就，名盛一時，學者頗衆，迄今得其稿，紛紛混世，彼藝之妙，蓋可知矣。

曹振　初名玉，字二白，杭州人。穎悟非常，無師能畫，摹古落筆，好參玄妙。因而山水人物，侍女花鳥，無不精到，第筆端似覺過拙耳。壯遊京邸，名公巨卿，咸皆珍賞。生平愛絲竹，好豪飲，醉後撾漁陽之鼓，風流謔笑，非僅僅於畫道中也。

孫杕　字子周，號竹癡，錢塘人。能書善畫，爲人清癖而風雅，即其衣冠，亦不與時同也。書寫行草八分，畫作花卉竹石，筆墨遒勁，設色濃豔，得古人之正派。非媚時之輕描淡染者。其勾勒及飛白竹更佳，有子名淵，字曰明，能紹父藝，以壽夭，人莫之知。

趙龍　號雲門，江南人。湘南之子。善畫墨竹，竿枝俏勁，葉葉飄舉，雨晴風月，從不移彼作此。反正欹斜，各有態度，其一種修媚處，人莫能及。壽逾六十，回首於武林僧舍，披衣端坐而逝，大根器人也。

張宏　字君度，吳縣人。善畫山水，筆墨蒼古，丘壑靈異，層巒叠嶂，得元人法。石而連皴帶染，樹木有學堂氣。寫意人物，神情浹洽，散聚得宜，所寫吳郡歲朝圖，咄咄逼眞，無出其右。

沈士充　號子居，華亭人。趙文度門弟也。善山水，用墨流動，筆法鬆秀，皴染得淹潤之毅，山頭少兀突之勢，其仿大癡者，工緻而有痕跡，大約册頁小景爲佳。

程正揆　字端伯，號青谿，湖廣人。擢進士，博學好畫，仿大癡者爲冠。丘壑曠野，筆墨枯勁，但樹木似乎太減耳。爲人專尚風雅，冠裳中不可多得，官至宮傅。

鄒之麟　字臣虎，武進人。擢進士不仕，得園亭之樂，蒐奇博古，善摹子久筆法。用筆圓秀，只如初學，深得熟後求生之法。

邵　彌　字僧彌，吳縣人。善畫山水，筆墨雅秀。

丁元公　字原躬，嘉興人。性孤潔寡交，能書善畫，山水佛像，悉皆精妙。詩有奇思，字有別致，畫又高古不羣，至於鐫篆，尤其加意。後髡髮爲名僧焉。

吳彥國　字長文，徽州人。善畫山水，尤精堪輿之學，故其足蹟半天下，名山勝境，莫不入其阿堵中。況披閱宋元墨蹟更多，既豐於胸，又富於目，落筆靈妙，置佈得宜，名重當時，其實可副，且品行長厚，聞者多興起云。

程　鵠　字昭黃，徽州人。初年家裕，酷愛筆墨，凡遇一技一能之士，無不延攬。既壯，遍遊襄楚，復及晉燕。所摹宋人諸家，匪止山水絕倫，卽人物花鳥，悉俱精妙。丁未歲，今上召入南薰殿，揮染稱旨，賜以金帛，不時宣召焉。

沈澍玉　號蘧夫，杭州人。善花鳥，鈎勒極細軟，設色極鮮麗，翎毛不獨得飛翔之態，而且曲盡飲啄神情。是以今上於丁未歲，召入南薰殿，寫鶺鴒百隻，宛然如生，御賜徒三人習其藝。

曹岳　字次岳，泰興人。善山水，筆墨遒勁，丘壑冷然，其一種秀致，人莫能到，名盛都門，紳士爭重，品格豪邁，凡遇同道及遠客，無不薦引吹噓，非僅僅自顧者。

戚著　號白雲，畫山水學惲道生，書法亦妙。

劉度　字叔憲，錢塘人。山水摹北宋，得法於李營丘居多。水澤山村，平林險谷，危棧飛泉，斷橋絕壑，至於風雨晦明，烟霞霽雪，種種難寫之狀，彼於手腕得之，見者莫不歛衽。仕女春宮，俱悉仿舊，臨摹往蹟，大可亂眞，尺幅寸綃，最小者妙。十洲之後，迨其人歟。

王時敏　號烟客，太倉人，官至璽卿，家蓄古玩名繪，刻意翰墨，善仿黃大癡畫法。用筆古秀，布置深遠，兼有一種逸致，人莫能到。

李岸　字新之，雲間人。善花卉人物，尤工寫照。

張純修　字子敏，號見陽，古滇陽人。豫大中丞元翁長公子也。筮仕邑令，性溫厚典雅，畫得北苑南宮之沉鬱，兼雲林之逸致。尤妙臨摹，蓋其收藏頗多，故能得前人筆意耳。書法晉唐，更善圖章八法。

李玉品　湖廣江夏諸生。工墨竹，生動有致。

趙徵　字徵遠，畫佛像，師贛州劉幔亭，善八分，工鐵筆。

羅履泰　衡州人，畫備諸家，雖油素千尺，峯巒變換不一。且爲人恢諧，常獲千金，一日散去，卽草履赤足，不介意也。

僧智得　住南岳，畫山水，層巒疊嶂，皆得古法。

馮俞昌　字曰俞，湖廣漢陽人。孝廉，官縣令，畫山水。

高層雲　字謖園，華亭人。丙辰進士，畫山水，倣文敏。

申奇猷　字秩公，三韓人。官縣令。善山水，書法米南宮。

卞三畏　字仲華，蓋州人。孝廉，宦轍所至，兩袖清風；政事暇，怡情翰墨，詩文書法，兼擅其美。寫山水得湍瀨潺湲，烟霞縹緲之致，超然楮墨，纔一展玩，便令人有濠濮間想。至其立朝大節，備載國史云。

周世沛　字允侯，宜興人。進士，善山水，師藍田叔。

周　荃　字靜香，姑蘇人。官青州道。山水法惲向，尤精墨點花菓。

俞衷一　字雪朗，四明人。善山水。

莫可儔　字雲玉，武林人。善墨竹。

施餘澤　字溥霖，順天人。善山水，秀遠多致。兼善仕女。

滕　芳　字公遠，武林人。善山水，師劉叔憲。

李　庚　字長白，福建侯官人。善山水、草蟲。

高　礎　一名雲臺，字碧霄，順天人。善人物山水。

姚　霽　字日青，嘉興人。善人物花鳥兼寫照。

姚　霑　字雨若，善花鳥寫照，霽之弟也。

莊冏生　號澹菴，武進人。擢進士，善畫山水小景，乃文章餘事，故筆墨多學堂氣，庸史自不能及。

萬祚亭　字雪城，嘉興庠生。性躭六法，收覔小玩，啜茗焚香之餘，寫山水數筆，饒有味致。

王　鑑　字圓照，太倉人。善畫山水，運筆中鋒，用墨濃潤，樹木蓯鬱而不繁，丘壑深遂而不碎；氣運得烘染之法，皴擦無自撰之筆，摹仿董巨者居多。匪特名享於時，擬必爭重於後。曾爲郡守，今不仕焉。

彭鯤躍　字南冥，濟南人。善畫蘆雁，歿骨點出，復加開染，翔舉鳴宿，聚散皆得其宜。

馮源濟　字貽仙，涿州人。乙未進士。好書畫，善山水，閒淡簡遠，如騷人登高臨賦，蘊雅非常。

成兗　號魯公，大名人。鄉貢參軍，游藝翰墨，山水花鳥，無所不能，乃天雄之首望也。

米漢雯　號紫來，順天進士。所寫山水，行筆簡易，殊有逸致。書畫並法南宮，聲譽爭重都下。

顧大申　號見山，華亭人。擢進士，善山水，筆力蒼勁，用墨淋漓，蹊徑大雅，氣運濃厚，所摹宋之董巨，元之黃王，直入堂奧，其融會通化處，超脫今古。

顧天植　字東廬，松江庠生，學乃叔寄園之山水，而蒼秀可嘉。

謝模　字弘徵，華亭人。善山水，筆墨大雅，得子久之神。與兄楨，號禔玄齊名，以詩文字學重於世。

惲本初　字道生，毗陵人。出身鄉貢，善畫山水，多仿董巨一派。懸筆中鋒而有力，用墨濃濕而不濁，但覺近於奇癖耳。然學問淵源，欵題有本，未可輕議也。

孫逸　字無逸，徽州海陽人，流寓蕪湖。與蕭尺木齊名。山水畫得子久衣鉢，閒雅軒暢，蔚然天成。且性情恬淡，識與不識，咸稱爲長者云。

方亨咸　字邵村，桐城人。擢進士。善山水，仿子久意。

倪含　字幼含，嘉善人。善山水。

羅牧　字飯牛，虔州人。善山水，筆墨空靈，饒有士氣。

汪冥　不知其號，善界劃，然不多見。

楊芝茂　字子瑞，順天人。善人物，能仿小李將軍。寸人豆馬，設色絢麗，今上召寫御體，取像最工，無出其右。

童塏　字西爽，華亭人。善花卉翎毛，鈎勒着色，俱從宋人得來。花朵欹斜反側，枝葉飄曳波俏，人莫能及。其子曰銘，尤精草蟲；其姪曰鑑，並紹其藝。

王琦　字魏公，杭州人。善人物花鳥，工緻寫意，無不入神；草蟲諸卉，悉取眞者對臨，無不酷肖。且落筆快爽，如有神力，性格豪邁，不以貧富介胸中也。

梅　淸　字遠公，銅之兄也，宣城人。舉孝廉，畫山水有別趣。弟庚，善白描人物，與兄齊名。

孫道標　字茂叔，順天人。善山水。

黃衍相　字六治，福建人，寄籍永平。官內閣典籍。家蓄書畫古玩，善寫墨蘭。

楊啓運　湖廣人。善山水。

丁敍之　山陰人。善人物花鳥。

惲壽平　字正叔，道生之裔，善花卉翎毛。

顧　驄　號雲章，南通州人。寫墨竹，仿蘇長公一派，風致可佳。

陳　嵒　字卓公，臨川人。善畫山水數筆，其花鳥亦生動有致。

徐　枋　字昭法，吳縣人。孝廉不仕，癖居山谷，善法董巨山水，與品藻並傳也。

王　武　字勤中，吳縣人。善畫花卉，得動植之生意，根蒂五參，精神設色，亦極精巧。

姜師周　字周臣，錢塘人。善畫山水，學宋石門。得石田之遺意，下筆老健，陰晴濃淡，烟雲縹緲，亦云得法。又善牡丹，鈎勒設色俱佳。

朱　韶　字仲韶，南昌人。善山水。

盛丹　字伯含，江南人。善山水，其筆墨蓋得法於黃子久。岩隈林麓，頗及深遠，柯枝點葉，亦極老榦，差覺欠舒暢耳。

葉有年　字君山，松江人。善山水，學沈子居，峯巒秀發，雲烟出沒，筆底老壯，分布得宜，非止近日之有烘染而無筆墨者。其時有趙廷璧，字連城，子伊，字有莘，俱係子居傳派。

戴明說　號巖犖，滄州人。甲戌進士，善畫墨竹，飛舞生動，其飄舉之筆，大得吳仲圭法。故世祖最賞識之，賜以圖書，每畫上多用焉。官至尙書。

周季畹　號文夏，宜興人。擢進士，官御史，善畫山水，筆墨柔弱，近乎蘇江法派。

姜廷榦　字綺季，浙之餘姚人。翩翩佳公子也。恢諧謔笑，飲酒賦詩，遊覽博雅，更復善畫花鳥，則其思致奇妙，下筆不專取形似，而動植生生之趣，淺深映發之巧，蓋可知矣。

王應華　字園長，廣東人。勝國時擢進士。善畫蘭花竹石。

僧雪个　南昌人。善寫意花卉，奇奇怪怪，巨幅不過朵花片葉，善能用墨點綴。

盛年　字大有，吳縣人。硯菴之子。善山水梅竹，人有癡癖，不受拘繫，棋稱國手，故無暇事於畫也。

沈邑　嘉興人，善寫人物兼山水。氣概大雅而有力，似乎石田風味，醉里重之。

楊鉉　字鼎玉，順天人。善畫山水及人物。

朱國盛　字雲來，華亭人。畫雲山，得高彥敬三昧。

梁鋐　號子遠，三原人。擢進士，官尚書。遇興畫山水，筆墨蒼古，雖一丘一壑，思致高妙，推重於時。

張溍　字子晉，松江人。畫宗董文敏，具體而微，單瓢陋巷，技以人傳者也。子孝昌，善文能畫。

周度　字思王，仁和人。善畫花卉翎毛，或點或鈎，悉俱純熟老榦，但乏逸趣。

周復　字吉生，即度之弟也。善畫山水人物，運筆設色，秀麗而雅，其春宮不落窠臼，另立新意，妙甚。

朱軒　字雪田，華亭人。乃雲來先生次子，初師董玄宰。家多收藏，宋元諸作，莫不私淑。松江謂其有石田之筆力，董玄宰之名貴，趙文度之天趣，然以鐵門限之煩，率多應酬，有窺見其富美者，方知雪田畫，爲士夫冠冕。

金章　字仲玉，淮陰人。善花鳥，跗蕚枝榦，與夫飛鳴態度，率有生意，設色最鮮麗。

何遠　字履方，華亭人。善臨摹山水人物，即自運之筆亦蒼古。

方百里　善人物寫照。

許縵　字曼若，別號安弦，華亭人。畫學倪雲林，詩宗陸放翁。與兄令則名經者，詩文俱爲一時冠。

王無忝　字夙夜，孟津人。善山水，官金華太守。

齊鑑　字鑑已，南昌人。善山水，下筆文秀而有別致。

翟善　字從之，徽州人。善山水，仿宋人筆法，柯枝夾葉，山頭皴染，各得其當。

萬壽祺　字年少，徐州人。一榜不仕，高潔自持，詩文名世，字學顏魯公，而少異之。畫寫白描人物，惜不多見。

嚴沆　字灝亭，乙未進士，由翰林歷掌科，至太僕。詩文爲西泠十子之一，復有八詩人集行世。善書畫，書近米，而畫在倪黃間。瀟灑有致，風標映帶一時。

周裕度　號公遠，松江人。畫花卉，水墨點染，如瑤島嬋娟，離塵絕俗。書學顏眞卿。有子名玫。字紫瑤，亦善書畫。

法若眞　字黃石，膠州人。擢進士，官方伯。善山水，人爭重之。

嚴弘　字公偉，官大總戎。善山水，近董文敏一派。字學尤妙，雖封彊重任，而緩帶輕裘，淸標卓絕，不失爲吳郡常熟人也。

康泓　字澹澄，松江人。善蘆雁，兼以品行，世重其筆。

朱蔚　字文豹，華亭人。官偏將軍，畫蘭花。

吳倬　字啓明，華亭人。工人物。

僧深度　廣東人，住於佛山，善山水，粵中首望。

趙冏　字洞如，松江人。趙文度弟子，所畫山水，秀色絕倫。

程宗　號伯甫，華亭人。畫山水花卉。

夏時行　不知其籍貫，善蘭竹，草書更佳。

陳楝　善蘭竹。

保時　南通州人。善山水。

趙嗣美　澤州人。丙戌進士，善山水，筆墨淋漓，士夫逸致。

吳訥　字仲言，杭州人。善山水，學藍派，花卉學孫竹癡。

顧懿德　字原之，華亭人。仕光祿。畫山水工秀絕倫，欲奪王叔明之席，常寫大士像，流布人間。

顧胤光　字闇生，號寄園，松江人。一榜，官至郡丞。畫法合大癡、雲林，而參以營丘之蒼勁，巨然之細潤。其字學倪迂，而處境亦相似焉。

葉榮　字澹生，號樗叟，徽之祁門人。好遊山水，能琴能詩，自言於匡廬得畫法，故其峯巒石骨頗肖之。晚歲漸造平淡。紀伯紫謂其畫，高澹絕塵，矜貴處幾不欲落筆，眞逸品也。

崔子忠　號淸蚓，順天人。善人物，面目奇古，衣紋鐵線，非唐非宋，自成其格。今人摹效，毫無影響。

吳賓　字魯公，華亭人。性格超邁，不衫不履，落落自適，卽與軒冕，亦復爾爾。劇談冷趣，見其人，如對修篁萬竿也。畫山水初宗董玄宰，復以宋元諸家，合而參之，遂自成一局。其極細者，界劃樓閣，內具寸人，髮鬚畢具，其縱筆者，荒山窮谷，蕭索之狀，寒氣襲人。又善人物花鳥及寫照，無一不佳。

陳申　號巙菴，泰興人。博覽多才，故藝無不精妙。畫山水筆法古秀，蹊徑不凡，蓋從悟處取法，兼以慘淡經營而成，或因覽物得意，或因寫意創物，運思高妙，乃能如此。至於人馬竹石，皆餘技耳。

顧銘 字仲書，嘉興人。能詩善畫，瀟灑不羈，尤精小影，辛亥春，今上召寫御容，不惟堯眉舜目之狀，神龍瑞鳳之儀，而一種太平天子，萬國來朝氣象，俱從筆腕描出，眞可謂夐絕千古也。復寫諸王大臣，無不曲盡貴戚丰度。

程邃 字穆倩，新安人。爲人高古，學博思奇，詩文書法，絕不蹈襲前人一句一字，鐫篆圖章，尤稱絕藝，薦紳無不爭購之。又好珍蓄玩好，故寫山水，蒼勁有本。

王崇節 字玉筠，順天人。曾爲明威將軍。性躭筆墨，山水人物，悉能寫製。其畫花鳥，細鈎重染，不拘時月而後成之。丁未冬，今上召寫杏花鸚鵡圖，爲內庫所藏。都門士夫，咸爭重之。

朱瑛 字君求，嘉興人，肖海之子。善山水，蒼古有本，佈置殊失自然之意，臨摹元人諸家，可稱巨手。

葉欣 字榮木，華亭人。山水學趙令穰，復以姚簡叔參之。其爲周櫟園畫陶詩百頁，堪爲世珍。

樊沂　字浴沂，金陵人。山水花卉人物，悉皆精妙。其弟名圻，字會公。人物花卉並善，山水師劉松年。

吳宏　字遠度，江西金谿人，家於金陵。山水合宋元之筆，參以己意，故墨汁淋漓，氣運娟秀，樹木搓枒，丘壑動盪，其畫墨竹，飛舞絕俗，且古貌古心，詩字皆極精妙。

駱翔　字漢飛，杭州人。善人物。

張修　號損之，長洲人。善山水花草，尤精芙蕖，生動妙極。

高岑　字蔚生，金陵人。善山水及水墨花卉，寫意入神。有姪名遇，字雨吉，山水能繼家學。

王槩　字安節，嘉興人。生於白下，山水人物皆妙。

夏森　字茂林，善山水人物花卉。

何亢宗　字聿修，金陵人。高蔚生弟子，善山水。

胡慥　字石公，金陵人。善山水人物，至於菊花，能畫百種，且極神妙。

陳卓　字中立，北京人。善山水花草人物，久家金陵。

鄭淮　字桐源，金陵人。善山水花草人物，師樊浴沂。

胡玉昆　字元潤，金陵人。善山水，又能詩，有弟士昆，字元淸，善蘭花。

柳堉　字公韓，金陵文學。畫山水有士氣，又善詩文。

黃鑰　字北門，金陵人。畫山水，師李繩之。

周鼐　號公調，金陵人。畫山水師李營丘，蘭竹猶妙。

郭鼎京　號去問，福淸人。山水師子久，設色花草尤佳。

趙珣　字枝斯，號十五，莆田人。山水花鳥傳世。

郭鞏　號無疆，莆田人。善山水人物及寫像。

楊津　號巨源，莆田人。善山水人物花鳥。

黃卷　號聖謨，莆田人。善山水美人。

陳僧權　號石人，莆田人。善蘭竹儒筆。

劉祥開　字瑞生，汀洲人，善寫小像，得曾波臣之傳。

胡貞開　字循蜚，湖州孤林人。孝廉官司理，書參蘇米，性嗜畫石，得南宮之法，故欵題有本，家搆米山堂，丘壑乃其自佈，頗妙。

牛樞暐　字孝標，順天人。性嗜書畫，尤善岐黃，山水師董巨，用墨運筆，最爲得法，且品行高潔，肝胆過人，當世不多見也。

僧七處、僧未然、僧山語、僧掃葉，俱金陵人。善山水，精妙。

僧參石　金陵人，善水仙，最精。

僧雪笠　金陵人。善蘭竹，又能詩。

僧豁堂　名正嵒，號茱菴，本姓郭，武林人。詩畫俱優，尤善師仿元四大家山水，住西湖淨慈寺。

陳衡　字璇玉，杭州人。及門於藍先生。善山水，仿摹宋元俱妙，品行敦篤，與畫並重。

桑豸　字楚執，揚州人。善山水，見之者寡，惟與程穆倩共刻畫法年紀，想定醉心六法也。

吳歷　字虞山，吳人。善山水。

顧鶴　字元放，吳人。善山水。

徐言　字以時，杭州人。善山水，筆墨丘壑，可稱逸品。

錢士璋　字章玉，山陰人。仁和諸生，有經濟才，隨父宦於京，公卿爭薦引。會鼎革，走遂隱西湖赤霞山，屢徵不起。每放舟孤山，琴一曲，笛三弄，酣飲後吟詩數章，走筆作雲林畫，見者目爲神仙中人。年八十，尙作蠅頭書，詩畫欵多署赤霞子云。

毛際可　字會侯，號鶴舫，浙江遂安人。戊戌進士。以制藝名，宦秦豫，薦舉卓異，復以鴻詞見徵。工詩古，學大家而得其神，旁精繪事，潑墨烟潤，有米襄陽風。

佟毓秀　字鍾山，襄平人。皖撫吉臣公子也，隨父任浙。遊錢松崖之門，得其畫法，名噪一時，官維揚別駕。得吳下名人舊畫，山水有摩詰神情，竹石有與可遺意，而氣韻過之。

邵錫榮　字景桓，仁和戒三學士公仲子，性任達自喜，絕不爲貴介容。於書無所不窺，工詩古詞賦，著二峯全集草堂傳奇諸種，悉臻妙境。隨父宦遊，遍閱名山大川，見卽有紀，紀卽有圖，靡不窮其勝概。點染蒼雅，有天然之趣。精書法，其畫品與文董兩太史不相上下，宦寧晉，以循良著，不獨以畫名也。

季寓庸　號因是，泰興人。由進士官銓部，好書畫古玩，海內名器，多以重價購之。收蓄旣多，識見自別，畫山水頗得古人筆意，然有興會始揮毫，故不多見。

鍾諤　字一士，益都人。擢進士，官觀察。書宗座位帖，畫仿王右丞，丘壑嚴整，布置得宜，且品行淸介，宦橐蕭然，近世不可多得。

僧半山　宣城人，遨遊名勝，筆墨娛情，善寫山水，運筆圓勁，布置空闊，出自天資，與作手迥別。

王鐸　字覺斯，孟津人。擢進士。書法二王，行草爲最，種種法帖鳴世。又畫山水巨石，饒有別致。

郁倩　字儀臣，華亭人。善花卉。

楊補　吳縣人，善山水。

王崇簡　字敬哉，順天人。擢進士，官大宗伯。晚年遊情翰墨，畫山水，追蹤米南宮者俱多。命筆立意，不落窠臼，眞右丞逸致衣鉢。

王岱　字山長，一字九靑石史，號了菴，湖廣湘潭人。茂齡卽舉孝廉，交遊遍天下，所知者皆一時名彥。著客璒山書詩三卷，了菴文集幾九卷，俱自出手眼，無一語寄人籬下。律有唐風，古追漢魏。至於畫不一法，山水奇變，人物花草，悉得前人意，而書法亦備各體。然俱自矜惜，如俗富貴人，雖千金不易寸楮，遇野客名流，則傾餽以質，人故重之。

僧石谿　湖廣武陵人。爲堂頭，住牛首。稱文字善知識。畫奇創，字有綿裹鐵意，律詩清古，古詩逼唐，俱無烟火氣，性嚴刻，不近俗人，得其書畫者甚少。

黃甲雲　字唱韓，河南襄城人，由明經爲樂安令，以畫丈田圖去官，行李蕭然。日以筆墨遣興，所畫皆自立匠心，其人物細小僅寸，尺幅中集人數百，眉目衣冠，精彩生動，眞不亞唐宋作手也。

僧無可　江南桐城人，吉州青原山堂頭。付嘯峯法。俗姓方，字密之，名以智，庚辰前進士翰林，博奧淹雅，著通雅，庖莊，經世出世皆備，字作張草，亦工二王，畫極文秀逼古。

俞時篤　字企延，錢塘庠生，字近蘇米兩家。畫學石田餘意。

汪　喬　字宗晉，吳門洞庭人。善人物，所畫慈悲者，流水行雲，寂密枯稿，而威嚴者，雄傑奇偉，激昂頓挫，見者莫不駭慄，可爲技進乎道，又善寫意花卉。

伊天麐　字魯菴，杭州人。善花卉草蟲，惟蝴蝶爲最。

戴大有　字書年，杭人。善人物花鳥，仕女得豐肥之態，花卉善雅淡之姿，蘭竹尤佳。

許容　字默公，如臯人。若魯公姪也。深究六書，熟寫小篆，鐫勒圖章，不讓秦漢。尤善寫意山水及着色芭蕉，諱而不作，知者甚少，蓋謂篆所掩故。

僧弘瑜　號月章，會稽人。原姓王，名作霖，爲明季中書。後有出世之想，皈雪嶠和尙而髠髮焉。書法王、歐、懷素，畫仿子久山水，尤善仙佛諸像。

郜璉　號方壺，如臯人。山水師北苑、雲林，遊宦三十年，俱任山水之邦，故筆意淸勁。晚年事佛，庭植芭蕉百樹，敷坐其下，自曰綠天主人。淮揚有「郜蕉」之諺。年近八旬，未嘗一日輟筆也。

吳期遠　字子遠，丹陽人。善山水，仿子久者爲最。運筆中鋒，蹊徑深邃，故題欵多自讚云。

金章　字浩然，浙江人。善墨竹，其或俊筆，不在姚公綬之下。

僧戒開　字解三，松江灦涇人。客都，閱藏二次，胸中自是不凡。詩文短札，精倩入神。又畫元人山水，筆墨沉厚，不亞於惲本初。其欵託名曰姜睿。

陸二龍　字伯驤，平湖人。畫山水，意在筆墨之外。

僧自扃　號道開，結廬於吳門山塘。詩字並佳，又善山水，得意外之趣。

查士標　字二瞻，新安海陽人。博雅好古，書法初宗董文敏，晚乃變爲米襄陽，其畫以天眞幽淡爲宗，無一毫縱橫習氣。

祝昌　字山朝，廬州舒城人。久居新安，晚客漢上，於元季諸名家眞跡，無不臨仿，故畫多逸致，其性多孤介，苟遇之不以禮，復以金帛求之，終不應也。

張適　字鶴民，吳縣人。孝行著名於里，當事無不旌奬。詩字俱佳，又畫梅花山水，攀乃世傳，尤爲藝冠。

錢其恆　字子方，山陰人。家藏書畫玩好，且精品鑒，愛仿大癡山水，筆墨超脫凡軌。

陸灝　字平遠，華亭人。與見山先生交善，畫山水摹元人諸家，不特淹潤有致，而一種生秀之趣，快人心目，顧陸並馳，今復有焉。

章谷　字言在，仁和人。善畫山水，無師之學，非宋非元，自成一格，長子名采，字子眞。雖紹父藝，别具體肥，次子名聲，字子鶴。善花卉，鉤染得法，設色鮮美，山水亦工細。父子俱名噪西冷焉。

鍾期　字解伯，松江人。喜畫烟雲動盪，水月空濛之趣。

黃野　字日林，松江人。性情狂怪，凡見禽蟲草木，描寫逼眞，又善畫馬。

吳昕　字仲徵，徽州人。世居於杭，山水學松江一派，淹潤最好。

嚴延　字子敬，吳郡人。善畫人物仕女，品行高淡，以適意爲得意，紳士延之，非所願也。

劉渡　字前度，漳州人。善宋元山水，尤精寫景，爲人風流長厚，彈琴飲酒，無日不自悅也。

董孝初　字仁常，華亭人。畫山水，無法家蹊徑，而筆墨雙絕，人爭重之，書行草亦奇。子諱鴻先，善花卉。

施溥　字子博，錢塘人。善山水，摹仲圭、雲林居多。

張風　字大風，江南人。善山水，無丘壑而有別致，自適已意而已，字亦飛舞。

張維　字四之，順天人。其先人好書畫，收藏甚富。於郭河陽有得，樹石丘壑多似之。

僧止中　字杳雪，華亭人。山水學珂雪一派，筆墨秀潤，丘壑冷落，如騷人賦詩，吟詠性情而已。

楊亭　字玄草，丹徒人。畫山水，筆少溫潤，然挺峙巉巖，亦是一家也。

張坦　號青蘿，善山水。

黃經　字維之，如皋人。善山水，淸藴師大癡，博通六書，字學尤著。

沈韶　字爾調，華亭人。善畫人物仕女，秀媚絕俗，又善寫貌，儼然如生。

夏大貞　字吉庵，嘉興人。善寫翎毛花卉，巨幅屏幛，不假籌思，信手縱横，可稱能品。

毛奇齡　字大可，蕭山世族。於書無所不窺，下筆千言立就，擅不世之名，經史諸大文外，旁及禮樂經曲鐘呂書畫，悉臻其奥。康熙己未試制科，授翰林院檢討，充史館纂修官，請沐在籍，卜居西湖側。著西河集行世。工書法，尤善畫，妙得天趣，意到筆隨，但稍自矜惜，不多作，得者爭寶之。卽此一端，灑灑在物表矣，詎獨繪事足以盡先生哉。

沈宗敬　字南季，雲間繹堂學士公子也。擢進士，官太史。生平恬淡可親，座客常滿，才藝宏博，詩文書法，各詣妙境，偶寫山水，思致高遠，妙絕谿逕，超然楮墨，綽有古人之風，人罕及之。

龔培雍　字灦臣，杭人。庠生。工詩文書法，善人物山水。

呂學　字時敏，苕溪人。善寫照，見之儼然，生氣欲動。更精人物山水，遇與濡毫，度越流品，名噪一時。

祝新　字儀文，海昌人。隱西湖。善寫照，舉腕間卽曲盡其姿態，徘徊瞻顧，體度如生，熟翫之，不啻相與言笑者。雜工山水諸品，動筆新奇，名下固無虛士。

王遠　字景伯，杭人。琦子，工寫照，山水諸藝，綽有父風。

僧覺徵　字省也，號白漢，嘉興人，居西湖之南高峯。能書善畫，所作山水，細皴重染，雖一樹一石，過於重巒叠嶂之妙。

曹有光　字子夜，吳縣人。善書能畫，筆墨秀雅，丘壑淡宕，又花卉草蟲，傅染恬潔，字亦如之。

季開生　字天中，泰興人。擢進士，家藏宋元名蹟。少年輒時臨仿，因弟蘭溪令尹，得遊富春嚴灘之勝，故丘壑深邃，山頭峻拔，大得子久三昧。

潘澄　字弱水，蘇州人。山水學沈石田，氣勢雄偉。

劉體仁　字公勈，潁州人。擢進士，官銓部。性嗜六法，蕭疎曠遠，思運高妙，乘興寓意，亦自天然。

張昉　字叔昭，錢塘人。孫竹癡門弟也。善鈎勒花卉，反側飛動，含噴有情，更得內史爲之傅襯。

諸昇　字日如，仁和人。善蘭花竹石，得舊人之正傳。下筆瀟灑不繁，橫斜曲直，背向各分，至於山石水口，佈列縱橫，雨壓風欹，不獨肖其形似爾。

蕭雲從　字尺木，當塗人。明經不仕，筆墨娛情，不宋不元，自成其格。有太平三山圖，刻本於世。

錢封　字軼秦，號松崖，杭郡庠生，封儒林郎。博學能文，磊落有大志，隱西湖，遊情翰墨，與藍田叔、丁藥園諸公倡詩畫會，遂以詩畫名，兼工楷隸篆刻。興至寫山水，得烟雲出沒，峯巒隱現之態。老年尤寄趣平淡，落筆高古，品格絕塵，墨妙所到，靡非佳境，一時名人多從游焉。子彥雋、孫昶，亦能得其家法。

張渭　字且湜，錢塘人。遊錢松崖之門，遂得其畫法。筆意不減田叔，更饒神致，花卉人物俱妙。

張璠　字魯毓，仁和諸生。詩文清雋，得舅氏錢松崖六法眞諦，興酣潑墨，烟雲變幻，仲圭後身也。

毛遠公　字驥聯，蕭山人。孝廉，下筆清新俊逸，著有菽畹集。喜繪設色及水墨牡丹，一花半葉，淡墨欹豪，而疎斜歷亂，偏其反而，咄咄逼眞。

翁嵩年字康貽，武林人。進士。博學好古，寫山水，超軼冲淡，瀟灑秀潤，時露筆端。

趙所字申錫，杭人。善山水，筆意秀勁，蕭散清雅。

查繼佐字伊璜，海寧人。舉孝廉不仕，詩賦傳奇，種種行世，又能摹大癡山水，但皴法太減耳。

張一鵠字友鴻，松江人。擢進士。善寫意山水，石田詩云「樹如飛白石如籀，」似爲先生詠。

道士施政字正之，嘉興人。初畫蘭竹，後摹黃一峯、吳仲圭兩家。

藍孟字次公，錢塘庠生。善畫山水，摹仿宋元，無不精妙。運筆雖不遒勁，而丘壑鬆脆，如冰梨雪藕，見之唇吻俱爽，故學雲林家數，更云入室。

許眉字友介，福建人。孝廉不仕，才思過人，詩文立就，又畫墨竹，枝葉不多，殊有逸致。

顧鼎銓字逢伯，杭州人。孝廉縣令封太史，博學工詩古文，寫山水結搆在六法之中，點染遊三昧之外，寄趣瀟灑，落筆高遠，氣韻生動，自不可及。

魯得之字孔孫，杭州人，流寓秀水。善墨竹，運筆圓活，詩字俱佳，人爭重之。

徐易　字象九，杭州人。善山水花卉，筆墨古秀，傅色雅淡，至於傳寫大像，尤爲藝冠，衣紋身法，大雅不羣也。子炎，字公燦，能紹之。

杜亮采　號嚴六，松江人。善山水，喜臨舊蹟，故氣運濃厚，意致斐然，文度風流，於茲再見。

曾益　字鶴岡，山陰人。善梅花，爲人古道，壽近百齡。

朱處　字介菴，曹州人。擢進士。官參政，善山水，落筆瀟疎，脫略蹊徑，生平延覽山人墨士，半世宦囊，惟書畫一肩，冰淸玉潔，蓋可知矣。

楊遠　字仲聲，錢塘人。善仿北宋人山水，最妙。其如早礬，世不多有。

僧漸江　徽州人。善畫山水。俗姓江名韜，字六奇。初師宋人，及爲僧，其畫悉變爲元人一派。於倪黃兩家，尤其擅場也。

蘇遯　字遺民，松江人。畫仙佛，衣紋設色，古淡中之鮮麗。兼以品行狷潔，故其筆墨逾重。

姜泓　字在湄，杭州人。善花卉，筆墨靈異，出諸天生，非僅僅傅襯勻調，開染鮮豔，以致浥露迎風，欹斜含吐之妙也。

祁豸佳　字止祥，山陰世家，由孝廉仕吏部。諸藝無不精妙，而書畫尤冠。字學董文敏，畫仿元人。眞士人逸致，非時手等觀也。

葉　舟　字飄仙，松江人。善花卉，晚年惟畫佛像，籃中折枝尤妙。

謝　彬　字文侯，上虞人，久居錢塘。善寫小像，一經彼筆，世無俗面，至於數人合幅，或舉家全慶，神情浹洽，眉目照映，海內稱首望也。

僧元逸　字秋遠，嘉興祥符寺，後結茅西郊而住靜焉。博雅好古，植木栽花，書學二王之小楷，畫學子久之高曠。

史顏節　字睿子，紹興人。道德風流，善畫墨竹，古之所謂風晴雨露，無一不妙，尤好作萬竿叢細，山頭水口，烟雲烘鎖，國人爭購。子喻義，字子曉，紹其藝。

顧見龍　字雲臣，太倉人，今居虎丘。善山水花鳥，至於婦女，纖姿弱質，意穠態遠，臨摹往蹟，雖個中目之，一時難別眞僞也。固非虎頭再世，堪與十洲割席。

曹　垣　字星子，仁和人。善人物山水花鳥，素性嗜酒，每欲舉筆，輒酣飲，腕指有意外之想，變態縱橫，與造物相上下，悟於性理，非積習能致。有徒張城，字大宗，肄業亦妙。

許儀　字子韶，無錫人。曾爲明季中書，山水人物，界劃花卉，無一不善。其沒骨點竄，杏花燕燕，脂粉鮮豔，開染嬌媚，頗得徐熙之法。亦寫照。

趙尹　字莘子，徽州人。劉叔憲首弟也。善畫北宋人山水，筆墨遒勁，蹊徑縝密，有出藍之譽。且風雅好古，他技亦無不能。

陳鵠　字菊常，南通州人。善人物花卉，設色絢麗，鈎勒者亦工。

吳球　字禹錫，秀水人。畫師於藍田叔先生，摹子久小景，頗云入室。

龔賢　字半千，江南人。善詩，著有香草堂集。畫山水，初從北苑築基，一變古法，沉鬱深厚，自成一家。

顧企　字宗漢，松江無懷之子。善仕女山水，尤工寫照，受業於曾波臣。

王子寧　河內人。善山水。

胡崇道　字仲醇，金溪人。舉孝廉，官令尹，風雅越俗，而無貴度。飲酒作畫，花鳥雖於周少谷入門，其飛舞飄颻之致，出諸錦心繡腕也。

顧星　字子粲，仁和人，久遊天台，領略石梁雁岩之勝，峯巒林麓，柯木松石，疊瀑飛流，雲烟出沒，盡得於心而形於腕焉。

陳　字　字無名，諸暨章侯先生之子。能書善畫，才情有晉人風味，筆墨脫作家氣習，人物花鳥，迥別尋常。

張南垣　嘉興人。佈置園亭，能分宋元家數，半畝之地，經其點竄，猶居深谷，海內爲首推焉。善畫山水及供石，妙可知矣。

陸　鴻　字叔遠，吳縣人。善畫山水。同邑王子元，字台宇，善花卉。

李　穎　字箕山，揚州人。善山水，墨焦筆健，氣勢大雅。

葉大年　字壽卿，杭州人。善墨竹小鳥。

陸　源　字伯原，華亭人。畫山水人物，學小李將軍，雖近文弱，不落甜俗爲可喜。

楊昌文　廣東人，善蘭花竹石。

李　藩　字價人，華亭人。善山水人物。

包壯行　字稺修，南通州人。擢進士。善畫鉤勒梅花，水墨竹石，至今行世「包燈」，乃其創始。

申茗淸　字自然，松江人。仿大癡山水，樹木疎秀，丘壑亦深，但覺碎小而無大概。

李　曄　字白臣，湖州人。畫山水師關九思，筆墨古雅，差少靈秀。

沈陛　字左臣，杭人。青門六世孫，茂才舞襄子。幼孤，能文，愛寫墨竹。意在筆先，偃直濃疎，動合矩度，得文蘇遺意，而清標似過之。或與蘭合圖，參差可愛，若晀青矑於綠玉之叢，挹其佩紉而芬風習習者。諸昇見而異之曰：「陛少年若此，後名必踞吾右。」因羅致門下，以爲幸焉。別號小休，取樂志林泉，不求聞達之意。人謂本「休文之裔」而名歟，不知小休者矣。

徐邦　字彥臍，杭人。書法宗顏米，花鳥摹呂黃。所居硯廬，有薜蘿亭，名花滿砌，故寫生益工，士夫爭重之。願從遊焉，老年目力如童，筆法更佳。子琰，工花鳥。

張御乘　字駕六，烏程人。博學有經濟才，工寫意花鳥，世謂林良復出。至都，作河清海晏圖，名重京師。會徵召，公卿欲薦舉，辭歸，隱苕之靑塘門，號靑塘老農。

吳安　字定山，雲間人。應試被放，隱泖濱，號泖湖釣者。嘯傲名山勝境間，賦詩鼓琴，寫山水，氣韻娟秀，咸稱爲摩詰後身。雖環堵蕭然，晏如也，著有自陶集。

江在峽　字友三，杭人。善屬文，寫山水，位置簡雅，林石秀潤之氣，溢於楮帛，蓋因用墨處，得意外之法耳。

俞齡　字大年，杭人。善畫馬，得曹將軍、韓幹之心傳。至於圖寫凡獸，精神骨相，無不各盡其妙，更有傳神阿堵，不異虎頭，而天機所到，泉石峯巒，摩詰之後，亦不多覯也。

陸謙 字與讓，號益菴，仁和人。善人物仕女，工寫照，曾畫列朝功臣像，及水滸全圖，深得李龍眠衣缽。中年別設藩籬，有雲鶩水飛之致，著鴻序堂及竹猗綠簑等詩集。

俞泰 字開文，號牧雲，武林人，善蘭竹。

童原 字原山，西爽之長子，善花鳥草蟲，筆法雅秀，學力淵深，不獨近代無匹，眞能度越前人。天性溫厚，平生無疾言遽色，才德兼優士也。仲弟銓，字枚吉，善人物。季弟錦，字天孫，善花卉，皆極蒼秀，吳下推重。

張瑞 字維四，長洲人。善花卉，其寫意更佳，曾作百菓圖卷傳世。

童基 字處方，善人物兼山水，近代高手也。

沈賓 字永嘉，號雪齋，仁和人。書工行楷，得王米之眞傳，寫精蘭竹，闖倪趙之祕旨。至於鐵筆諸技，尤爲奇妙。所居雖城市，而池塘竹樹，儼若山林，故賢士大夫與之交遊者，咸稱淵明再世，人有勸其出仕，則笑而不答。其著作有石刻幽英蘭譜並西湖十景詩帖垂世。

李　昌　字爾熾，別號謹菴，仁和人。庚午孝廉，善花鳥草蟲，寫來生生欲動。會試都門，王公大人，奇其人品文章而外，兼奇其筆墨。

沈瑞鳳　字鳴岐，號渭川，仁和人。善寫蘭竹山水，兼工書法圖章。

陳　來　字宗來，江南人，善畫折枝花卉，悉俱鈎勒設色，而且自善栽植，故家中木本草卉，莫不種焉，擬爲寫照意耳。

錢禮齋　山陰人，流寓京師。善寫大像，欲得其畫者，雖公卿士夫，必抵其寓而就焉。技能伏人，一至於此。

許弘環　字眉叔，華亭人，別號我堂。畫山水，得士大夫一種趣味。

錢　檢　字四維，杭州人。善畫翎毛花卉，設色絢麗，開染得法。

王含光　字似鶴，山西人。擢進士，官銓部。善山水，脫略冠冕，寓興筆墨。

程　滂　號箕山，廣信人。順天籍，舉孝廉。畫雖無師之學，山水松石，自有別致。

王　式　字無倪，太倉人。善畫宮妝美女，春宮尤妙。

藍　深　字謝靑，錢塘庠生。爲人倜儻，時文宗匠，餘參六法，亦極精妙。雖得祖父之傳，至於錯綜變化，自得其巧。有弟名濤，字雪萍，亦善細緻小景。

王質　字文蘊，海寧人。善花卉草蟲，常於幽閑之地，或園林間，看玩蜂蝶態度，以之資於筆端也。

蔣勳　字奇武，吳縣人。世客都門，善山水，仿宋人，筆墨沉著。

余新民　字四維，徽州人。肝腸似雪，品藻獨持，藝無不能，篆刻乃其世學，爲最著也。

善畫山水，意在筆外。

錢朝鼎　字黍谷，常熟人。擢進士，官正卿。善畫蘭花竹石，得法於孫克弘。

金俊明　字孝章，吳縣人。善梅花。

陸坦　字周行；韓曠　字野株；朱琛　字雲璧；沈玄渚　俱松江人。善山水。

張經　字我絲，當塗人也。留心理學，及古文辭，弱冠卽走京師，問業翁叔元學士。

嘗同馮過登遊，故其山水多得元人遺意。間寫壽星花鳥。

周愷　字晉卿；劉元稷　字子穀，俱吳縣人。善山水。

王嘉　字逸上，華亭人。畫宗董文敏，人敦古道，有羲皇之風。

包爾庶　字虞尹，善花卉。

程　勝　字六無，休寧人。善畫蕉石蘭花。

李良佐　字癡和，閩人。善寫眞，又畫蘆雁。

項聖謨　字孔彰，嘉興墨林公之後。舊蓄既多，見識益廣，況性嗜揮染，山水花卉，悉皆精妙，雖自成一局，差近文氏意趣。其畫小頁，妙過於大。

顧　知　字爾昭，號野漁，杭州人。性格牢騷，故畫狂放不矩，多於繐紙作之。

沈　顥　字朗倩，蘇州人。善山水，筆墨秀雅，丘壑奇怪，晚年忽略，止可以筆墨之外求之。

吳　廷　字左千，徽州人。善山水，世不多見。

吳　玄　字羽仙，杭州人。善人物鬼判，爲人放浪不羈，好飲於茅棚草舍間，醉則揮毫素壁，頗得戴進三昧。

李　楝　字吉四，號松嵐，江南興化人。文定公孫，補博士弟子員。淹通今古，精繪事，尤工小李，聲譽震江淮間，有黃山圖刻。

顧符稹　字瑟如，號小癡，江南興化人。幼從父令江華。多才思，能詩，善楷書，後以父入覲卒於京，家遂落。因究心畫法，工細無敵，得顧虎頭小李將軍不傳之祕，爲人具傲骨，洵時流所僅見者。

吳肅雲　字竹蓀，號盟鷗，江南徽州人。工山水，能篆刻，爲人磊落不羈，隨父淮陰家焉。

翁陵　字壽如，自號磊石山樵，福建建安人。善畫山水人物，尤善篆隸小楷。

楊霖　字雨升，江南如皋人。少遊泮宮，讀書之餘，潛心繪事，善人物山水。

蕭晨　字靈曦，江南揚州人。善詩賦，精繪事，山水人物，師法唐宋，名重江淮。

張弨　字力臣，號亟齋，江南山陽人。少有才望，高尚不仕，以賣書畫爲生，山水花鳥，眞草隸篆入妙品。有天池、白陽風。與玉峯顧林亭先生交好。同著廣韻、音學五書傳世。

謝國章　字雲倬，號西村，江南山陽人。少有文名，由太學授州丞。爲人高潔，終日彈琴放歌。善小楷，精繪事，山水蟲魚，各極風致，門無雜賓，時人重之。

禹之鼎　字尚吉，號愼齋，江南揚州人。幼師藍氏筆墨，後出入宋元諸家。凡臨摹舊本，無不亂眞，又善寫照，一時稱絕，家貧而性迂，客長安，公卿貴人爭購之，然猝不易致也，兼工漢隸，官典客，有王會圖一卷傳世。

童昌齡　字鹿遊，江南如皋人。籍甚成均，嘗作古木竹石，風味淡遠。尤精篆籀，復善漢隸，名滿都下，著有史印一册，公卿咸寶之。

華鯤　字子千，江南無錫人。由太學授州佐，精山水，饒有黃鶴雲林之意。且工於詩，一時長安公卿，咸推重焉。

章時顯　字子揚，會稽人。善人物花卉，兼工小楷。

洪都　字客玄，錢塘人。善山水。

姚年　號雨侯，杭人。善人物花鳥及寫照。

曾岳　字文伯，閩人，住順天。善人物花鳥。

王堅　字又直。善佛像，李炎公徒也。

相楷　字允模，杭人。善蘭竹，兼山水人物。

俞俊　字秀登，杭人。善墨竹，初師諸日如，後摹趙雲門。

阮年　字遐生，杭人。善墨竹，師諸昇。

戴蒼　字葭湄，武林人。善寫照，得謝文侯三昧。

戴衢　字梅崖，蒼之弟也。善寫照。

魯介　字南宮，金陵人。善寫意山水墨竹。

陶祖德　字愼先，會稽人。善寫照。

吳旭　字子升，徽州人。善山水人物寫照。

丁樞　字辰所，山陰人。善寫照。

韓旻　字克章，武林人。善花鳥，後寫照亦佳，惜早世。

張烺　字日生，仁和人。善蘭竹花卉。

黃松　字天其，號黃石，太平人。善花鳥，師周少谷，臨摹舊跡，無不精妙，字篆亦佳。

王基永　字濟美，山陰人。善山水兼工書。

王㝏　字山眉，山陰諸生。善蘭竹，兼工書。

金史　字古良，山陰人。善人物，師陳章侯。

徐蘭　字篤培，衢州人。居順天。善山水。

經綸　字嵒叔，姚江人。人物美女，殊有奇致，性狂好飲，酒酣揮染。

吳舫　字方舟，維揚人。善白描人物並寫照。

姚珩　字白菴，吳人。善點掇花鳥蔬菓。

賈洙　字石浮，武林人。善山水。

魯唯　字悟先，武林人。善畫鹿。

姜兆熊　字起渭，武林人。善花鳥。

馮耀　字士弘，杭人。善山水美人。

賈鉝　字玉萬，別號可齋，晉臨汾人。美丰儀，善談論，能詩，出入掖垣，淸厲有聲。暇則招客開樽，竟日不倦，精蘭竹，風晴雨露，無不各肖，兼擅荷花，名噪都下，識者以黃筌目之。

沈益　字友三，湖苕溪人。性滑稽，所向傾倒。工人物山水，運筆如風，人皆曰「小石田」也。

鄭嵩　字天峻，別號穎溪，天都人。倜儻不羈，有俠氣，精花鳥，善傳神，片紙尺幅，人爭寶之。

顧維　字師王，苕溪人，傳神獨絕，大者益妙，不愧虎頭之後。

姚節　字竹友，嘉興人。工詩文，爲人脫略，性嗜酒，醉後作小竹泉石，有逸致，雖醒時不及也。

孫獻　字郁林，雄縣人。深心六法，山水得郭熙三昧。人物追蹤李唐、馬遠。至於取物傳形，翎毛鵝鴨，草卉蟲蝶等，莫不酷似，且美書室，而陳列古玩，俱有致焉。

周眉　字白公，吳門人。久寓浙杭，西湖名勝，莫不探討。所以精於山水，筆端俊逸，雖蹊徑蕭疏，畫中多有詩意。

程雲　字玉林，湖廣黃州人。遭闖逆之厄。全生鋒鏑，隱居江右百丈峯下。以筆墨謀生，專志大家，披麻劈斧，是其所長，虬松怪石，尤稱逸品。

李轂　字古璞，初以張珏著名，江右新吳人。少具遊萬里志，平生受寄托，擲千金而不惜，出入於二氏，學幾三十年。乃返而歸之六經，著有悟後日記、隨心談、讀史吟。至都遇馮沚鑑，口畫口，浮白叫絕，喜吾道人才之有屬也。與方舟善，古璞之畫，別開生面，經年或作一幅。

黃璧　字白元，江西人。山水人物翎毛，無不精妙，惟寫照絕倫。

高儼　字望公，廣東人。詩文筆墨，甲於嶺南。暮年能於月下作畫，尙藩屢辟不就，人稱「高士望」，年七十二。

張穆　字穆之，東莞人。別號鐵橋道人，有文集行世，卽名鐵橋集。長於鷙馬。

王毓賢　字星聚，三韓人。官三楚臬憲，自公之餘，雅躭圖畫，落筆蒼雅，超越凡品，著繪事備考行世。

傅山　字青主，太原明經。天資穎異，過目成誦，博奥搜奇，廣多著述。且徵召不仕，甘居林下，日事筆墨，書法數種，尤妙八分。畫出意緒之外，丘壑迥別於人，其才品，海內無出其右，不能盡載也。

曹鈖　字賓及，豐潤人。冠五先生次公子也。諸生時，輒好書畫，興到寫梅花道人，頗得淋漓淡宕之趣。官中翰。

干溥　字澤遠，天津人。國學生，與馮過登日夕盤桓。輒能效法山水，亹亹不倦。

蘇誼　字仲瞻，杭人。善山水，摹藍氏一派。

余鉉　字子愼，會稽世族。善山水小景，詩字並佳。

項悰　字屺雲，徽州人。流寓嘉定，山水仿董思白、李長蘅兩家，互參入室，筆墨淋漓，自成一種。且爲人肝膽，非時輩可及。子名松，字林士，亦善山水，人以「小米」目之。

費而奇　字葛坡，杭人。善花鳥，師法徐熙。山水並佳，博雅好古玩，尤精小楷。

謝天游　字芳仲，閩人。足跡半天下，下筆奇古，不同流俗。

戴梓　字文開，蒼之子，寫照得父傳，兼工山水。

吳良　字熙臣，淮安人。善人物。

吳旭　字皋若，吳人。善山水人物寫照。

王宏　字振遠，順天人。善人物寫照。

黃簡　字惟文，姑蘇人。善寫照。

周道　字履坦，吳人。善寫照，有歌訣傳世。

陶詩　字晉公，登州人。年十二歲，善山水，頗佳。

裘穟　字既方；葉鼎奇　字奇胥，俱杭人。善花卉。

葉翥　字雲將；俞亮　字起星，俱杭人。善山水。

金璐　字公在，杭人。善花卉。

高岑　字善長；干旌　字文昭，俱杭人。善山水。

陳岐　字友山，杭人；吳達　字行先，紹興人。俱善山水。

馮　越　字世奕，杭人。善人物並寫照。

董　維　字四明，號遯庵，黃山人。隱居江都一廛寄跡，以書畫博古自娛，難以富貴移易其心。書宗思白，畫法宋元，敏捷雄渾，時所莫及，有非鳴集傳世。

夏　雯　字治徵，又號南屏山樵，錢唐人。善山水人物，少好音律，苹精疲神，中年得耳疾，復於筆墨間變出新製，以縑絹作山水人物花鳥蟲魚，應手飛動，名爲「𦘕畫」盡工緻之巧，尤爲時重。

僧兆光　字朗如，號虛亭，隱西湖。寫山水初宗北苑，變出己意，好峯巒深邃，幽遠多姿，更善鐫章隸書。

鄭　嵩　字息中，新安人。善花鳥草蟲，寫生尤精。

朱佳會　字日可，海寧人。善山水，有別致。

沈聖昭　字弘宣，仁和人。善山水，寫意數筆，矗落不羣。

朱　臣　字晉三，海寧人。善山水人物。

吳　白　字晢侯，錢唐人。善花卉，師張昉。

顧　彝　字名六，仁和人。善水墨蘭菊，寫意生動，得天然之趣，其詩詞小篆，尤爲佳絕。

李紹　字承芳，華亭人。其畫仿大癡者，眉公贈云：「詩在大癡畫中，畫在大癡詩外；却好二百年來，翻身出世作怪。」字學右軍。

錢芬　字仲芳，嘉興人。善畫山水，摹擬子久，最爲得手。但設色殊少渾然耳。

張麟　字天機，吳門人。畫蘭花菊石等，偶有逸筆最妙。

藍洄　字靑文，錢塘人。畫山水，師田叔先生晚年之筆。

張琦　字玉可，嘉興人。善寫貌，檇里推爲獨立。

陸定　字文祥，華亭人。善山水，不越松江丘壑，喜着靑綠重色，長齋事佛，壽至八十，猶能燈下捉筆。

茅鴻儒　字子鴻，杭州人。善山水花鳥，落筆士氣爲妙。

仰止　字二水，杭州人。善仿二米山水，性嗜酒，而音律尤佳。

王有年　字硯田，江西金谿人。擢進士，官司理。風雅不凡，醉心六法，輒能究論，善山水一二筆，饒有味致。

蔡驤德　字鶴舫，楚黃人。工詩賦，白描大家，美人甚文致，獨性嚴冷，與世少合，畫故不甚與人。

王鞏　字石谷，常熟人。畫山水學王圓照，筆墨古雅，蹊徑深遠，臨摹往跡，尤爲入室，吳下推重。

胡蕃　字熙人，吳人。山水人物，無不精妙，品行尤爲人重。

祝筠　字松如，海昌人。善寫照，得謝彬三昧。

王遐　字公遠，吳人。流寓金陵，字畫俱學陳靑溪。

汪智　字睿生，古歙人也。寡嗜欲，恒居西湖，嘗候雲氣出沒，故其筆墨秀潤，自成一家，俊雅儼如天授，世不多遘云。

李寅　字白也，江都人，畫法唐宋，幾無別焉。

方乾　字又乾，天都人。山水花鳥，超妙入神，與宋人並轡。

徐泰　字階平，號枳園。人物山水，皆宗戴靜菴。寫照得之世授，故尤神妙。其子大珩，字聲昭，爲錢塘諸生，筆墨亦能肖之。

倪鼎　字丹成，號竹村，嘉興人。父端，字文初，工寫生，善山水，鼎盡得其傳，而姿學過之。弱冠遊京師，名動公卿，爭欲薦舉，不願也。其鈎襯衣摺，變化於古，獨出心裁，烏程呂學見之，推爲國朝服飾第一。

洪曜　字燦如，新安人。因祖宦遊，遂居西冷。善人物山水，世皆推重。其父挺菴，亦精筆墨，迥別時流。

鄒喆　字方魯，滿字之子也。山水能品，水墨花卉有父風，其大松人爭寶之。子壽坤，字子貞，山水能繼家傳。

謝成　字仲美，吳門人。家金陵，山水花草，無不精妙，尤善小影。有子靖孫，字大令，能紹父學。

僧居易　漢口人，工山水，並工水墨雙鈎花卉，詩亦成家。

方啓蒙　字凡菴，徽州人。工墨蘭，每幅千本，淋漓可觀。

王戩　字孟轂，漢陽人。爲諸生，年甚少，工詩能畫，又舉業名家。

汪桂　字仙友，湖廣崇陽人。前制科，畫倪王淸遠。一時宗匠。

僧智力　粵東人，付曹洞法，畫梅石高古絕俗。

張恂　字穉恭，秦中人。庚辰進士。善山水，用枯筆皴，初師程穆倩，後自成一家，脫盡溪徑，書法學米。

沈廣濡　字仁周，湖州籍，生於都門。品行端方，可託可寄，雖陋巷簞瓢，毫不介意，畫學董巨兩家，但過於刻意，差不得意者，卽焚之。
吳　晉　字平子，莆田人。善墨蘭，尤精鐵筆，晶玉銅章，更爲冠絕，名盛都門，無暇復及繪事，故其筆墨罕見。
王　撰　字異公，太倉人。畫仿大癡，筆法古秀，丘壑深層，而饒士氣。
陸之驥　字仲文，杭州人。詩逼晚唐，尤長辭賦，字學王覺斯，畫仿元人筆意，每以舊詩爲題而作。
張伯龍　字慈長，福建永定人。天性醇厚，生平樂善，與人解紛排難，宇內稱俠士也。善山水人物，筆下超羣，兼工詩學，尤精寫生，無不得神，士大夫皆有詩歌爲贈。晚年攜次子士英遊京師，歲癸巳，値皇上萬壽，伯龍作九如詩畫獻上，御覽嘉賞，語宰相以有宋元遺法，召父子賜茶飯，賚以白金，圖藏祕府。子士英，太學生，善書法，能紹父業云。
陳惟邦　字子慶，號雲莊山人，閩漳州人。事母至孝，家居四壁，詩畫自怡，善人物花鳥，尤工寫照。其子少逸，字少和。亦能詩畫，書宗松雪，篆法三橋，每於醉中作指頭山水。

圖繪寶鑑續纂卷二終

山陰　馮仙湜沚鑑　鑒閱

女史

楊妹子　不知其名，按諸畫籍中都不載，有客自南攜來屬鑒，乃楊妹子歟。寫趙清獻公琴鶴圖，不特琴聲入耳，而鶴舞之態，得傳清獻公之孤高，眞在九皋上也。時余不忍去手，秉慨古來缺略，不知幾許人。或曰是清獻之妹，或曰公之女也，或又曰清獻公媳也。總不可考，以俟博者。

徐眉　字橫波，金陵人。合肥龔尙書芝麓夫人，長齋事佛，畫蘭石山水，天然秀絕，氣韻在筆墨之外。又善詩詞小令，有唐宋風味。

黃媛介　字皆令，嘉興楊世功之配。善古文詩詞，著作甚富，楷書摹黃庭經十三行。畫山水小景，有元人筆致。長齋事佛，有賢行，京室閨彥多師事之，客都良久，老返吳下。

徐燦　吳縣人，海寧陳中堂素菴夫人。長齋繡佛，善寫大士像，及宮妝美人。筆法古秀，衣紋如蓴葉，設色雅淡，大得北宋人傳染意。

李因　字是菴，杭州人。海寧葛御史無奇夫人。善水墨花鳥，鴛鴦尤稱得法，游翔舉集，均得其當，枝葉蕊朵，亦俱生動。

吳綃　字冰仙，吳門人。觀察許瑤夫人。書工小楷，詩有刻稿，復善花卉，鈎染設色俱佳。

張氏女子　吳縣張方岳之未字幼妹也。曾於扇頭上，寫一鴛鳥，乍展之輒欲飛去。此種皆夙世通靈，恐是籧必爲六丁追奪，亦無法以鎭之者。噫！平生得見，愈信虎頭。

郭玉英　字茱萸，曲中人。善花鳥，生動有致。

范珠　曲中人，善山水。

梁夫人　徐中山媳也，善山水寫意。

寇湄　字白門，金陵人。善蘭竹。

周祐　江陰人。文學周榮起之女。工花卉。

周禧　江陰人，自號江上女子。善花鳥，家畜文禽，每作畫時，輒取而對之。

張蘋　字采蘋，吳縣人。善花鳥小景，設色雅淡趣勝。

張孫儆　紹興人，訓導孟稱舜室。畫松題和：「鬱鬱虬枝映碧空，青青翠柏與誰同；雖遇歲寒無改色，畫中畫出仿眞容。」

吳來玉　字清映，常熟人。未詳所適，姿才穎敏，能詩畫，善音律，書小楷，其畫梅並題：「一尺溪橋凍不開，朔風何處雪紛紛，江南春色枝頭見，不向邊城笛裏聞。」

葉小鸞　字瓊章，又字瑤期，吳江人。昭齊之妹，性慧夙成，姿態絕世，琴奕書畫，無不精曉。許張氏，未姻而卒，年僅十七。據乩仙曰：「小鸞月府侍香女也。本名寒簧，法名智斷，字絕際。」此雖莫須有之說，但返生香詩集原序，稱其天性不喜拘簡，能飲酒，善言笑。未歸而逝，正乃芙蕖半吐，情緒綿綿，七才子之稱，瓊章實不愧云。錄其別蕙綢姊一絕：「枝頭餘葉墜聲乾，天外凄凄雁字寒；感別却憐雙鬢影，竹窗風雨一燈殘。」

郭琕　字瑧汝，長洲人。適顧氏，畫學趙文淑花鳥，推逸品。書法二米，作詩立就，夐出三唐，曾題扇有「葉落空山萬木齊」之句。清古秀潔，非閨閣所及，宜乎三吳之首推也。

柴貞儀　字如光，仁和人。茂才黃介眉室。點染花卉，以及草蟲翎毛，無不超神入室。詩亦蘇蕙之流，錄其題畫云：「剝啄渾無韻，翱翔若有姿；依依碧叢裏，却傍繡窗窺。」

陳結璘　字寶月，常熟人。孝廉瞿伯申配。蘭心蕙質，畫工山水，詩有少君風味。錄其行世之藕花莊集內咏冰花：「化工着意點衰叢，開落寒山萬水中，謝豹斷魂啼夜月，春駒無夢採深紅。玲瓏巧結愁朝旭，皓白輕妝簇曉風，未比隋宮勞剪刻，依稀幾朵玉池東。」

梁孟昭　字夷素，錢塘人。狀元茅瓚孫，文學九仍室。畫工花鳥，字精小楷，女士中之表表者。其長短詩歌，大小墨妙，雖作手亦當讓一頭地。著山水吟等集，僅錄其題畫冬景：「登樓忽見山頭白，冰筋如鏤掛瑤碧；曉窗風急喚垂簾，鶴唳一聲天地窄。雪花騁豔鬪梅花，遜色輸香各自奢；終日費人評品事，腸枯頻喚煑濃茶。」

茅玉媛　字小素，孟昭女。字廣文許世翼。題扇云：「信筆閒將山水塗，流雲走墨任模糊，自然有個如他處，不必披圖問有無。」詩句香韻，則其畫之流動可知。

何氏　山陰人。有溪屋、步流、村妝、霧帳四絕。僅錄溪屋：「四野如軍閧，清流墮碧痕；溪響驚來客，誰至此孤村。」味其句，非能畫，安得此中受用。

王琰　字炳文，蘇州人。副榜蘇敏之室也。容色豔麗，性格溫柔，才而且賢。能詩善畫，其題片石孤松曰：「凌寒松不改，終古石難搖；若識臨毫意，清風樸面飄。」

周慧貞　字挹芬，吳江人。適嘉興黃姓。病久經年，對鏡嘆云：「拂鏡拭新妝，無言暗自傷，但看花上露，愁斷九迴腸。」挹芬與孟畹、柔嘉，鼎足三分，爲一時之勝。善畫工詩，風度洒然，惜年不永耳。

吳　山　字岩子，太平人。縣丞卞琳室也。詩文甚富，畫惟寫意山水，書工草楷。戊巳間曾寓西湖，諸名宿俱與之唱和。

萬夫人　徐州萬年少之女。通文史，善書畫，乃華亭章給諫冢婦也。

董覲覲　楚人，有殊色。工詩善畫，畫沈宛君曾見之。

瞿　雯　字雲子，無錫人。畫梅寄周寶鐙夫人：「格比瑤臺貴，姿如綠蕚華，年年並張碩，夜夜泛仙槎。」

陸　氏　別號易遷、宮中仙史，上元人。指揮徐大年室。生有容德，事翁姑稱孝，端肅聰慧，喜琴書並圖畫，著詩名曰綠窗偶吟，內題沈石田畫：「野閣停雲秀，溪山盡日幽；於茲課靜業，隱矣不須求。」又題漂母圖：「古今多少明眼客，不及青山老婦心；一飯豈殊黃石履，淮陰祇解報千金。」

楊　涓　字碧秋，會稽人。謝茂才之室。不惟能詩善畫，其貞烈當炳熠青史，畫冬景並題：「橫斜梅影拂窗紗，雲去峯頭露月華，不是羣眞遙獻瑞，碧天豈肯散瓊花。」

郝湘娥　保定人。修眉秀髮，姿容娟麗，年十一，鬻於本地巨族竇眉生家。十六歲能詩善奕，又工畫花草人物，後竇被人扳入盜情，自縊於獄，湘娥亦於是日縊死於家。賦絕命辭四首，僅錄其一：「一婦何曾事二天，今朝溢死赴黃泉；願爲厲鬼將寃報，豈向人間化杜鵑。」

丁二陳　蕭山人。適文學來生。幼能詩畫，今則謝絕筆墨，專心內典，一切勿爲矣。

顧長任　字重楣，別號霞箋仙姝，仁和人。茂才林以畏室。幼時穎慧，觀讀書史，一過便了了。女紅之暇，涉音律，工染翰，奕碁，蓋其滄江公以來，祖孫皆以詩學名世，故長任得以繼武也。著有謝庭香咏、梁案珠吟。

吳宗愛　字絳雪，金華人。庠生徐明英室。八齡輒能畫，花卉翎毛人物，着色山水亦佳，書法小楷，詩亦幽雋，錄其春詩一絕：「不畫雙眉向碧紗，隨從香渚補妍華；層嵐無限雲容媚，爭似春山髻有鴉。」

林文貞　宣城人。適王茂才諱期者。文貞寄詩紈一握，並秋蘭數筆於王玉映夫人云：「川陸鬱以紆，山陰有名媛；門閥舊金張，流風存筆硯。鐵網下珊瑚，蘭心落釵鈿；詩畫咄驚人，衣香惹紈扇，(時見扇頭詩畫，)揮毫金石堅，染素烟嵐絢，彼哉冠蓋雄，三舍避時彥。閨閣能幾人，四海不相見；蹇儂生下里，雙鯉乘風便，遙夢戛琅玕，澄江一淨練。」

薛素素　字素卿，蘇州人。寓南京，字寫黃庭小楷，工蘭竹，善音律，又喜馳馬挾彈，所著名南遊草。題畫云：「少文能臥遊，四壁置滄洲；古寺山遙拱，平橋水亂流。人歸紅樹晚，鶴度白雲秋；滿目成眞賞，蕭森象外遊。」

王　月　字月生，南京人。工詩史善畫，歸兵道蔡香君先生。後以城破墜井而死。聞其人沉默寡言笑，風塵中何得有此，況臨難不苟，使鬚眉愧殺。

葉　文　字素南，松陵人。善畫蘭，亦工詩，丰姿綽約，如飛鳥依人。幼配嚴姓，困於貧，流落吳門，後歸武林張繡虎爲副室。

吳　湘　字若耶，江都人。工詩畫，善撫琴，困於貧，歸參軍范崑崙，客寓西湖，有西泠咏：「不解嫺刀尺，隨時好看山；檜牙香篆字，湖面翠生斑。靜亦琴中福，勞因詩未删；古人悲莫見，椎髻望躋攀。」今寓吳門偕老云。

柳聲 字紫畹，松江人。善歌，工詩畫，歸天長王野倩。不逾年而殞，時甚惜之。

余尊玉 字其人。幼服男子衣冠，延師與姊珍玉讀書塾中，未幾能文。善詩畫，年十二學益進，四方聲氣，賢士大夫，皆與之定交，才名藉甚。欲出應試，或尼之曰：「黃崇嘏雖作狀元何益，不如學班大家，擁百城書，使海內賢豪皆北面也。」遂止。許字崔氏，亦閩巨族，仍服男子衣冠，不復接見賓客焉。著有綺窗疊韻行世。

羽孺 字靜和，號素蘭。解音律，推律得羽聲，因自命爲羽氏。能書善畫蘭，故以素蘭自爲號焉。歸於戚施，以所適非人，遂風流放誕，卒以殺身。著漚子十六篇以見志。

錢宛鸞 字翔青，蘇州人。工詩善畫。

錢宛蘭 字卉玉，蘇州人。宛鸞胞妹，適文學貝生。今適翰林吳公弘安，能詩工畫蘭，善音律，其題羅巾云：「宮門未入獨愁予，可嘆良緣佁子虛；堤上風光春又過，全憑雙鯉一封書。」

王賓儒 字蕊梅，南京舊院人。好文墨書史，吟咏詩畫，皆所究心。有志相如，終以不遇爲恨。究竟與委身蔓草者不同，觀其梅花詩（寓意）云：「虛名每被詩家賣，素豔嘗遭俗眼嗤；開向人間非得計，倩誰移上白蓮池。」

馬守眞　又名月嬌，字湘蘭，南京人。風流絕代，工詩書，善蘭竹，與王百穀友善。名擅一時，烟花非其志也。性好恬靜，年五十七，沐浴禮佛，端坐而逝。遺詩二卷，其所著詞曲頗多行世。

朱斗兒　號素娥。畫山水小景，陳太史繼授以筆法。與陳聯詩云：「芙蓉明玉沼，楊柳暗金堤。」陳入史館，素娥聚平日往還手跡，封題還之。

吳娟娟　字眉仙，南直靑溪人。與閩中林茂之厚。娟畫水仙，茂之爲作水仙賦。今爲石城陳宗來所藏。自號犟玉山人，題自畫水仙云：「綽約來姑射，凌波自絕塵；近從詞賦裏，描出洛川神。」

寇文華　又曰寇生，字琰若，落藉朱市。善書畫，吟咏不置，其才韻丰度，亦足驚四座也。

王蕊珠　或疑卽賓儒，名姬雪梅之女。題畫扇送人云：「閑年漫訝久無詩，獨立蕭條月上時；故把一尊相憶處，梅花爲放兩三枝。」

頓繼芳　南京舊院名妓。畫蘭贈友：「采采不盈掬，昔以紉君裳，君裳歷九秋，馥郁時在傍，相思即相見，從此罷新妝。」

林雪　南京舊院人。畫蘭扇贈友：「屢結騷人佩，時飄鄭國香，郎心能永念，幽谷自含芳。」

呼舉　字文淑，湖廣人。以放榜日生，故名舉。又號素蟾。性情疎朗，容止冲澹，自文墨以至棋畫，雙陸、打馬、呼盧、蹴踘無不精曉，刺繡女紅，其餘事耳。峋嶁主人王追美孝廉納之。

呼祖　字文如，江夏人。知詩詞，善琴，能書，工畫蘭。與其姊舉齊名。或訛爲胡姓，歸民部郎丘齊雲。著詩名遙集編。

楊慧林　字雲友，號林下風，杭州人。工山水諸墨妙。李漁所編意中緣傳奇，蓋爲慧林而作也。

許靜芬　字烟尊，號攬愚道人，仁和人。庠生黃茂榛室，善書畫。

阮月卿　善蘭竹，見臥月軒集內。

韋雪梅　荆溪女郎，善山水竹石。

王氏　紹興人，文學曾丞室。善花卉竹石。

王莊淑　紹興人，適張氏。能文，善琴，工畫，早歿。

文　淑　吳縣人，高士趙凡夫之媳也。工花卉草蟲。

范隆坤　會稽人，善畫。

丁完淑　山陰人，龔參戎之室。工山水。

王智珪　字履端，紹興人。適陳氏。早寡，入空門。工山水。

湯　顧　字目雲，吉水人。乃鼎元劉公同升戚。後歸紹興進士沈，工蘭花。

王畹生　名妓玉烟之妹。工奕，善畫蘭。

章韻先　名妓。善雜曲、畫蘭。李今生有贈別懶園詩。

谷蘭芳　自淮陰徙休寧。行三，小字笑兒。用吳音度曲，人以姍姍稱之。喜畫蘭，師丁南羽，得管夫人筆法。酒態憨甚，惜早世云。

仲愛兒　維揚名妓，工蘭。

陳淩雲　字湘雲，嘉興人。工花卉草蟲。

馬玉徵　杭州人，工山水諸墨妙。

周　素　杭州人。曹灝之婦，善翎毛草蟲。

連　璧　福建人。學博褚陸玫之室。善奕棋，鬪葉子，工蘭竹。

王　琬　嘉興人，自署曰檇李女子。工花卉翎毛。

張素芷　杭州名姬也。今歸餘杭王子年爲側室。工山水，水墨者爲佳，又善蘭花。

馮靜容　蘇州人。武進相國侍姬，今寓西湖。善演劇，畫工蘭竹。

李文靜　工水墨人物。

馬閒卿　字芷居，南京人。侍講陳沂繼配，喜於吟咏，書法蘇長公，善山水，不以示人。有詩十四篇行世。

陳元淑　浙江山陰人，中翰胡公裔妻也。生有容德，聰慧絕人，琴書圖畫，無不精好。聞烈皇烈后升遐，慟哭之，七月朔日，攬鏡自寫其像，宛若平生，竟絕食，至九日乃卒。

宋　婉　字玉馨，自號蘭齋女史，臨安人。太常謝騏妻也。有姿色，工詩畫，題畫梅花云：「雪谷冰崖質自幽，不關漁笛亦生愁；春風何事先吹綻，消息何曾到隴頭。」

孟　蘊　字子溫，諸暨人。許配侍御蔣文旭，蔣死諫。孟以貞女矢志，居柏樓。壽至九十有三。明宣德朝，旌表立祠於亞聖廟側。每歲以大寒日致祭，表其歲寒不變之節云。所著栢樓吟內，自題畫松云：「森森老幹倚晴空，萬木參差誰與同；自惜棟梁人已去，謾垂綵筆寫遺容。」以此觀之，貞女能詩，宜享不朽之名也。

曹妙淸　字比玉，自號雪齋，錢塘人。事母孝謹，善鼓琴、工詩，書畫兼優。三十不嫁，風尙可嘉。寄楊鐵崖詩有云：「美人絕似董嬌嬈，家住南山第一橋；不肯隨人過湖去，月明夜夜自吹簫。」女流能與鐵老唱和，才品蓋可知矣。

康氏　武功人，狀元康公海女，通文墨，精卜術。夫死後，絕翰墨，故未有傳，其夫姓氏亦未詳。

邢靜慈　臨淸人。太僕卿侗公之妹，武定馬公極有室也。善畫白描大士，書法如兄而好道，其靜坐詩云：「荊釵裙布念重違，掃室焚香自掩扉；莫向吹簫羨嬴女，多年已辦五銖衣。」

沈宜修　字宛君，吳江人。工部郎中葉公紹袁室。年十六歸，事姑以孝著，佐饋之餘，唯事楮墨，其畫扇山水並題：「微茫遠秀色，橫碧鎖秋光；懸蘿亘古木，叠嶂摩靑蒼；林鳥啼不聞，複徑自透迤，氤氳草如霧，翠影浮參差；澗水何寂寂？松露凝香滴，長風澄天高，淸暉映層壁；落葉墮盈壑，白雲閒悠悠，日晚無猿嘯，空山千古幽；似有桃源人，烟深久避秦，山花待春發，誰復問漁津。」

王端淑　字玉映，號映然子，山陰王季重先生季女，文學丁睿子室。自幼博通經史，楷工二王，畫學倪米。所著吟紅集、留篋集、名媛詩緯行世。

吳　祺　字蕊仙，善畫，有女中七才子集行世，祺其一也，蔡含師之。

蔡　含　字女蘿，姑蘇蔡孟昭女。善山水、花鳥、人物，能於擘紙潑墨，喬松墨鳳尤奇，今爲冒辟彊側室，長齋繡佛，並通經典。

杜陵女史　仇十洲女，畫人物豔逸有父風。

圖繪寶鑑續纂卷三終

〔余紹宋書畫書錄解題〕增廣圖繪寶鑑（丁氏八千卷樓目有重編圖繪寶鑑八卷，清馮仙湜等撰者，當卽此編。蓋因編首有「馮仙湜鑑閱」，遂誤以爲仙湜等譔也）八卷（前五卷爲夏文彥原編。王聞遠孝慈堂書目註云「馮仙湜等訂，一册」，疑當時亦有單行增廣本也），舊本題明毛大倫，清藍瑛、謝彬譔。是編前五卷及第八卷末所附補遺皆夏文彥原編，第六卷爲毛大倫增補，記有明代畫家，始於宣廟，終於張鵬，凡得一百八十六人，敍次無法，又不甚以時世爲次，如王問傳謹云戊戌進士，而不詳其年號，徐渭次於李日華後之類，皆可訾議。文辭尤拙劣，知其尙未得見韓昂補編，乃倉卒拉雜成之者。第七卷記清代畫家，題爲藍瑛、謝彬纂輯，而傳中却有田叔文侯之傳，且稱許甚至。文侯生卒年分無可考，若田叔之卒，尙在明代，而傳中乃有康熙時人，其爲坊賈僞託欺人，絕無疑義。所錄凡四百六十三人，半屬明季遺民，而雜廁於淸人之間，淩亂無紀，尤甚於毛氏所編。八卷爲女史，僅題馮仙湜鑑閱，未詳何人所編所紀。凡九十六人，首爲宋楊妹子，餘皆明清兩代人，亦任意掇錄，無復倫次，知此三卷皆清初坊本，猶未脫明季舊習者也。其第七卷原當列入僞託，今以其非獨立爲書，不便割裂，故仍列於此。

三

圖繪寶鑑續纂校勘記

余前校輯畫史叢書，有二書校點一過而復置之者：一爲汪鋆所撰之揚州畫苑錄，一爲借綠草堂本圖繪寶鑑續纂是也。汪氏書以其收羅殊濫，且有故列其名而詆毀之者。有乖著作之旨，不予收編。至借綠草堂本續纂，則由於與毛氏汲古閣本校勘之下，知其於元代大家事迹頗有改易，已非夏氏原著；且於六卷以後，續纂部分，與原著混淆，漫無界限。以其編著無方，亦棄捨之。邇來友好建議，請將借綠草堂續纂部分附於夏氏原著之後，而免遺珠之虞。因復取此書重校之。當時以爲卷帙無多，半月兼旬，自可校竣。不意其間錯誤夾雜，殊費董理，幾欲捨去不爲。歷時數月，僅作初步之訂正。已感疲倦，暫告一段。至徹底勘誤，只有俟諸異日耳。此分述於後：

一、在版本字體方面

借綠草堂本無刻書年月、地址與堂號，僅中縫下刻有借綠草堂四字。卷首仍冠以楊維楨序文，與毛本同。六卷以後，續纂部分，頗有重頁。如六卷二十二頁後，復有「又二十二頁」。七卷二十七頁後，復有「又二十七頁」。頗似爲臨時增益而加頁。且版本行格，亦不一律。每有作家事迹刻至行末尚餘數字者，則改作雙行小字若夾注然。頗疑其爲省篇幅，故爾參差。但亦有於開首作家姓名便作雙行小字者，如七卷萬祚亨、何亢宗，而行末反有空格餘地。又似毫無計算，致行格夾雜如此。此外更有挖補之處，如七卷卞三畏、顧鼎銓各條。所補字體，亦不一致。

又卷中空格頗多，有空作家之名者，如七卷丁敍之、錢禮齋。有空作家之字者，如七卷楊啓運、沈嵩。更有姓名字號全無，連空六七字，下僅刻「耆人物、山水、寫照」一句，如七卷徐蘭後空行，似預留餘地，以待後來訪得塡補者。但亦有不留空格，留作實地不刻，印出成黑釘者。寫刻粗劣，平日少見。至版多殘缺漫漶，又其次焉者也。

他如書寫之任意，校字之粗略，亦披卷可見。如卷中頗採取古體及別寫字，如野作埜、眉作睂、村作邨、鼎作冄、華作蕐、鴉作雅、琴作琹等，似書寫者故炫博雅。但卷中又多破體字及錯字，如蟲作虫、鶴作隺、晏作宴、舍作舎，似又不辨正俗錯誤者。更是佳隹不分，卷中凡佳字皆作隹。則又無文字常識者。至明人沈顥之「顥」誤作「灝」，可見校者不知顥字作何義，並未與其字朗倩一切合也。故僅就卷中之行格字體觀之，即感此豈學人畫家之撰述，或商賈雜湊成書以射利歟？

二、在首卷列名方面

本書第一卷開首，列有藍瑛、馮仙湜、謝彬、張振岳等重訂字樣。第二卷開首，則無藍瑛之名，易以程鵠、吳賓、陳申三人，而張振岳之名如故。三、四、五卷同。六卷則又增毛大倫增補五字。程、吳、陳、張四人之名如故。訂補之人，逐卷屢易，似覺本書歷經名家多人，先後校訂增補，始克完成。及與毛本對照之下，六卷以上，除四卷增許迪以下十人，及三卷之米芾，五卷之柯九思、錢選、黃公望、吳鎮、王蒙、方方壺、管夫人各條有所增益外，餘均毛本之舊。且三卷超師以下，尙遺漏張武翼、張戩等六人。是增遺互見焉。至七卷以下，披卷可得前列重訂各家之傳，皆在書中，如七卷三頁之藍瑛，五頁之程鵠，十七頁之張振岳，二十四頁之戴大有，三十一頁之謝彬。且藍、程、張三人之傳尤長，卽戴、謝、吳、陳各家之傳亦較其他大家爲詳。豈非訂正者並兼自我立傳，更爲自己子孫門徒立傳。如藍氏之藍孟、藍深等。藍門徒之王奐、顧星、洪都等，似此作法，在古人著作中，實所罕見。獨不畏藝林譏姗，通人齒冷耶？又卷中數稱引藍、謝二氏，如七卷吳球條內「畫師於藍田叔先生」，陳衡條內「及門於藍先生」，吳訥條內「善山水，學藍派」，禹之鼎條內「師藍氏筆墨」。戴蒼條內「善寫照，得謝文侯三昧」。就此敍述口氣，又疑爲藍、謝等弟子或後輩之所編，託藍、謝之名以自重，故爲浙派張目者。惜破綻過多，無以掩世人之耳目也。

三、在輯錄方面

甲、續纂與原書界限不淸，並多重出。

按續補古書，向分兩類：一爲將續補部分，分插各頁之中，於增添資料之首或尾，注明增補字樣，以與原書區別。一爲仍照原書體例，續編若干卷，於卷首卽標明續補字樣。從未見正續交錯，混合一卷，漫無界限者。如原書六卷之末，至蔣三松、朱端爲止。本書續補各作家，完全與原書交錯插花，原書已有者如蘇致中、朱銓、朱鑑、馬稷等，反次於所續作家張靈等二十人之後。更將原書之僧曉菴、僧日章、王世昌列之續補部分之末，使正續兩編，毫無界綫。此爲劃分正續兩部，保存原書面目不動，並仍沿用各書稱引續纂之名。於增補部分自張靈起，其中爲原書所有者，一律刪去。至張鵬止，作爲續纂一卷。借綠草堂本七卷，作爲續纂二卷。借綠草堂本八卷，作爲續纂三卷。以與毛本原書區別淸楚，用便稱引。

又續纂部分，因所錄各書作家事迹，不加對照考索，原樣不動，一例收入，頗有姓名重出者，如三個金章、兩個羅履泰、吳旭、馮檀、高岑。此經互校參閱各家事迹，如兩個羅履泰，既同屬衡州人，同畫山水，用筆同擅峯巒變換之長，性格同具詼諧不羈之風。縱其輯錄之來源非一書，其爲一人無疑，安有作家如此相同者。又如兩個馮檀，既姓名相同，字又同爲載煌。並同工寫照。前者爲山陰人，後者爲沚鑑姪，沚鑑，馮仙湜字，正本書之鑑閱者，亦山陰人也。亦係一人明甚，乃竟兩收之。（按此條後者全錄越畫見聞，前者更爲簡略，并刪去之。）又如兩個金章，同字仲玉，同工花鳥。雖郡邑不同，前者作淮陰人，後者作江寧人，亦同屬江蘇，或原書於地區不甚明瞭。似此均作一人，酌刪其一。至浙江之金章，字浩然，越畫見聞亦曾收入。惟郡邑微有不同，（越畫見聞作山陰人。）因與金仲玉並存之。至兩個吳旭，就其所畫同屬山水、人物、寫照。而表字郡邑均異，亦並存之。兩個高岑，前者字蔚生，爲金陵八家之一，周櫟園讀畫錄敍之尤詳。至後者僅記字善長，與干旌同屬杭人。或非一人，亦並存以俟考索焉。

乙、鈔錄別書，不注出處。

本書鈔錄他書各作家事迹，絕大部分，一字不易，收入卷中，並不注明出處。只就續纂所收作家，本叢書索引亦有者而查對之，知其所錄之書，有清朝畫徵錄、無聲詩史、海虞畫苑略、吳郡丹青志，而要以越畫見聞爲最多，總計不下五十餘條。其錄自張氏畫徵錄者。有孟永光一條，全錄張書，少變字句。又有何其仁一條，僅錄張書前數句，遺漏後段甚多。其錄自姜氏無聲詩史者，有蔣貴、高松、韓方、(本書方誤作芳)劉傳、雷紳各條，與姜書全同，間改一二字。於葉雙石一條，變易其前後次第。其錄自魚氏海虞畫苑略者，有陳岷一條，略增三數句。其錄自王氏丹青志者，有周官一條，全取王書。

至錄自陶氏越畫見聞者，約分三類：第一類如王徐錫、陸柴、田賦、魯鼐、楊謙、馮檀、來呂禧(陶書作呂謙)、倪素坤、范元坤、張孫徵、趙粹貞等，所錄各家，與陶書一字不異。第二類如毛遠公、吳小坤、徐晉、李嶧、高瑞卿(陶書作端卿)、陸曾熙、蔡元友、張振岳、張學曾、姚沾、孟蘊、嚴湛等，間有改易詞句，變更次序，或增益數字，亦幾與陶書全同。至第三類如吳孟琦、呂煥成、柴蓁、董良櫄、張潑、蔣熗、蔡佩等，鈔錄陶書，並多遺漏。甚多僅錄各家事迹前數句，有頭無尾，以言鈔錄，猶不及格也。凡以上各類，念各書已具，更爲完備，不更使其徒佔數量，虛糜篇幅，盡行删去，以免重複。他如錢朝鼎一條雖同畫徵錄，錢士璋、徐易、經綸、錢禮齋各條雖同越畫見聞，但略有增益，仍並存之。凡此只限本叢書所收各書校之，至其他各家，不見索引，考尋所出，尚須待之異日耳。

四、在敘述方面

甲、淵源不明，詳略失當。

記敍作家事迹，凡具家學淵源，或師承傳授者，首應說明。次於風格特點，與其衣缽弟子，均須詳記。以便讀者尋求流派所自來，並其於後世之影響。本書所收作家，於此應有之敍述，頗多缺略。如謝彬以寫眞名家，曾受學於曾波臣。畫徵錄與越畫見聞均有記載，而本書於謝彬條竟無一字述及。藍孟爲藍田叔之子，兩人傳中，均未說明。曹振爲曹羲之弟，曹有光爲曹振之子，卷中均未敍出，似不知有此親屬關係者。此在學派淵源，傳授系統之茫然也。至其敍述詳略，又毫無準則。如藍瑛事迹，敍至半頁，且其子孫亦均有記載。張振岳、程鵠亦較長。至如明代之杜用嘉，清代之惲南田、王石谷、吳墨井，均寥寥數語卽完，反不如名位遠次者爲詳。況編者亦嘗採錄以上所舉之各書矣，各書亦均有詳細之傳述，奚熟視而不採耶？足見有所偏袒，思以一手掩世人之目，使知畫苑惟有藍派也。

乙、交遊失敍，前後倒置。

卷中排列作家次第，昧於交遊關係，時代先後，往往倒置，至有前代作家而置之後代者。如董其昌與陳繼儒最稱契友，向爲藝林所熟悉。各書記載，無不相次密邇。如無聲詩史、明畫錄，皆取前後肩隨。而卷中竟列陳後董遠甚。顧正誼、孫克弘、宋旭探討畫旨，素稱友善，後成華亭一派。（見明畫錄卷四）而卷中三人亦散漫不鄰，若無此關係者。謝彬、沈韶、徐易皆學曾波臣而有得者（見越畫見聞卷四），亦各不鄰次，無以見學派之相近。且於三人傳中，亦無一字提及曾氏。王奐、顧星、洪都同傳藍氏畫法（見明畫錄卷五），卷中均未敍出，並排列甚遠。凡此之類，似編者從不知有此關係者，安得不任意排列也。

由於錄自他書，不加考核，昧於各家之學派交遊，不僅使派系散漫，甚至將時代顚倒。如徐渭本早於董其昌三十餘年，而反次董後。楊文驄、顧正誼、宋旭、孫克弘、倪元璐均在邢侗、米萬鍾之後，而皆列其前。陳洪綬與崔子忠本同時齊名（見吳梅村詩），而列崔於陳後遠甚。王鞏與吳歷完全同時（同歲生、吳卒於王後一年），而亦距離甚遠，更置石谷於卷末。萬壽祺、龔賢均明末淸初人，萬更於順治中卽卒，而反次於查士標、惲壽平之後。是對於各大家之時代亦茫然也。更有卷中敍明關係，亦竟排列顚倒者。如周淑祜、周淑禧、（本書作周祜周禧）錢宛鸞、錢宛蘭、呼舉、呼祖均爲姊妹，且卷中多已敍明。而仍次妹於姊前，且不鄰近。尤誤者，莫如明人陳元素、張瑞圖列於淸代之後半。

按張爲明代書法四大家之一，與邢、董、米同時，彰彰在人耳目者，實不應異代倒置也。

其他名位不著，尙費考索者，又不悉凡幾。似此之類，均予改易，因其他待考者尙多，亦未見恰當其處也。

無聲詩史 七卷

明 姜紹書撰

無聲詩史原序：

文運莫盛於有明，文心之靈，溢而爲畫，故氣韻生動之蹟，每出於勝流高士。畫者，文之極而彰施於五采者也。畫苑自史皇迄於勝國，俱有傳記可考，獨有明六法寥寥無述焉。余性喜畫，而尤喜究畫家源委，尙論之餘，寢食都廢。由洪武以至崇禎二百八十餘載，凡有關繪事者，聞見所及，錄之奚囊，積而成帙，題曰無聲詩史。夫雅、頌爲無形之畫，丹青爲不語之詩，盤礴推敲，同一樞軸。至於毫端靈韻，尤在生知，學步效顰，寧堪垂遠，觀者當玄賞於驪黃之外也。東坡有云：「論畫求形似，見與兒童鄰，賦詩必此詩，定非知詩人。」六法之藴，四聲之旨，備於此矣。所愧藻鑑未精，搜討有限，聊據所知，存其姓字，以俟博雅者審定焉。

晏如居士姜紹書識。

二

無聲詩史目錄

一卷

二卷

汪肇 王一鵬 沈貞 沈恒 沈周 文徵明

文彭 文嘉 文伯仁 文從簡 文從昌

周臣 陳暹 唐寅 朱綸 張靈

王寵 徐霖 杜堇 陳沂 陸師道

陸士仁

三卷

王穀祥 陶成 陳淳 陳栝 王問

王孟仁 蔣嵩 黃蒙 仇英 尤求

徐渭 陳鶴 謝時臣 陸治 蔣乾

朱朗 孫枝 侯懋功 居節 沈仕

莫是龍 錢穀 張復 沈襄 張允孝

周官 朱生 潘鳳 蔣守成 陶浚 魯治

陳芹 王逢元 姚淛 王文耀 項元汴

徐充 朱承爵 段衔 盛時泰 孫承恩

跋

無聲詩史卷一

曲阿　姜紹書二酉輯

宣　宗

宣宗章皇帝，諱瞻基，仁宗長子。建元宣德。帝天藻飛翔，雅尙詞翰，尤精於繪事，凡山水、人物、花竹、翎毛，無不臻妙。上書年月及賜臣姓名，用「廣運之寶」、「武英殿寶」及「雍熙世人」等圖印。

憲　宗

憲宗純皇帝，諱見深，英宗長子。建元成化。帝游戲繪事，長於神像，識以年月及御寶焉。

孝　宗

孝宗敬皇帝，諱祐樘，憲宗第三子。建元弘治。帝萬幾之暇，間亦好琴，臺諫時以爲言。上笑謂近臣曰：「彈琴何損於事，勞此輩言之。」然終不以爲忤也。兼長繪事，曾賞畫工吳偉綵緞數匹，命曰：「急持去，毋使酸子知道。」

景　皇

景皇帝諱祁鈺，宣宗仲子。建元景泰。予曾於戶部郎中何九說處見景皇畫著色田瓜，仿宣和筆意，雖傳世不多，亦能手也。

寧獻王

寧獻王名權，自號臞仙，高皇帝第十六子，洪武朝封於大寧，永樂二年改封南昌。王博學好古，能詩，有采芝吟。所製樂器如琴阮等，咸有巧思。頗嫺丹青，宸濠乃其孫也。

樂安王

遐源，明宗室。畫用「江右藩封」印，寫菊花、芙蓉，頗饒豔逸之致。

黃公望

黃公望，字子久，號一峯，富陽人。本姓陸，有神童之稱，出繼外家，改姓黃氏。博學多才，經史九流，無不通曉。浙西廉訪使徐琰辟爲掾，未幾棄去，改名堅，自號大癡道人，隱於杭之筲箕泉。往來三吳，與曹知白及方外莫月鼎、冷啓敬、張三豐友善。其畫自王摩詰、董北苑、僧巨然而下無不探討，一洗趙宋工習。時登高樓，望雲霞出沒，以挹其勝，故其所寫，瀟洒絕倫，獨立霞表，眞仙品也。戴表元贊其像曰：「身有百世之憂，家無担石之樂，蓋其俠似燕趙劍客，其達似晉宋酒徒。至於風雨塞門，呻吟盤礴，欲援筆而著書，又將爲齊魯之學也，豈尋常畫史也哉。」子久雖生元季，入明尙在，年八十有六，不知所終。

王　蒙

王蒙，字叔明，號黃鶴山樵，趙文敏公甥。寫山水師摩詰、巨然，墨法秀潤。洪武初爲泰安知州，廳事後正對泰山，叔明張絹素於壁，每興至卽著筆，凡三年而畫成，傅色都了。時濟南經歷陳惟允與叔明俱妙於畫，且相契厚。一日胥會，値大雪，山景愈妙，叔明謂惟允曰：「改此畫爲雪景何如？」惟允曰：「如傅色何？」叔明曰：「我姑試之。」卽以筆塗粉，然色殊不活。惟允沉思良久曰：「我得之矣。」爲小弓夾粉筆張滿彈之，粉落絹上，儼如飛舞之勢，皆相顧以爲神奇。叔明就題其上曰：岱宗密雪圖，自誇以爲無一俗筆，惟允固欲得之，叔明因綴以贈。陳氏寶此圖百年，非賞鑑家不出。松江張學正廷采，好奇之士，亦善畫，聞陳氏蓄此圖，往觀之，臥其下兩日不去，以爲斯世不復有是筆也。徐武功尤愛之，曰：「予昔登泰山，是以知斯圖之妙，諸君未嘗登，其妙處不盡知也。」後以三十千歸嘉興姚御史公綬，未幾姚氏火，此圖遂付煨燼矣。叔明元末人，在元已稱四大家之一矣，以其仕明，因載之。山樵又字叔銘，予嘗見其山水眞蹟，有以叔銘落款者。楊循吉云：昔黃鶴山人極敬黃子久，奉爲師匠，一日竊子久至齋，焚香進茗，從容出己得意筆請教，子久爲黃鶴從其得意處復添點染爲林巒秋色圖，遂覺烟雲生動，世傳黃王合作。

倪瓚

倪瓚，字元鎭，號雲林子，又號幻霞，生於元季。性好潔，行亦如之。喜吟咏，善畫枯木竹石及山水小幅，氣韶蕭遠，識者謂雲林胸次冰雪烟雲，相爲出沒，筆端固自勝絕，良不虛也。明初被召，固辭不起，人稱高士，蓋錫山之先哲也。

王冕

王冕，字元章，諸暨人。本田家子。少卽好學，長七尺餘，儀觀甚偉，鬚髯若神，通春秋諸傳。嘗一試進士，舉不第，卽焚所爲文，益讀古兵法，有當世大略。著高簷帽，披綠蓑衣，履長齒木屐，擊木劍，行歌會稽市，或騎黃牛持漢書以讀，人或以爲狂生。同里王公止善甚愛重之，爲拜其母。王後爲江浙簡較，君往謁，衣弊履不完，足指踐地，王公深念，遺草履一緉，諷使就吏祿，君笑不言，置其履而去。歸會稽，依浮屠廡下，教授弟子，倚壁庋土釜，爨以爲養，人或遺之，不受也。時高郵申屠公駉新任紹興理官，過武林，問交於王公，公曰：「吾里人有王元章者，其志行不求於俗，公欲與語，非就見不可。」駉至，卽遣吏以自通，君曰：「我不識申屠公，所問者他王先生耳。」謝不與見。

吏請不已，君斥曰：「我處士，寧與官府事，毋擾乃公爲也。」騶既重王公言，且奇其爲人，進謁禮益恭，以白於其大尹宋公子章，具書幣，製冠服，俱造其廬以請，君爲之强起，入夔舍講授歲餘。會他宦禮待不如意，乃爲書謝申屠公，東游吳。吳人雅聞君名，君又善寫梅花竹石，士大夫皆爭走舘下，縑素山積，君援筆立揮，千花萬蕊，成於俄頃，每竟一幅，則自題其上，皆假圖以見意，爲歌詩雄渾跌宕，以古豪傑自居。久之復遊金陵，諸新貴皆加敬待，遂北上燕薊，縱觀居庸、古北之塞，主祕書卿達公兼善家。時賢爭譽薦之，君題寫梅張座間，有「花團冰玉羌笛吹不下來」之句，見者皆縮首齰舌，不敢與語。至正戊子南歸，過吳中，爲人言黃河將北流，天下且大亂，吾亦南棲以遂志，於是就會稽買山一頃許，築草堂，讀書其中；服古衣冠，或乘小舟，扁曰浮萍軒，自放於鑑湖之曲，好事者多載酒從之。明太祖取浙東諸郡，冕遇胡大海，獻攻紹興之策，引見上，應對稱旨，署爲諮議參軍。

陳汝言

陳汝言，字惟允。國初爲潘左丞客，有壽左丞仙山樓閣圖，此畫之精絶者。徐幼文題其山居圖云：「昔年爲客處，看圖懷故山，今日還山住，儼然圖畫間。泉來遠蘭徑，月出對花關，應知農事畢，高坐有餘閒。」惟允與兄惟寅有大髯、小髯之號。

周砥

周砥，字履道，元遺民也。博學工文詞，薄遊無所詣，故與義興馬孝常治善，治曰：「周生久宦遊無成，而來過我，」於是砥往舍荆溪山中。義興諸豪友知孝常有重客，載酒從遊，周生多謝病却之，卽飲亦不盡一爵，曰：「吾無德於諸君而虛飲食我，我不及鮑生明矣，」夜半竟去。歸吳與高季迪、楊孟載相和歌，書蹟尤工，兼善圖畫。已而之會稽，歿於兵。

王履

王履，字安道，崑山人。學醫於丹溪朱彥修，博極羣書，爲詩文皆精詣有法。畫師夏圭，行筆秀勁，布置茂密。洪武初挾策冒險登華山絕頂，以紙筆自隨，遇勝寫景，得四十餘圖，極高奇曠奧之勝，書所賦詩於上以紀遊。

趙原

趙原，字善長，姑蘇人。畫師王右丞、董北苑，善寫山水，得窅深窮邃之致。洪武中徵畫史集中書，令圖往賢著功名者，原應對忤旨，見法。楊基有題趙元懸崖圖詩，善長又名元，兩存之。

徐賁

徐賁，字幼文，長洲人。累官廣東布政。所著北郭集，詞彩遒麗，風韻凄朗，人稱其詩品如楚客叢蘭，湘君芳杜，而畫亦追踪董巨。余藏其小景，淸灑蕭疎，倪雲林之流亞也。

張羽

張羽，字來儀，烏程人。累官翰林待制，太常寺丞。所著有靜居集，畫法米敷文、高尚書二家。世但知其工於文，而不知其妙於畫，可見昔賢之能事也。李日華太僕六硯齋筆記載其曾臨高房山山水，感而作歌，有「我縱有心嗟欲老」之句，又云「乾坤浩蕩江湖闊，使我執筆將何從」，蓋深得畫趣者。來儀詩名與高啓並，俱明初詩人，所謂高楊張徐者也。

楊基

楊基，字孟載，洪武中起家大官署令，累遷按察，所著有眉庵集。孟載才長逸蕩，興多雋永，篇題之外，兼及繪事。都太僕玄敬集云：「世稱高楊張徐，以方唐之王楊盧駱，四先生惟高太史不善畫，楊憲使、徐方伯、張太常畫筆，余嘗見之。」觀此，則知孟載乃善畫者矣。

冷謙

仙人冷謙，字起敬，武陵人，道號龍陽子。洪武初以善音律仕爲太常協律郎，蓋百餘齡矣，亦猶東方曼倩之仕漢也。起敬中統初與邢臺劉秉忠從沙門海雲游，書無不讀，尤邃於易及邵氏，經世、天文、地理、律曆，衆技皆能通之。至元間，秉忠入拜太保，參中書事，君乃棄釋業儒，游於霅川，與趙子昂游四明衞王府，覩唐李將軍畫，忽發胸臆效之，不月餘，山水人物悉臻其妙，而傅彩尤加纖細，神品幻出，由此以丹青鳴於時。隸淮揚，遇異人，授中黃大丹，出示平叔悟眞之旨，悟之如己作。至明百數十歲，綠鬢童顏，如方壯時。所畫蓬萊仙弈圖，尤爲神物，圖後有張三丰題識，二仙之蹟，可稱聯璧。先生於永樂中有畫鶴之誣，隱壁仙去，英武如成祖，不能以世法繩之，其種種狡獪變幻，眞欲借六合爲游戲者也。

方從義

道士方方壺，名從義，居上淸宮。寫山水極瀟洒，有董巨二米遺韻。方壺雖生於元，而洪武間尙在。與高太史棅同時，則知其元末明初人也。

宋克

宋克，字仲溫，長洲南宮里人。少跌宕不羈，好馳馬試劍，究韜略，將北走中原，會道梗不果。家居以氣節自勵，性亢直，人有過，輒面折之，無少容。與人議論，據事析理，期於必勝。一旦厭事，杜門謝客，操觚染翰，日費千紙，遂以書名。章草久不傳，至克始得其法，筆墨精妙，可與古人並驅。尤喜畫竹，雖寸岡尺塹，而萬玉千篁，蕭然出俗。洪武初同知鳳翔卒。時有宋廣字昌裔者，亦善草書，與克頡頏，人稱爲二宋。

王紱

王紱，字孟端，無錫人。自少志氣高逸，工古詩歌。嘗北游江淮，浮黃河，游太行，出雁門，往來晉代之間，周覽形勝，輒感慨弔古，徘徊不能去。一時聞人慕其名，爭延致之，及觀其氣貌瓌岸，議論踔厲，益加器重。久之，歸江南，隱居九龍山中，詠左太冲詩曰：「何必絲與竹，山水有淸音。」遂自號曰九龍山人，又號石友生。永樂中有以能書薦入翰林，擢爲中書舍人。尤工畫山水竹石，每酒酣，對賓客著黃冠服，意氣傲然，伸紙攘袂，揮筆灑灑，奇怪跌宕，不可名狀。畫已，徐吟五字詩，蕭然有風人之致。然不可意者，雖豪貴不肯與，就之，至閉門不納。人問之，曰：「丈夫在所處，輕者苟且如此，重者將何以哉？」士流益以此高之。丙申春，卒於北京寓中，時年五十有五，錢塘王洪爲之傳。

虞謙 王性、郭將軍附

虞謙，字伯益，金壇人。洪武乙亥由太學生擢刑部山東司郎中，陞杭州知府。永樂初召爲大理寺左少卿，尋陞左副都御史，命巡視淮陽旱災，至則疏民所苦，請發廩賑貸。巡撫浙江，察廉糾貪，上言十數事，多見施行。仁宗卽位，擢爲大理卿，折獄平允，所條奏七事，皆切中時弊。公儀觀甚偉，瀟洒絕俗，工詩，所著有玉雪齋稿，畫竹石與夏太常齊名。公同里有王性者，精於醫，兼善山水，與公交厚，同時有郭將軍者，能工詩畫，公贈以詩，有「詩律清新畫入神」之句。

夏昺 屈豹、張緒、詹和附。

夏昺，字仲昭，崑山人。初姓朱，名昶，舉進士，爲翰林院庶吉士。太宗嘗召見之，謂曰：「太陽麗天，日宜加於永上，『昶』字宜作『昺』字，」書有昺字始此。既而昺又自奏復其本姓爲夏。以善書供事內省，嘗扈從兩京，授中書舍人。宣德中轉考功主事，仍供內直。正統中用薦者陞太常卿致仕。年八十三卒，時成化六年八月。訃聞，賜祭葬。昺既善書，亦能詩，精繪事。嘗師王孟端，尤工墨竹，以至海外多餠金懸購，名重四裔。其爲人坦率樂易，不拘小節，時出入禮法間，人亦不甚非之。晚年家居，頗效楊廉夫之爲人，以詩畫燕樂自娛云。同里有屈礿，字處誠，吳匏庵集云：「崑山之人師仲昭墨竹者更數輩，獨屈礿處誠頗類之，今人家所得，往往出其手，眞僞固自能辨。」同時有張緒，字廷瑞，海虞人。竹石亞於仲昭，而雁行屈處誠焉。詹和，字仲和，錢唐人。書仿趙吳興，酷似之。寫墨竹風枝露葉，可遠追仲圭，近接仲昭。

夏昺

夏昺，字孟暘，仲昭之兄。起自戎伍，爲中書舍人。畫學高房山，蕭蕭有林壑氣。

朱端

朱端，字克正。精工人物、山水、花木、翎毛，舉腕卽曲盡其態度。墨竹師夏㫞，欽賜「一樵圖書」印。

朱孔陽

朱孔陽，華亭人。官至太常卿。工署書，兼善畫，寫楊少師士奇歸田圖，評者謂其作家士氣皆具。成祖遷都北平，宮殿榜額，皆孔陽筆。一日上御右順門，召書大善殿扁，舉筆立就，深荷嘉獎，卽授中書舍人，蓋以善書授官，自孔陽始。晉編修，歷陞寺卿，歷事四朝，皆以法書被知。其子惲，亦能書，官中書舍人。

張益

張益，字士謙，號惷菴，吳縣人。永樂乙未進士，選爲庶吉士，預修國史，遷修撰，進學士，召入閣典機務。正統北征，隨赴行在。勸上持重，兵潰死之。益爲文立就，軍中草檄，俱出其手。喜寫松竹，與同榜夏㫤同邸舍，㫤曰：「子當以文名世，墨竹小技，宜讓我矣。」益遂絕意渲染，故其畫最少，有畫法一卷，藏於家。

沈遇

沈遇，字公濟，號臞樵，吳縣相城里人。其先世有名宋咸淳間。公濟善畫山水，其所居雅趣堂，多列圖史，衣冠古雅，有晉唐風致，非世之畫史比，與吳文定公寬爲石友，文定每得其畫，必寶藏之。公濟嘗寓金陵，有山樓詩一卷，多吳中名流所贈。其歿也，文定有詩悼之云：「秣陵春色厭驅馳，投老吳門白髮垂；燈下解衣盤礴處，山中持斧嘯歌時。一貧比憲元非病，三絕如虔不數癡；落日高堂開障子，雪峯烟樹使人悲。」石田臨臞樵雪圖題云：臞樵沈公，以善畫人物山水名於宣德正統間，嘗徵至京師，比還聲稱益籍，學者頗衆。先君同寮處士實嘗師之，但先君筆法稍加細潤，當時許二家之筆，謂臞樵有巖穴之氣，先君得富貴之習，雖各自名家而實出一鉢也。至不肖聰明不逮，學識又疎，既稍變其法，遂失師承，深自痛恨。家世所藏雪圖，乃先生得意之作，暇日弄筆，有竹莊偶得四紙，遂乘興臨一過，極知刻畫無鹽，唐突西子。予第少常給事左右，頗爲知公用筆之意，故亦不敢自讓，恨先君不及見之耳。昔米南宮臨晉唐書畫，輒曰：「若見眞蹟，慚惶殺人。」觀者脫不以此幅比眞蹟，則区区之幸多矣，沈周戲筆。

何　澄

何澄，字彥澤，江陰人。永樂癸未舉於鄉，以部郎言忤旨，謫武當，已復上疏激切，下詔獄。洪熙改元，釋歸。宣德中薦擢知袁州，與民休息，頌聲四達。正統中乞休，婆娑林泉，享年九十有九。所居植竹數百竿，引以二鶴，自號竹鶴老人，雅意翰墨，長於山水。嘗自題畫云：「蘆花瑟瑟水茫茫，落月沉沙夜未央；離思不禁天外鴈，孤舟燈火容三湘。」

程南雲

程南雲，號清軒，宋儒伊川之後。字備篆隸楷草，而行書頡頏趙文敏。嘗作雪梅、雪竹，咸臻其妙。詩文奇古，官至太常卿。

高　棅

高棅，字彥恢，仕名廷禮，別號漫仕，宋尚書張鎮之後，出繼高氏嗣，遂從高姓。棅博學能文，尤雄於詩，自布衣入翰林爲待詔，九年陞典籍。平生賦詠，流傳海內。有稿曰嘯臺集、水天清氣集；選唐詩品彙行世，議者服其精博。能書工畫，時稱三絕。畫法原於米南宮父子，出入商高間。時方壺子畫妙一時，初識棅，稱賞不寘，曰：「異時當爲名家。」在翰林二十年，四方求詩畫者，爭以金帛爲贄，歲嘗優於祿入。

戴　進　泉附

戴進，字文進，號靜菴，又號玉泉山人，錢塘人。山水得諸家之妙，凡人物、翎毛、花卉，無不擅長。宣廟時，進嘗作秋江獨釣圖，上見之，歎其工，欲召見大用，謝環譏之曰：「朱衣，朝服也，而可施之漁獵乎？」遂寢其命。進於墨竹、葡萄等畫，無不精絕，乃浙畫之第一流也。子泉字宗淵，山水得家法。文進不肯爲方伯某作門神，某怒，纍以三木。右伯黃丞澤閩人也，見而問其故，笑而解釋之，戴德黃甚，臨行贈畫四幅，乃其生平最得意之筆，今黃氏子孫尙存其一云。又按張平山亦有此厄，豈一事而兩傳之耶。文進尤善寫眞，曾至金陵，行李爲一傭肩去，初未究其姓名，查不可識，乃從酒家借紙筆圖其容貌，集衆傭示之，衆曰：「是某人也。」隨跡其家，果得焉。

謝　環

謝環，字廷循，永嘉人。清謹而文，家無餘資，常充然有自足之意。知學問，喜賦詩，時吟詠自適，有邀之爲山水之遊者，欣然赴之或數日忘返，所與交皆賢士。廷循善畫，初師陳步起，步起元張師夔高弟，洪武初有盛名兩浙，淸介凜然，不苟接人，識廷循於總角，特愛之，一經指點，輒得其妙處，廷循遂馳名於時。永樂中召在禁近，宣宗妙繪事，天機神發，不假於學，供奉之臣，特獎重廷循，萬幾之暇，恆侍左右，間承顧問，率以直對，上嘉其誠，屢書御製詩賜之，及有金幣衣服之賜。再進官錦衣衞千戶，蓋授近職，使食其祿也。廷循益執謙虛，不倚爲榮，退恆杜門謹守，雖其中確然，而外未嘗一毫忤物。所居深邃閫爽，森列唐宋以來法書名畫，造之者如衆寶在目，應接不暇，有欲得者，聽持去，無所靳惜，所謂寓意於物而不留意，廷循有焉。楊文貞公士奇每見其畫，必加評賞，名其軒曰墨禪，文貞爲之記。

張寧

張寧，字靜之，嘉興人。舉進士，累官禮科給諫，天順間出使高麗，畫蘭竹贈陪臣李扶，兼題詩於上云：「新竹初解籜，幽蘭未着花，風光雖淺薄，生意亦無涯。」高麗皇華集載公詩文頗多，此其一也。後與執政忤，出爲汀州守，引疾歸。詩思敏捷，工人物山水。

陳憲章 英附

陳憲章，號如隱居士，會稽人。畫梅與王牧之齊名，評者謂二家雖格意不同，憲章筆力實過牧之。子英，亦能寫梅。

王謙 應奇附

王謙，字牧之，錢塘人。號冰壺道人，善寫梅花。余曾見其與夏太常仲昭合寫梅竹一幅，題曰歲寒二雅。牧之之梅，落筆雄逸，有蒼龍出岫之勢。仲昭寫竹，墨筆爲多，而此幅以綠瀋染就，如七尺琅玕與蕊珠相映，眞傑作也。牧之起家儒士，隆平侯張祐喜寫梅，聘爲西席，侯之畫法，多其指授。有子應奇，亦善梅花，能世其傳焉。余於崇禎丙子秋日於燕邸張錦衣家見牧之與戴文進合作一幅，牧之寫梅，枝柯如鐵，千花萬蕊，璀璨筆端；花下人物乃文進所寫。聯鑣競爽，眞堪合璧，由此觀之，不特與夏太常同寫而已。

孫隆

孫隆，號都癡，毘陵人。開國忠愍侯孫，生而穎敏，有仙人風度。寫翎毛草蟲，自成一家，名曰沒骨畫。予嘗見其數幅，得徐熙野逸之趣，寫生名手也。

無聲詩史卷一終

杜瓊

杜瓊，字用嘉，號東原，吳縣人。少孤，能自刻厲讀書，書無所不通，旁及翰墨皆精。好畫，亦遒麗，效南唐董北苑、元王叔明。爲人敦茂長者，一時品望甚貴，郡守况鍾迫欲見之，匿弗肯就。晚歲持方竹杖出遊朋舊間，逍遙自娛，號鹿冠道人，菜羹糲食，怡怡如也。家有小圃，不滿一畝，植竹蒔雜花，築瞻綠亭居其間，醇和安定，道韻襲人，年八十卒。嘗割股愈母疾，而祕之不使人知，及卒，會葬千餘人，門人私謚之爲淵孝先生。

劉珏

劉珏，字廷美，號完菴，長洲人。少遇太守况鍾，推擇爲吏，珏謝不願吏，願得補諸生，守許之。舉應天鄉試，補太學生，以材舉授刑部主事，遷山西按察同僉事。甫五十，乞歸致仕，卜築秀野，花木玲瓏，號小洞庭。詩長於七言，淸麗可詠。寫山水林谷，泉深石亂，木秀雲生，綿密幽媚，風流藹然，幾於升巨然之堂，入仲圭之室矣。書法正行出趙吳興。所著有完菴集。

姜立綱

姜立綱，字廷憲，永嘉人。太常卿。楷法整嚴，畫學黃子久。李君實筆談云：「余偶得太常一幅，蕭疏聳秀，全以黃鶴山樵爲宗，特筆意稍未化耳。題句云：功名已見繡爲衫，萬里青雲入笑談，回首九峯天際碧，可能無夢到江南。

岳正

岳正，字季方，別號蒙泉，漷縣人。長身美鬚髯，氣屹屹不能下物。正統戊辰會試第一，廷試賜進士及第，授翰林院編修，景泰壬申遷右春坊右贊善兼編修，天順丁丑改修撰。英廟知其名，吏部尙書王翺亦薦之，六月召見文華殿，特簡爲內閣，自是宣召賜賚，絡繹於道。是時石亨與太監曹吉祥怙寵擅權，有投匿名文書指斥時政者，亨等勸上出榜募能告捕者，賞以三品官。正曰：「爲政有體，奈何天子自出榜購募，且欲窮治其事。緩則人情怠忽，事自覺露，急則人情恐懼，愈求韜晦，不如弗究。」上曰：「正言是也。」亨從子彪，鎭大同，遣使獻捷，使者盛陳斬首無算，皆梟於林木之上，不能悉數。正取地圖指示之曰：「某地四面皆沙漠，汝梟之置於何所？」其人不能對。正間爲上言曹石勢盛，宜早節制，又徑造亨，諷令歛戢，以此二人怨正日深。會承天門災，下詔罪己，正視草歷

一八

陳弊政，詞極切直，天下傳之，遂有飛語指爲謗訕，內批降廣東欽州同知，復逮繫詔獄，拷掠備至，謫戍肅州鎭夷所。時傳有密諭岳正須生不須死，又鎭巡而下，素雅重正，以故皆致客禮，賊不能害也。上亦時憶及，輒曰：「岳正倒好，只是大胆。」正聞之，遂隱括其辭，題於寫照之上，曰：「岳正倒好，只是大胆，惟帝念哉，必當有感，如或赦汝，再敢不敢，臣嘗聞古人之言，蓋將之死而靡憾也。」越四五年，曹石俱敗，上謂李賢曰：「向者岳正固嘗言之。」乃命釋爲民。甲申茂陵卽位，詔仍居原職，充經筵講官，纂修先朝實錄。會廷薦正爲兵部侍郎，淸理貼黃，與都給事中張寧名並上，寧負才氣，亦被譖，皆補外。正得知興化府，成化己丑入覲，引疾致仕，至壬辰九月十一日卒於家，年五十五。正於書無所不讀，謂天下事無不可爲，高自負許，俯視一世。詩文高簡峻拔，追古作者。字法精邃，大書尤偉。旁及雕繪、鐫刻，悉臻其妙。嘗戲畫葡萄，遂稱絕品。

林良

林良，字以善，廣東人。以薦爲錦衣百戶，供奉內庭。畫著色花果翎毛，極其精巧，取水墨爲烟波，出沒鳧雁嚵唼容與之態，頗見淸遠。運筆遒上，有類草書，能令觀者動色。

呂紀 葉鏤石附

呂紀，字廷振，寧波人。以薦入供事仁智殿，至錦衣指揮使。作禽鳥如鳳、鶴、孔雀、鴛鴦之類，俱有法度。設色鮮麗，生氣奕奕，當時極貴重之。廷振不獨工翎毛，山水、人物俱妙。甥葉雙石，好畫山水，自幼學之廷振。

邊文進 附楚祥

邊文進，字景昭，隴西人。宣德間供事內殿，甚得主眷。其所繪花卉翎毛，極其工緻，與呂紀齊名。子楚祥，能世其業。

姚綬

姚綬，字公綬，號雲東逸史，嘉興人。以甲科仕至監察御史。書法眉山，工詩喜畫，尤善臨摹，其於吳仲圭、趙松雪、王叔明數家墨氣皴染，俱妙得神髓。早歲挂冠，優游泉石，有晉人風致，泛一舟，顏曰「滄江虹月」，以仿米家書畫船也。所作繪事，頗加珍惜，或爲人所得，每厚價返收之，其自重如此。

金琮

金琮，字元玉，金陵人。稟賦穎敏，自爲兒時與羣兒異，稍長知學，十二三能大書，十四五謁明師，讀易及諸子史，寒暑晝夜不少休。既充然有得，乃下筆爲文章，出試憲臺，浮梁戴公一見驚曰：「此子當爲名士。」旣累試不偶於時，益肆力問學，暇輒怡情吟詠。尤酷嗜字學，初學趙魏公，得其眞似，晚師張伯雨，更神雋可愛。畫梅花有逃禪老人筆意，嘗自題絕句云：「一別西湖未得歸，孤山風月近何如？春來賸有看花興，又向君家寫折枝。」嘗遊浙之赤松山，愛其佳，徘徊不能去，因自號赤松山農。太宰靑溪倪公參贊南京時，嘗擬薦於朝，不果，以弘治辛酉八月十五日卒，年五十有三。

金琮

金琮，字元善，號松居，元玉之弟。精於醫，旁及繪事，曾寫袁安臥雪圖，兄元玉題云：「一片堅貞天地知，甘貧豈但雪中飢；平生恥作干人態，縱使天晴也不宜。」

史忠

史忠，字端本，一字廷直，金陵人。復姓爲徐，更名端本。年十七方能言，外呆中慧，人皆以癡呼之，又謂之癡仙。性卓犖不羈，其畫山水、人物、花木、竹石，有雲行水湧之趣。癡仙嘗訪沈啓南於吳中，到門值啓南他出，見堂中艤有素絹，卽援筆濡墨，成山水一幅，不題姓名而去。蒼頭請留名，癡仙笑曰：「主人見畫，卽爲神交，何必留姓氏乎。」啓南歸，見畫，曰：「吾閱人畫多矣，吳中無此筆，非金陵史癡不能也。」遣人四覓邀回，相與莫逆，留數月而返。後石田至金陵，亦館其臥癡樓中。其妻朱氏，號樂清道人，愛姬何氏，號白雲，喜畫小景，工篆書，解音律。

吳偉

吳偉，字次翁，別號小仙，江夏人。少孤貧，善繪事，不師而能，山水人物，俱入神品。性戇直，有氣岸，與俗寡諧，求者非其人不應，雖素與之昵好，一言不合，輒投硯而去。成化間成國公某延至幕下，一見以小仙呼之，因以爲號。平江伯具禮聘之渡江，聞譽日起。憲宗召至闕下，授錦衣鎭撫，待詔仁智殿。偉有時大醉被召，蓬首垢面，曳破皂履踉蹌行，中官扶掖以見，上大笑，命作松風圖，偉跪翻墨汁，信手塗抹，而風雲慘慘生屏幛間，左右動色。上歎曰：「眞仙人筆也。」偉出入掖庭，奴視權貴，求畫又多不與，於是權貴數短之，居無何，放歸南都。偉好劇飲，或經旬不飯，其在南都，諸豪客日招偉酣飲。顧又好妓，飲無妓則罔歡，而豪客競集妓餌之。孝廟登極，復召見便殿，命畫稱旨，授錦衣衛百戶，賜「畫狀元」印，寵賚日厚。偉思還楚，蒙恩祭掃武昌，數月，還次采石，有旨趣回京，賜西街居第。逾二年偉稱疾，得居秦淮之東涯。正德三年五月武宗卽位，遣使召之，使者至，未就道而中酒死，時年五十。

張路

張路，字天馳，號平山，大梁人。以庠生遊太學。畫法吳小仙，雖草草而就，筆絕遒勁，然秀逸處遠遜小仙。北人於平山畫視若拱璧，鑑家以其不入雅玩，近亦聲價漸減矣。

李在

李在，字以政，莆田人，遷雲南昆明縣。作山水細潤者宗郭熙，豪放者宗夏珪、馬遠，又其人物則八面生動，故爲世所重也。

鍾欽禮

鍾欽禮，號南越山人。好圖山水，自題其居「一塵不到處」。有雨山一幅，展玩間覺有雲氣盪摩心胸，恍若臥虛舟於長松下，天風習習，自澗谷中來也，眞令人有一塵不到之想。

汪肇

汪肇，號海雲，休寧人。山水人物出於戴文進、吳次翁，其不經意處頗露天眞。嘗至金陵，悞附賊舟，値祭江神，約於深夜刼掠一太守舟，欲汪備數。汪不逆其意，自陳善畫，開箱取扇，以示無物，人各畫一扇贈之。及至飲酒，用鼻吸飲，又作戲事以娛勸之，賊首不覺沉醉，遂悞其事，因得捨舟就陸而行。常自負作畫不用朽，飲酒不用口，亦異人也。

王一鵬

王一鵬，字九萬，號西園野夫，華亭人。弘治十一年歷貢授訓導致仕，性寥廓瀟灑，綽似晉人。工詩工書，亦復工畫，詩宗元白，書似山谷，寫山水老筆紛披，有子久、叔明、仲圭、元鎮之風。

沈貞　沈恆

沈貞，字貞吉，弟恆，字恆吉，長洲相城里人。徵士孟淵子也，孟淵當永樂間以才徵下就吏使，二子學於陳嗣初，一時士無不傾動，游於其父子者，皆有名當世，相與推重。而貞吉兄弟詩亦相若，自相倡和，篇什甚衆，下至其家人子亦能之，幾若鄭玄家婢。又皆善繪素，貌人畜工絕。每圖構，輒踰時乃就，亦不肯輕爲人作，故少存者。至恆吉子周，始大著。二君立行簡貴，所居几閣蕭逸，樹石環之，激水映軒檻，陳古彝器，坐臥其中，或舟泳焉。歷諸浮屠，流連淸賞，有隱士風，故能成其藝也。

沈周

沈周，字啓南，號石田，人稱石田先生。其大父親菴徵君以詩名江南，而先生世其家學，精於誦肄，自墳典丘索以及百代雜家言無所不窺，一切世味，寡所嗜慕，惟時時眺睇山川，擥擷雲物，灑翰賦詩，游於丹青以自適，追踪晉唐名家，及宋元而下，無弗探討。山水則於董源、巨然、黃子久、梅花道人，尤擅出藍之美，王元美稱先生畫爲國朝第一，文徵仲亦稱吾石田爲神仙中人云。先生雖與物無忤，而披襟吐赤者十不一二，惟吳少宰寬、都太僕穆、文溫州林及溫州子徵仲則其莫逆交也。此四人者，蓋世所稱篤行慕古，金玉偉人也，而徵仲則又師事先生云。父歿，遂捐棄儒生家業，絕意干祿。事母孝，母欲有所往，輒翼輿刺舟，挈甘旨以從。母年近百齡而歿，蓋孺慕者終其身。里中有急難，不問誰何，輒捐囊中錢佐之。天寒雨雪，望里中突不烟者，則呼蒼頭課其困廩而致焉，曰：「余固不能獨飽也。」嘗以重直購古書一部，陳之齋閣，一日客至，見而諦視之，問書所從得，先生曰：「客何問也？」客曰：「公幸無詫，書吾書也，失之久矣，不意乃今見之，倘得其所從，我將質焉。」先生曰：「有驗乎？」曰：「某卷某葉，某嘗書記某事，或者猶存乎？」先生發而視之，果驗，卽全而歸之，終不言售者姓名，亦不嗤呵售者。居嘗戒入城市，郭外置一行窩，間與親賓雅善者欵語，有盛車騎騶從過之，則遜謝不納，曰：

「久廢巾裾，毋以散人溷游從也。」每欲至寓，遠近相傳曰：「沈先生來矣。」候之者舟闐河干，屨滿戶外，乞詩乞畫，隨所欲應之，無不人人滿意去。壯且老矣，遁聲匿影，惟恐不深。巡撫三原王公恕彊，賓之行臺，諏咨治道，然非其好也。後巡撫彭公禮見其詠磨詩，詞旨淵蓄，乃又高其行誼，固請相見，則遜謝不往。勅令守禮致之，坐語竟日，歡喜過望，若欲欵之幕下者，先生測其旨，頓首曰：「小人無狀，不足以備牛馬，且老母困憊，非兒無以起居，望垂憐釋之返舍，以全母子之命，卽公賜渥矣。」彭公益歎異焉。後有曹太守者，新構察院成，欲藻繪其楹壁也而羅致諸畫史，有侮先生者，陰入其姓名，出片紙攝之，先生謂攝者曰：「無恐老母，但留某所，當畫者，旦夕赴事，不敢後於他人。」或曰：「此賤役也，謁貴遊可以免。」先生曰：「義當往役，非辱也，而求免於貴游，不已辱乎！」遂潛往，訖工，卒先他人，終亦不見曹而還。無何而曹乃入覲，銓曹問曰：「亦知沈先生無恙否？」則漫應曰：「無恙。」已而見相國西涯李公，復問曰：「君來，沈先生有書乎？」則錯愕曰：「有而未至，當附諸從事來耳。」吳少宰寬方在詹府，曹倉皇走謁，問：「誰爲沈先生者？其人能作何狀？」吳乃具語之故，曰：「此其人名重朝端，五侯七貴，不足齒也。」曹曰：「然則奈何？」吳曰：「僕多其畫，可代之，緘而致之，第言沈先生適病，不能爲書耳。」曹乃徧讁過吏卒，勅之曰：「歸也，必無至郡齋，而先詣沈先生。」比其詣也，則從容出肅曰：「閭閻渺小，何至辱枉尊重乎？」曹乃折節爲禮，索田家餐飯之而去，先生則至郡闕，一投謁爲謝而已。先生以藝事重古今，而其耿介獨立，孺慕終身，過人遠矣。

陳眉公云：「石田少時畫，所爲率盈尺小景；四十外，始拓爲大幅，粗株大葉，草草而成。」

文徵明

文衡山先生者，長洲人。初名璧，字徵明，故信國公裔也。避祖諱，以字行，更字徵仲。十六而父溫州公林歿於官，郡僚合數百金賻，卻之曰：「孤不欲以生汙逝者。」既補諸生，下帷讀書，而弄筆和墨，旁及他藝。其所嚴事者吳尙書寬，李太僕應禎、沈先生周，而友祝允明、唐寅、徐禎卿。吳徐工古文歌詩，吳又能書；李祝工書，祝又能古文歌詩；沈唐工畫，又能歌詩；而皆推讓先生。先生楷書師二王，古隸師鍾太傅，畫師龍眠、吳興，尤精絕，詩得中晚唐格外趣，獨於科舉文取達而已，而試亦不利。及貢，而臺使者薦之，試吏部，得翰林待詔，預修史，史成，賜金幣。故相楊文襄、張文忠，時皆用事，爭欲客公，而公不往，亡何致仕，歸以翰墨自娛，造請戶屨長滿，顧所許獨書生、故人子，屬爲姻黨而窘者，卽强之，竟日不倦。其他郡國守相、貴戚連車騎，富人子行珍寶里門外，不能博一赫蹏，而所最不輕許者，藩王、中貴人，曰：「此國家法也。」蓋正德中寧邸以厚幣聘，固辭，未幾寧敗，天下稱之。先生暇則出一游近地佳山水，所至奉迎恐後。居間客過從，焚香煮茗，談古書畫彝鼎，品水石，道吳中耆舊，使人忘返，如是者餘三十年，年九十而卒。卒時猶爲人書志石，停筆栩然若蝶化者，人以爲仙去不死也。

予購得待詔墨筆盆蘭小幅，上題五言古十四韻，尾云：「丁卯初秋文璧書，」皆八分書。重題云：「片紙流傳五十年，斷痕殘墨故依然；白頭展卷情無限，何止聰明不及前。嘉靖戊午五月四日重題。」於是距丁卯五十二年，徵明年八十有九矣。計五十五字，蠅頭細楷，筆法娟秀可愛，上壽而神明不衰，猶勤筆墨，此幅重題，亦藝林一則佳話也。子中書。

文彭

文彭，字壽承，號三橋，衡山先生長子。以明經授南京國子博士，書法步武衡山，尤工隸古。壽承不以畫名世，毘陵龔氏有桐陰避暑圖，結構頗類衡山，乃知家學淵源，點染有自矣。

文嘉

文嘉，字休承，號文水，衡山先生次子。以貢爲湖州廣文，善書畫，能鑑古蹟。畫法倪雲林，雖着色山水，殊有幽澹之致。間仿黃鶴山樵，皴染清脫，墨氣秀潤，眞士流之作。

文伯仁

文伯仁，字德承，號五峯，衡山之猶子也。畫山水，名不在衡山下。好使氣罵坐，人多不能堪。少年時與叔衡山相訟，繫於囹圄，病且亟，夢金甲神呼其名云：「汝前身乃蔣子誠門人，凡畫觀音大士像，非齋戒不敢落筆，種此善因，今生當以畫名世。」一覺而病頓愈，而事亦解矣。伯仁少傳家學，時以巧思發之，橫披大幅，頗負出藍之聲。蔣子誠，金陵人，善畫神佛，見江寧縣志。

文從簡

文從簡，字彥可，衡山先生四世孫，拔貢不仕。寫山水步武衡山、休承，不墜家學。其女適趙靈筠，精於花卉，世所稱趙文淑者也。

文從昌

文從昌，號五嶽，衡山先生雲仍也。寫山水得衡山法脈，行筆秀麗，出入於趙千里、王叔明間，雖渠家文水五峯，不能遠過也。

周臣

周臣，字舜卿，號東村，姑蘇人。畫法宋人，巒頭崚嶒，多似李唐筆。其學馬夏者，當與國初戴靜菴並驅，亦院體中之高手也。唐六如畫法受之東村，及六如以畫名世，或懶於酬應，每倩東村代爲之。今伯虎流傳之畫，每多周筆，在具眼者辨之。

陳暹

陳暹，字季昭，善設色山水人物，其圖象綿密蕭散，皆有意態。與周東村同郡，東村畫法蓋師季昭云。

唐寅

唐寅，字伯虎，一字子畏，吳縣吳趨里人。幼有俊才，博雅多識，工古文辭詩歌，效白香山體，其合者尤能令人解頤。畫品高甚，自宋李營丘、李唐、范寬、馬遠、夏圭，以至勝國名家大癡，山樵之蹟無不探討。由諸生舉應天鄉試第一，當赴禮闈，與江陰徐生同載，以賄主司程敏政得題事株累，罷爲吏，謝弗就。先生賦性疎朗，任逸不羈，頗嗜聲色。既坐廢，益游於酒人，惟以詩畫自適。嘗一赴寧王宸濠聘，度濠有反形，乃陽爲清狂不慧以免。歸無幾，以故去其妻。初爲諸生時，嘗作倀倀詩，中有「杜曲梨花杯上雪，灞陵芳草夢中烟」，「前程兩袖黃金淚，公案三生白骨禪」之句，蓋詩讖也。晚好佛氏，自號六如，取四句偈旨，治圃桃花塢，日夕嘯歌其中，卒年五十四，時嘉靖二年十二月也。

朱綸

朱綸，字理之，蘇州人。山水類唐伯虎，與伯虎同時。

張靈

張靈，字夢晉，吳縣人。家故貧窶，作業閭閻，至靈始讀書。好交游爲俠，醉則使酒作狂。每歎曰：「日休小豎子耳，尙能稱醉士，我獨不能醉耶！」所與游者，吳趨唐寅最善。寅嘗擬游虎丘，召靈與俱往，促之尙臥，寅抵寢所呼曰：「日高春矣，睡何爲，得無夢晉乎？」靈覺怒曰：「今者無酒，稚懷殊不啓，方入醉鄉，又爲相覺。」寅曰：「所以來，固欲邀子飮。」靈喜，加衣起，遂與寅上舟，扣舷痛飮，作野人歌。會數賈飮於中亭，且詠詩，靈曰：「此養望登高，不過弄杯酒耳，固不能詩，而抽心焦思豈不過誤哉。」因更衣爲丐者上，賈與之食，啖之，謂曰：「卿子厚潤屋之貲，當四美之會，登高能賦，又有大夫之才，此誠皇天奉卿子厚也。吾所得之雖至薄，而詩亦能，請狗尾續。」賈笑曰：「丐者得無誑之最乎？」時賈所爲詩，有蒼官，靑士，朴握，伊尼諸詞，因以問靈，靈曰：「蒼官，松也。靑士，竹也。朴握，兔也。伊尼，鹿也。」賈始駭，令賡，卽揮毫不已，衆驚詫。抵舟，命童子易維蘿陰下，令跡絕。賈使人察之，不見也，皆以爲神仙。賈去，復上亭，朱衣金目作胡人舞，形狀殊絕。初，靈與寅俱爲郡學生，博古相高，適鄞人方誌來督學，惡古文詞，察知寅，欲中傷之，靈挹鬱不自遣，寅曰：「子未爲所知，何愁之甚？」靈曰：「獨不聞龍王欲斬有尾族，蝦蟆亦哭乎。」後靈果爲所斥罷。或謂之曰：「以子之才，顧不得激致青雲，乃重遭顯棄，豈無雉經之用，而何以立於世？」靈曰：「昔謝豹化爲蟲，行地中，以足覆面，作忍恥狀，使靈用子言，亦當如是矣，縱不爾，亦安得更銜鑿落耶。」靈能人物畫，人皆推之。

王寵

王寵，字履吉，號雅宜山人。書法出入晉唐，詩亦清新絕俗，與祝京兆、文太史、唐六如齊名。作畫仿黃子久，蒼秀處不減徵仲。嘗自題云：「遠岸疎林斜日外，春風碧水草堂前；匡廬突兀開屏障，坐看銀河一道懸。」嘗自寫小像，王弇州爲贊，余於履吉從孫弘鄉處見之。惜年僅四十卒，倘躋於上壽，其揮灑當與文沈諸公爭坐也。

徐霖

徐霖，字子仁，先世長洲人，其祖以事謫戍南京，遂籍焉。子仁生而廣面長耳，體貌偉異，機神夙解，九歲大書輒成體，通國呼爲奇童。年十四補博士弟子員，督學御史每試必稱奇才，然任放不諧俗，忌刻者嘗側目視之，竟遭誣黜落。由是益博極羣籍，尤工詞翰，旁及篆書，並山水花卉無不臻妙。武宗南巡，近侍上其詞翰，召見行宮，愛之，兩幸其宅，賜一品服，命扈從還京，將授美官，會武宗晏駕復還。性好游觀聲伎之樂。築快園於城東，善製小令，得周美成、秦少游之訣，又能自度曲，棋酒之次，命伶童侍女傳其新聲，蓋無日不暢如也。所述有南京志若干卷，乞下應天府給筆札，繕寫進御。所著有端居詠、遠游紀、北行稿、皖游錄、古杭淸游稿、麗藻堂文集、快園詩文類選、中原音韻註釋、續畫史會要。愛雲間之勝，自號九峯道人，或稱爲快園叟，或羨其美鬚髯，又呼爲髯仙。

杜堇

杜堇，字懼男，有檉居古狂、靑霞亭之號，丹徒人，有籍於京師。勤學經史及諸子集錄，雖稗官小說，罔不涉獵。舉進士不第，遂絕意進取。爲文奇古，詩精確，通六書，善繪事，山水人物、草木鳥獸無不臻妙，由其胸中高古，自然神采生動。余曾見其東園載酒圖，天眞爛漫，誠逸筆也。余鄉孫圖南所藏檉居七峯圖，乃爲其先世七峯中翰所寫者，樹石俱作飛白體，後多成弘間名士題詠，如祝京兆、唐六如、陳石亭諸公之蹟，尤稱合作。圖南謝世，書畫散逸，此圖不知所歸矣。

陳沂

陳沂，字宗魯，後改魯南，號石亭，先世本鄞人，國初始家南都。父鋼，長沙府倅。沂總角即能文，後舉進士，改翰林院庶吉士，除編修，嘉靖初年與楊慎等議大禮，慎等被謫，世宗偶忘沂名，旋進侍講，充經筵講官，後問執政知之，出爲江西參議，進山東參政。先生補外久，將內召，遇執政於德州，詞語相忤，遂改山西行太僕，不樂仕進，上疏乞歸，築遂初齋，杜門著述，旁及書法繪事，皆掩映名流。書宗蘇長公，畫格淸勁，其歷覽之處，必作圖賦詩以紀勝游，如濟南、武林諸景，俱有圖詠，爲丘壑傳神。所著有石亭集、金陵世紀、金陵圖考行世。

陸師道

陸師道，字子傳，長洲人。始成進士，所射策入故相夏文愍公言手，大奇先生，爲言於故相李文康公時曰：「是子也，其文賈董，而書則鍾王。」以第一人聞。是時上不盡寄相臣柄，移之二甲第五，選而得工部都水司主事，任職廉謹。夏公內自恨，奏改先生禮部儀制司，供事制勅。先生雅不欲近相臣，因母陳宜人病，請急歸侍。久之，陳宜人病漸劇，會所予告過期，遂不肯出，益肆力於學。其學自九流七略、稗官黃衣之屬無所不窺，手抄典籍，後先積數百千卷，丹鉛儼然。益工歌詩及古文辭，又益習書，小楷以至古隸皆精絕，又旁曉繪事，駸駸逼宋元。時文待詔徵明里居，亦善詩及書及繪事，先生造門用師禮禮之。人謂先生業已貴，胡折節乃爾，且不聞世以藝目文先生耶。先生曰：「子言之誤，夫文先生以藝藏道者也，自吾見文先生，無適而非師也者。」奉之益篤，文先生亦篤好先生，卽膠漆莫踰也。諸臺使慰薦先生者無慮數十疏，自世宗朝執政者好拔其黨據津要以相翼庇，而輕於棄名士大夫，士大夫亦醜之，莫肯爲用，而吳中爲最盛，前先生者，有王參議庭、陸給事粲、袁僉事袠，皆里居與先生善，而先生所取友如王太學寵、彭徵士年，張先輩鳳翼兄弟，多往來文先生家，與文先生之子博士彭、司諭嘉，日相從評騭文事，考較金石三倉鴻都之學與丹青理，茗盌爐香，翛然竟日，興到弄筆，縑素尺幅，一點染若重寶。蓋是時海內縣格以購文先生蹟，次及先生，先生不爲意。尋而陳宜人以老壽終，先生哭毁幾滅性，以是悒鬱，忽得末疾。先生林下踰二十年，執政者新以名起先生，乃起就，補南儀部，召爲繕部郎中，甫上擢尙寶少卿，尋奉使祭秦，先生意殊自快，以生平所慕者關中形勝，今幸一寓目焉。乃縱游二華，觀龍門砥柱，浴驪山溫泉，弔漢唐諸陵，所至皆有詩。而秦之嗣王習聞先生名，厚幣以饗，先生謝弗納，歸署尙寶篆，亡何故疴復作，乃再上疏予告歸。歸六年卒，年六十四。先生初號元洲，尋更曰五湖，以表寓也。所著文集左史子、漢鐫若干卷。先生之女趙陸卿子，適隱士趙宧光凡夫，博雅工詩，有玄芝考槃二集行世。凡夫鑿山高隱，善大小篆，趙之子婦文淑寫草蟲花卉，爲世所珍，附記於此。子士仁，能世其學。

陸士仁

陸士仁，字文近，號承湖，尙寶五湖子。五湖以麟經掇上第，中年高隱，游於衡山先生之門。風流藻采，幾稱入室。士仁克傳家學，補博士弟子員，屢試不售。北游燕都，攬京華之槪，返至齊魯，登岱宗，宿日觀以挹其勝，歸而屏去子衿，爲終隱計。標格霞舉，有尙寶之遺風焉。興至則拂絹素作畫，自荊關以下，無不不規仿。至於臨摹文待詔，可謂得其心印，而書亦如之。嘗歲晏摹衡山積雪圖以貲桂玉，售之得五金，却其半曰：「此僞耳，不汝紿也。」其敦長者行類如此。子廣明，書法精工，摹唐宋名蹟，幾欲亂眞，亦昭代之李懷琳也。

無聲詩史卷二終

王穀祥

王穀祥，字祿之，號酉室，長洲人。累世名醫，先生始爲舉子業。美姿容，性敏好學，善古文詞及書畫。嘉靖乙丑成進士，改庶吉士，踰月而解，就甲資得工部郎，轉吏部代郎中，司選事。時太宰鋐陰陽倒置，先生堅持法不肯阿，因數與忤，遂忽忽不樂，念母老，乞歸養，而其兄故在，尚書用例格，酉室謫倅眞定，遂歸養母者幾三十年。持身峻潔，不妄交一人，手錄古文籍至數百千卷，咸精好不忍觸手，以詞翰徵者不輒應，杜門却掃，焚香而坐，一室之內，琳琅金薤識如也。甌寧李公爲太宰，奏起之，酉室不赴。最後徐文貞當國，起補南選部，謂旦夕可列九卿，復不赴。或勸駕者，先生笑曰：「豈有青年解綬，白首彈冠者。」竟終老田間，卒年六十七。

陶成

陶成，字孟學，號雲湖，寶應人。性至巧，嘗見銀工製器，效之卽出其右。寫眞不學而能，小時從師，見師母圖其像，次見其女又圖之，皆逼眞，師怒逐去。及師母歿，傳神者皆弗逮，卒用其所圖像焉。又見畫工方作梅，熟視得其法，爲添十數筆，工曰：「吾不及也。」遂輟筆請，乃爲足其畫而去。其花鳥人物尤工，而芙容入神品，然疎狂與物多忤，有富翁欲求其芙容，不敢言，乃於其游歷處滿栽芙容，秋日花盛開，成過之喜甚，主邀坐花下，以匡牀眠而玩之，問主人有絹無？主人已預具，卽取張於庭，立成二十幅，筆不停輟。乃出酒暢飲，將去索盥水，其家出銅盆以進，云楊貴妃盥器也，成曰：「不然，此其溺器蓋耳！」惡其不雅，曰：「辱吾畫。」悉取投火中焚之，主人僅奪得一幅，其迂怪至此。然有高致，不以世務經其心，鄉薦赴南宮試，二月五日矣，語其壻朱應登升之曰：「聞張家灣某氏丁香盛開，子其同吾游乎？」升之曰：「去試僅三日，公更何往？」成不許，明旦升之他避，笑曰：「彼欲進士急耶。」買輿徑往，醉其家五日，及揭曉，升之登第，其鄉人醵錢爲賀曰：「公壻捷矣，幸爲我輩作圖以往。」成曰：「善。」卽舉筆模丁香一本尤妙絕。家故饒，輕財好俠，嘗一至京師，費白金二千，有一面交者，卽推分予之。他日以挾妓事露，御史欲全之，觀其詩曰：「此詩殆非陶成作也。」成曰：「天下歌詩，豈能出陶成之右而爲他人作乎。」御史罵之，遂除名。晚年慕一妓，妓不肯與交，成自織錦裙煆金環以見，精類鬼工，妓大喜，與之稠密，遂攜其妓以遁，坐是謫戍於邊。西涯李公留之京師，然不肯爲達官作畫，囊空則取小扇二三十遍畫題名，人爭買以去，藉此自給。不久放歸卒。其骯髒不羈，有米南宮郭忠恕之風，而豪蕩過之。

陳淳

陳淳，字道復，以字行，號曰白陽山人，吳郡人。御史大夫璠之子也。工詞翰，少年作畫，以元人爲法，中歲斟酌大小米、高房山間，淡墨淋漓，極高遠之致。花鳥樹石，生動有韻，更善草書。子栝，長於花鳥，有徐黃遺意，先道復卒。

陳栝

陳栝，號沱江，道復之子。寫花卉似勝於父，惜其年不永，流傳者獨吉光片羽焉。余見荊溪吳二甫所藏沱江杜鵑花一幅，冉冉如生，有沱江自題云：「綠羅輕剪怯春寒，紅汗新妝勝渥丹，不是春心向花託，誰將蜀錦簇爲團。」

王問

王問，字子裕，無錫人。學者稱爲仲山先生。正德己卯舉於鄉，壬辰舉禮部，不樂仕謁歸。六年，登戊戌進士第，授戶部主事，尋以母憂服闋，念父樂莘公春秋高，改南職方主事便養，而樂莘公雅不欲行，先生則承命爲繪扇三十握，握書一詩，曰：「月日一易之，如兒日侍也。」已陞駕部郎，尋擢廣東按察使僉事，瀕行過省樂莘公於家，樂莘公亦念先生遠游，愴然有失色，先生大悲，而自循其裾歎曰：「吾眞不能爲溫太眞。」行至湘江賦詩十二詠以見志，遂投劾而歸，旦暮侍父，不復有仕進志。退居湖上，迄三年，足跡不一至城，府部使者後先屢疏薦之，不起。海內士夫過必造請，求一識先生，先生則署門曰：「疾，謹謝客。」晚年構亭湖濱寶界山，環植竹木花卉，疏流泉，立奇石，時時焚香，手周易，擁膝兀坐，興至則爲詩文及書畫，於畫則掃棄纖弱之習，引紙濡墨，點染人物山水花鳥，脩然蹊徑之外，慕先生者，爭購其書畫寶藏之。先生所成就多知名士，其歿也，門人私謚爲文靜先生。

王孟仁

王孟仁，字元甫，金陵人。山水清潤有法，文徵仲極喜之。謝應午題其畫云：「吾愛王摩詰，從來老畫師。鉛華渾欲洗，墨韻自生姿。疎樹秋雲合，孤舟晚鏡移。烟江會獨泛，相對正堪疑。」余有孟仁畫扇，一人凝神湛思，靜對綠蕉，陳魯南先生題其上，亦珍品也。成化間，金陵李季昭扇骨，孟仁畫，稱爲二絕，顧東江有詩云：「李郎竹骨王郎畫，三十年前甚有名，今日因君覩遺墨，却思騎馬鳳臺行。」

蔣嵩

蔣嵩，號三松，金陵人。善畫山水，雖尺幅中，直是寸山生霧，勺水興波，浡浡然雲蒸龍變，烟霞觸目。豈金陵江山環疊，嵩世居其間，既鍾其秀，復醇飲其丘壑之雅，落筆時遂臻化境，非三松之似山水，而山水之似三松也。

黃　蒙

黃蒙，字養正，永嘉人。官至禮部郎中，及其子釆，相繼以書法直內閣，俱擅詩文。養正寫山水得黃子久佳處。余壬戌年游廣陵，得養正山水一幅，筆致淸潤，不減勝國名家。養正亦以山樵自號，蓋宗勝國王叔明耳。

仇　英

仇英，字實父，號十洲，太倉人，移居吳郡。所出微，嘗執事丹靑，周臣異而教之。英之畫秀雅纖麗，毫素之工，侔於葉玉，凡唐宋名筆無不臨摹，皆有稿本，其規仿之蹟，自能奪眞。尤工士女，神釆生動，雖周昉復起，未能過也。

尤　求

尤求，字子求，吳郡人。吳郡自仇十洲以人物名世，而子求繼之。凡畫道釋仕女，種種臻妙。兼長白描，乃院體之能品。

徐渭

徐渭，字文長，山陰人。幼孤，性絕警敏，九歲能屬文，二十爲邑諸生。試屢雋，胡少保宗憲總督浙江，或薦渭善古文詞者，招致幕府，管書紀。時方獲白鹿海上，表以獻，表成，召渭視之，渭覽罷，瞠視不答。胡公曰：「生有不足耶，試爲之。」退具稿進，公故豪武，不甚能別識，乃寫爲兩函，戒使者以視所善諸學士董公汾等，謂孰佳者卽上之。至都，諸學士見之，果賞渭作。表進，上大嘉悅，其文旬月間遍誦人口，公以是始重渭。其時荆川唐公、鹿門茅公爲文苑盟主，胡公間出文長文示之，謬謂己作，兩公歎賞不置。胡公道其所以，乃呼渭偕飲，唐公深加奬歎，與結歡而去。渭性通脫，多與羣少年昵飲市肆，幕中有急需，召渭不得，夜深開戟門以待之，偵者得狀報曰：「徐秀才方大醉嚎囂，不可致也。」公聞反稱善。時督府勢嚴重，文武將吏庭見，懼誅責，無敢仰視者，而渭戴敝烏巾，衣白布澣衣，直闖入，示無忌諱，公常優容之，而渭亦矯節自好，無所顧請。然性豪恣，間或藉氣勢以酬所不快，人亦畏而怨焉。及宗憲被逮，渭慮禍及，遂發狂，引巨錐刺耳，深數寸，流血幾殆。又以椎擊腎囊，碎之不死。渭爲人猜而妬，妻死，後有所娶，輒以嫌棄，至是又擊殺其後婦，遂坐法繫獄中。憤懣欲自決，爲文自銘其墓，文載文長集中，卒以援者力獲免。旣出獄，縱游金陵，北客於上谷，居京師者數年。獄事之解，張宮諭元汴力爲多，渭心德之，館其舍旁，甚歡好，然性縱誕，而所與處者頗引禮法，久之，心不樂，時大言曰：「吾殺人當死，頸一茹刃耳，今乃碎磔吾肉。」遂病發棄歸。旣歸，病時作時止，日閉門與狎者數人飲噱，而深惡諸富貴人，自郡守丞以下求與見者皆不得也。嘗有詣者伺便排戶半入，渭遽手拒扉，應曰：「某不在。」人多以是怪恨之。晚絕穀食者十餘歲，人問何居？曰：「吾噉之久，偶厭不食耳，無他也。」尤不事生業，及老貧甚，鬻手自給，然人操金請詩文書繪者，値其稍裕，卽百方不得，遇窘時乃肯爲之。所受物人人題識，必償已，乃以給費，不卽餧餓，不妄用也。有書數千卷，後斥賣殆盡，幬莞破弊，不能再易，至藉藁寢。年七十三卒。渭於行草書尤精奇偉傑，嘗言吾書第一，詩二，文三，畫四，識者許之。渭作畫花卉爲多，而書則仿諸米氏焉。其落款往往作田水月，亦好奇之過歟。

陳鶴

陳鶴，字鳴野，號海樵。生而穎悟絕羣，年十餘已知好古，買奇帙名帖，窮晝夜誦覽。十七而以例襲其祖軍功所得官，官故百戶也，鶴固不喜握鞭韔弓矢以自匿其芒角，貧平生。一旦鬱鬱得奇疾，更百療莫驗，則自學爲醫，久之洞其旨，則自爲診藥，凡七年而病愈，愈而棄其故所授官，着山人服，病已而神宇轉益奇秀。其所作爲古詩文，若騷賦詞曲，草書圖畫，能盡效諸名家，旣已間出己意，工贍絕倫。其所自娛戲，雖瑣至吳歈越曲、隸草釋梵、櫂歌菱唱、投壺博戲、酒政鬮籌、稗官小說與一切四方之語言，一遇興至，身親爲之，靡不窮態極調，於是四方之人，日造其庭，盡一時豪賢貴介，若諸家異流，無不向慕，願得山人片墨，或望見顏色一談一飲以爲幸。慕山人者，每候山人飲讌興酣，載筆素以進，山人則振髯握管，須臾爲一揮屢幅，或數十丈，各愜其所乞而後止。時有楊祕圖珂者，善狂草，品亦磊落不羈，每見山人畫，而祕圖書其蹟，怪偉動人，兩君亦一時奇士。

謝時臣

謝時臣，字思忠，號樗仙，蘇州人。善畫，頗有膽氣，長卷巨幛，縱橫自如，氣勢有餘，韶秀不足。

陸　治

陸治，字叔平，吳郡人。爲諸生。倜儻嗜義，當貢以與其弟，腴田數頃，盡棄以構先祠，人稱其孝友。善繪事，王元美論其山水喜仿宋人而時出以己意，風骨峻削，霞思湧叠，而不免露蹊徑。寫生得徐黃遺意，不若道復之妙而不眞也。築室支硎山下，雲霞四封，流泉迴繞，手藝名花幾數百種，歲時佳客過從，卽迎置花所，割蜜脾，削竹萌而進之，苟非其人而造者，以一石支門，剝啄弗聞矣。尤不喜與貴交酬應，凡畫，强之必不可得，不强乃或可得。

蔣乾

蔣乾，字子健，吳下人。隱居虹橋，敗垣四壁，惟以丹青自娛，一介不苟，年八十如一日。桃源江盈科進之爲宰，表其廬，曰「東海冥鴻」。

朱朗

朱朗，字子朗，文徵仲入室弟子。徵仲應酬之作，間出子朗手。金陵一人，客寓蘇州，遣童子送禮於朗，求作徵仲贋本。童子悞送徵仲宅中，致主人求畫之意，徵仲笑而受之曰：「我畫眞衡山，聊當假子朗，可乎？」一時傳以爲笑。

孫枝

孫枝，號華林。其畫法出自衡山先生，石樹葱秀，毫素間有灑然出塵之致，亦吳中佳手也。

侯懋功

侯懋功，號夷門，吳郡人。畫法受之衡山，間仿王叔明及宋元名蹟，駸駸入彀。

居節

居節，字貞士，號商谷，吳郡人。文徵仲高足弟子，尙氣節，雖窶甚，惟以丹青自娛，不曳侯門裾。畫品絕得徵仲心傳，字與詩亦自師門來，而劑以趙松雪、陸放翁。後人珍其畫筆，與朱朗、侯懋功相頡頏焉。

沈仕

沈靑門仕，錢塘人。名家子。風流文采，照耀湖山間，杭之人尙能誦其芬，齒頰猶香也。善畫，其花鳥多於山水，然山水更入妙品，似六橋、兩峯桃柳，盡入於胸中，姿態橫發耳。

莫是龍

莫是龍，字雲卿，後以字行，更字廷韓，號後明，更號秋水，華亭人。爲方伯中江翁長子。年八歲善讀書，一目下數行，亦不再讀。十歲善屬文，藻思溢發，有聖童之稱。十四而補郡博士弟子員，聲籍籍黌序間。雖習舉子業，雅非其好也，而好攻詩，攻古文詞，攻書法，又攻畫。其詩宗唐，分韻卽援筆立就，有八步倚馬才，古文詞宗西京，間亦出入韓柳，卓然名家，書法無所不窺，而所宗者鍾王及米顚；畫法黃大癡，放情磅礴，極意仿摹，不輕落筆，眞所謂十日山，五日水者。每染成一幅，人爭購之，其聲價亦不在唐伯虎、沈啓南後矣。督學使者高其名行，以不次貢於廷，廷試第一人，名噪都下，不減士衡入洛云。時相君太宰欲以翰林孔目待詔處廷韓，如文徵仲、何元朗故事，而廷韓意不屑就也，於是又復試，試復一再不利，而竟坐此鬱鬱，得幽疾以死，享年不滿五袠，而遺孤不滿五齡，悲哉。當廷韓在時，婁水王元美、濟南李于鱗、新安汪伯玉皆傾心推轂，以爲廷韓當世一才子，欲處之伯仲之間，不敢以先輩自倨。中丞張肖甫持節來撫江南，亦不令以弟子禮見，卽齊、楚、燕、趙、閩、洛、吳、越間，所至無不倒屣迎者，其爲縉紳所雅重如此。性喜推奬人，時輩後生，出其宇下，不惜齒牙揄揚，而四方之客，持淸玩綺幣來售，或挾一藝一技求見者，必令飽所欲而去。訃之日，遠近聞者，無不雪涕，則廷韓之爲人可知也已。所著有莫廷韓集行世。廷韓得米海嶽石，下刻雲卿二字，因以爲號。

錢穀

錢穀，字叔寶，號磬室，姑蘇人。少孤貧，迨壯始知讀書，初從野亭翁游文太史門下，授以畫法。葺故廬讀書其中，求繪事者履滿戶外。顧叔寶愈不爲家，家日益貧，文太史過而題其室曰：「懸磬」，先生笑曰：「吾志哉。」時王弇州先生稱畫苑董狐，於叔寶尤相契重，每得其畫，必加題品。叔寶聞人有異書，雖病必强起借觀，手自抄寫，窮日夜較勘，至老不衰，焚香洗硯，悠然自得。子允治，饒有書名，能世其家學。

張　復

張復，字元春，號苓石，無錫人。寫山水層巒叠嶂，掩映向背，俱有條理。人物以沈石田爲宗，而工緻過之。少師錢穀，頗擅出藍之譽，年逾八十，揮灑不倦，亦藝林之耆碩也。

沈　襄

沈襄，字小霞，紹興人。父青霞先生錬，以錦衣經歷劾嚴嵩謫戍，繼又中以危法論死，襄亦瀕危。及嵩敗，襄以蔭補官，仕至郡守。善畫梅花，霜枝雪榦，風骨崚嶒，自是淸流之筆。

張允孝

張允孝，更名初，字太初，號貞白道人，華亭人。束髮習舉子業，補邑博士弟子員。有志邁往，至毘陵從薛方山游，盡得其理學宗旨。生無他能，惟好涉歷書史，或游戲書畫，書法宗孫過庭，畫筆宗惠澤，伸紙潑墨，自是可觀。

周官　朱生

丹青志云：「周官、朱生，並工毫素，官畫人物無俗韻，然過於纖弱，朱生樹石不減唐寅。今官之名猶在人間。」王弇州謂「周官所圖飲中八仙歌，不惟衣冠器飾古雅，而醉鄉意態，種種可念。朱生之蹟，寥寥無傳，足可弔憫」。

潘鳳

潘鳳，號梧山，丹陽人。山水人物宗馬遠、夏圭，蒼老秀逸，超出溪徑之外。有巧思，隨楊文襄公一淸至雲南，見所製料絲燈，歸而煉石成絲，如式仿製，於是丹陽絲燈，甲於海內。近日有王玄字又玄者，巧翻新樣，古雅精工，碧映金輝，如宋人葉玉，可稱絕技，然梧山乃造燈之鼻祖云。

蔣守成

蔣守成，字繼之，號曉山，丹陽人。畫法趙千里、趙子昂及吳仲圭。與文衡山父子雅稱莫逆，繪事出入衡山，臨池之跡，得文氏心印。惜其中年目眚，橫披長卷，傳世寥寥。吾鄉先輩留神畫學者絕少，得一曉山，可以點綴藝林矣。

陶　浚

陶浚，號雲江，武進人。畫法沈石田而字亦如之，行筆蒼勁，幾於入室。曾補博士弟子員，知名於時，不獨以丹青名世者也。

魯　治

魯治，號岐雲，吳郡人。善花卉翎毛，極其精巧，落筆瀟灑，活潑可愛，乃畫流出色者。

陳　芹

陳芹，號橫厓，金陵人。仕爲縣尹。作畫有淸思，而墨竹尤佳，修篁文石，間以蘭棘，位置淸灑。余於金陵得其所圖扇頭墨竹，頗似管夫人法，題其上云：「草色沿波竹色高，墨池何事忽風濤？眼前零亂三千葉，欲倩誰人數鳳毛？」其風調可想矣。

王逢元

王逢元，字子新，號吉山，金陵人。太僕韋之子。淸才藻思，長於詩歌，書法出入山陰，初不以畫名。曾爲顧東橋作松塢高士圖，規模趙集賢，高山之旁有長松數樹，一人趺坐其下，無畫家蹊徑，自然疎秀可愛。

姚　澥

姚澥，字元白，號秋澗，家世錢塘，國初徙居金陵，遂爲金陵人。性穎異，美風儀，篤學嗜古，佚宕好士，游神翰墨，兼寫梅枝。居秦淮上，闢地爲園，名曰市隱，迴塘曲檻，水竹之盛，甲於都下，日與名勝賞會其中，晚乃歸心禪乘。嘗仕爲鴻臚郎，不久謝去。

王文耀

王文耀，號少岡，金陵人。善畫，結畫社於秦淮，連袂入社者，皆一時名勝。家多宋元名筆，足供清賞，其含毫濡墨，蓋有源流者矣。

項元汴

項元汴，字子京，號墨林，嘉興人。家固饒貲，幾與陶白方駕，出其緒餘以購法書名畫，牙籤之富，埒於清閟。其所畫山水學元季黃公望、倪雲林，尤醉心於倪，得其勝趣。每作縑素，自爲韻語題之，蘭竹松石，亦入妙品。蓋其留神翰繪，家藏既多，薰習之久，亦能自運。其子穆，字玄貞，號蘭臺，究心八法，所著有書法雅言。

徐　充

徐充，字子擴，號兼山，江陰人。年十三補博士弟子員，有才名。後從諸生議邑令虐政，同議者褫籍，而充亦在黜中。工繪翰，亦長於詩，余所藏兼山畫淸江紀勝圖，工緻淸灑，後有兼山自題詩，藝林佳品也。

朱承爵

朱承爵，字子儋，號舜城漫士，又號左菴，江陰人。文徵仲稱其爲文古雅有思致，詩亦淸麗。尤工筆翰，時出新意，寫花鳥竹石亦秀潤合作。

段衙

段衙，號紫峯，又號匡廬山人，武進人。主事金之弟曾受知於文徵仲太史，山水與文相肖，尤工扇頭小景。唐荆川贈以詩云：「仙人宿處紫烟孤，一片峯陰散玉壺；今日隱身城郭裏，閉門常寫廬山圖。」衙惟精繪事，亦能詩。

盛時泰

盛時泰，字仲交，號雲浦，金陵人。天才敏捷，自幼好讀書，爲古詩文，下筆輒數千百言，聲名大振，求之者殆無虛日。每有作，卽濡毫伸紙，一揮而成無留思，雖刻燭擊鉢，未足言速也。然爲諸生竟屢試不第。嘗游吳，王元美與相見大奇之，贈之詩云：「能令陸平原，不敢賦三都。」一時海內文士，無不知有盛仲交者。性好佳山水，興到輒往，不關家人知，平生未嘗問生計。喜賓客，四方客至者嘗滿座，日與飲酒賦詩，間舉古玩書畫贈遺之不惜也。後以貢至京師，歸，未及仕，偶疾卒於途。善隸書，畫山水竹石倣倪雲林筆法，家有小軒，文徵仲題曰：「蒼潤。」以仲交愛仿雲林竹石，取沈啓南詩有「筆蹤要是存蒼潤，墨法應須入有無」之句，楊用修爲之作記。

孫承恩

孫承恩，字貞甫，號毅齋，華亭人。年方二十，以儒士登弘治甲子鄉書，舉正德辛未進士，改翰吉，授編修。武宗末年引疾歸，世宗登極，召還朝。以修明倫大典遷左春坊中允，充經筵講官，典試南北兩畿，所得皆知名士。尋陞南京翰林院侍讀學士，世宗嘗顧近侍曰：「何久不見稀鬢中允？」蓋講筵中惟公頭顱少髮，上每目屬之。而公居官南京，上不見在侍從之列，故念公而以問近侍也。皇太子生，召公爲詹事府少詹事，兼侍讀學士，遷禮部尚書，仍秉掌府事。會有忌者，力引疾歸，然上每念公，逾年召掌詹府，原官加太子少保。公應制賦瑞雪詩，上特賜和，書以龍箋，鈐以御寶，題爲賜和承恩瑞雪吟，誠異數也。公先朝耆碩，時游戲丹靑，善畫美人，卒年八十一，謚文簡。子克弘，別有傳。

孫克弘

孫克弘，字允執，號雪居，文簡公得弘最晚，恣愛之。自少有器量，以門廕授應天治中，號稱清謹。擢漢陽太守，吏畏民懷，當道倚重之，擬咨蘄黃兵使者。會弘遣書高新鄭拱，道逢同邑徐太常璠家僕，遂與俱入都，而新鄭方修華亭故郄，捕擊僕，省臣韓揖劾徐，波及弘，因免歸。自此無復仕進意，遂於東郊故居修築精舍，葺奇石，寘庭除，環列鼎彝金石法書名畫，摩挲其中，滌除灑掃，屏榻如鑑。客至，命張具，鼓吹遞作，童子按院本新聲，間舞狻猊及角觝之戲，人以爲安陵食、輞川莊不是過也。既以豪聞江東，而又坦直無他腸，四方客輻輳進，稍挾片藝者皆居停而推轂之，使得所而浚去。嘗笑曰：「坐上客常滿，尊中酒不空，僕於魯男子差無愧色。」弘性巧慧，喜模古，卽一榱一桷，一水一石，生生曲折多位置。所居四壁皆寫畫，蒼松老柏，崩浪流泉，使人凜然不凄而寒，有澄泓蕭瑟之意。客退，就明窗棐几間，或臨古畫，或抄異書，有挑以俗事及家人生產者，掩耳瞪目，若將浼焉。正書仿宋仲溫，隸篆八分，追踪秦漢。初寫徐熙、趙昌花鳥，晚年畫馬遠水，米南宮父子雲山，遠近干請無虛日。人有僞貌其筆以衣食者無數，當路懸購，十不得一眞，率采聲而已。聲音洪暢，狀貌疎野，居恆好着民間平頭帽，旁綴小金瓶。又好寫笠屐小像，彷彿皆晉唐遺風，非近代以下人物也。年七十有九，無疾而逝。

董嗣成

董嗣成，字伯念，號靑芝，湖州人。大宗伯汾之孫也。萬曆庚辰進士，授禮部主事，歷轉祠祭司郎中，萬曆辛卯以立儲建言爲民。董爲浙之喬木右族，組紱蟬聯，嗣成雖世胄，淬礪名檢，以高賢自期。生而多材藝，且濟之以博洽，善吟詠，工書法，旁及繪事，能會前人筆意，超然有簡遠之趣。

宋旭

宋旭，號石門，浙江人。工山水，兼長人物。余見其畫，往往以八分書作款，而行筆蒼秀。其論畫云：「畫山水惟李成、關仝、范寬智妙入神，才高出類，三家鼎峙，百代標程，前古莫能方駕，近代難繼後塵。夫氣象蕭疎，烟林淸曠，毫鋒穎脫，墨法精微者，營丘之製也；石體堅凝，雜木豐茂，臺閣古雅，人物幽閒者，關氏之風也；峯巒渾厚，勢狀雄強，搶筆俱匀，人屋皆質者，范氏之作也。後有繼起者，或有一體，或具體而微，或預造堂室，或各開戶牖，皆可稱尙，然方之三家，猶諸子之於正經矣。」其說雖有所本，然亦深於畫理者。

錢貢

錢貢，字禹方，號滄州。善畫山水，而人物尤其所長。余嘗見其仿唐伯虎大幅，咄咄逼眞，而他畫亦往往出入文徵仲太史。

周之冕

周之冕，號少谷，吳郡人。善畫花卉，王弇州論其畫云：「勝國以來，寫花草者無如吳郡，吳郡自沈啓南之後，無如陳道復、陸叔平，然道復妙而不眞，叔平眞而不妙，之冕似能兼撮二子之長，特以嗜酒落魄，不甚爲世重耳。」之冕之筆，蹊徑易趣，傳摹頗多，轉覺增厭，要其眞蹟，固自斐然。

胡宗仁 宗信、宗智附

胡宗仁，金陵人。與弟宗信、宗智俱以丹青著稱，而宗仁尤覺脫俗，寫墨竹，有烟飛翠滴之意。時魏之璜、之克俱以畫名，而宗仁昆季與二魏相後先，亦藝苑中塤篪之盛也。

沈碩

沈碩，號龍江，吳郡人。山水人物，精工古雅，規模李希古、劉松年，方之伯虎、十洲，可稱入室。余曾於金陵許石城家見其攝山圖，丘壑深秀，鬚眉生動，藝林妙染。

顧炳

顧炳，字黯然，錢塘人。萬曆間以善畫供事內殿，就所聞見，繪爲畫譜，自晉唐以來，罔不傳摹，存其梗概，鎔今鑄古，能集大成。

顧源

顧源，字清甫，金陵人。豪雋不羣，工詩翰繪事，而尤究心禪理，與高僧結西方社，別號寶幢居士。家藏宋元名筆甚夥，雲山墨戲，斟酌米元章、董北苑而自成一家。不受人潤筆，多畫與騷人衲子，有「百年智巧消磨盡，慚愧人傳粉墨痕」之句。又自題畫云：「策杖青林晚，山寒雨濕衣，野雲仍有意，相伴宿柴扉。」書法得素師三昧，可稱墨池龍象。

無聲詩史卷三終

無聲詩史卷四

董其昌

董其昌，字玄宰，號思白，華亭人。萬曆戊子、己丑聯捷經魁，遂讀中祕書，日與陶周望望齡、袁伯修中道游戲禪悅，視一切功名文字，黃鵠之笑壤蟲而已。時貴側目，出補外藩，視學楚中，旋反初服。高臥十八年，而名日益重，四方徵文者日益多，自上衮列卿、臺察郡邑吏，贈遠謁貴，非公文不典；浮屠老子之宮，碑碣銘誌之石，非公筆不重；斷楮殘煤，聲價百倍。與同邑陳仲醇爲老友，凡有奇文，輒出示欣賞。修神光兩朝實錄署副總裁，當事擬以少宰，辭，擬北詹，又辭，既而請南乞休。及魏閹盜權，士大夫跼蹐救過不暇，人皆歎公之先幾遠引焉。崇禎間晉禮部尚書，年近大耋，猶手不釋卷，燈下讀蠅頭書，寫蠅頭字，蓋化工在手，烟雲供養，故神明不衰乃爾。其書無所不仿，最得意在小楷，而懶於拈筆，但以行草行世，亦多非作意書，第率爾應酬耳，若使當其合處，直可追踪晉魏。畫仿北苑、巨然、千里、松雪、大癡、山樵、雲林，精研六法，結嶽融川，筆與神合，氣韻生動，得於自然，所謂雲峯石迹，迥出天機，筆意縱横，參乎造化者也。嘗自言其畫與文太史較，各有短長：文之精於結體，吾所不如，至於古雅秀潤，更進一籌矣。書較趙文敏亦各有短長：行間茂密，千字一同，吾不如趙，若臨仿歷代，趙得其什一，吾得其什七。又趙書因熟得俗態，吾書因生得秀色，其自評蓋不虛矣。在禮部時，高麗進貢，使者詢知公名，以爲異事，蓋筆跡亦流傳彼中。夏子陽黃門使琉球歸，追請公書以應琉球使人，曰：「彼國中所寶，如白香山故事云。」

陳繼儒

陳繼儒，字仲醇，別號眉公，華亭人。少好讀書，長於詩歌文辭，頃刻萬言，晚嗜緇衣黃冠之學。二十一補諸生，二十八棄去，退而結茅小崑山之陽，修竹白雲，焚香晏坐其間，豁如也。解青衫後，絕不與戶外事，但有關旱潦轉輸，或大不便於民與國者，鄉袞囁嚅不敢出，仲醇慷慨弗顧，委曲辨析，洞中肯綮，往往當事動色，默奪其意而潛寢之。其所著述，如白石樵祕笈，品外錄，子史百家，靡不精討。大者在革除死事諸公一史，曰史待。王元美、陸平泉兩先輩爲斯文宗匠，引仲醇爲小友。所居峯泖之間，在水一方，初築室以祀二陸，又對三高士墓，書石以志感。董思白嘗作來仲樓以招之。晚得新壤於東佘，遂構高齋，廣植松杉，屋右移古梅百株，皆名種。築青微亭於高齋之後，買古墓之虬松四株，曰：「以代名人古畫，時懸草亭，但恨無飛瀑千尺，界之空青鈍碧間耳。」

甲寅得高氏故墟，因樹設門，接以短廊，額曰「水邊林下」，聯云，「漁釣竇中，樵吟葉上」，蓋寶境也。結薖菴於隍驟坡下，有紫篁翠柏，間以修梧高柳，赤日可蔽，仲醇每挈件，竹爐藤几，納涼鬭弈其間。北則采藥亭，時有山僧野叟，草衣筇杖，點綴行遊，宛然趙伯駒兄弟高逸圖也。其書法在蘇米二公之間，間作山水奇石，梅竹點染，皆出人意表。廷臣楊廷筠、章允儒、何喬遠、吳甡、吳用先、吳永順、沈演、解學龍等屢列薦牘，堅臥不起。

顧正誼 元慶附

顧正誼，字仲方，松江人。中書舍人。作畫初學馬文璧，而於梅道人及黃子久無不得其精蘊。同郡董宗伯思白於仲方之畫多所師資。其遊長安，四方士大夫求者踵接，得其灑翰，如獲拱璧焉。子元慶，踵其家學，能以精工佐其古雅，有聲藝苑。

趙左

趙左，字文度，雲間人。畫法董北苑、黃子久、倪雲林，超然玄遠。與董思白爲翰墨友，流傳董蹟，頗有出文度手者，兩君頡頏藝苑，政猶魯衞。若董畫而出於文度，縱非床頭捉刀人，亦所謂買王得羊也。其論畫云：「畫山水大幅，務以得勢爲主；山得勢，雖縈紆高下，氣脈仍是貫串；林木得勢，雖參差向背不同，而各自條暢；石得勢，雖奇怪而不失理，卽平常亦不爲庸；山坡得勢，雖交錯而自不繁亂。何則？以其理然也。而皴擦勾斫，紛披糾合之法卽在理勢之中。至於野橋村落，樓觀舟車，人物屋宇，全在想其形勢之可安頓處，可隱藏處，可點綴處，先以朽筆爲之，復詳玩，似不可易者，然後落墨，方有意味。如遠樹要模糊，襯樹要體貼，蓋取其掩映連絡也。其輕烟遠渚，碎石幽溪，疎筠蔓草之類，祇不過因意添設而已。爲烟嵐雲岫，必要照映山之前後左右，令其起處至結處雖有斷續，仍與山勢合一而不渙散，則山不爲烟雲所掩矣。藏蓄水口，安置路徑，宜隱見參半，使紆迴而接山之血脈。總之，章法不用意構思，一味塡塞，是補衲也，焉能出人意表哉。所貴乎取勢布景者，合而觀之，若一氣呵成，徐玩之，又神理湊合，乃爲高手。然而取勢之法又甚活潑，未可拘攣，若非用筆用墨之高韻，又非多閱古蹟及天資高邁者，未易語也。」

安紹芳

安紹芳，字茂卿，居無錫之膠山。山有滌硯亭，因自號硯亭居士。自少眉目娟秀，顧盼迎人，舉體無凡，雅有貴表。十歲工辭翰，稍長讀書，動以寸計，當廣坐拈一題，下筆衮衮，氣吞名流，而獨好爲韻語不輟。父希堯苛禁之，扃一室，專精公車言，遂裹青衿，是時年甫十七，刻苦下帷，視一第解衣相似。會貴人子爲狡獪所穽，波及紹芳，廢書曼聲，聊蕭不自得，跳身者久之。聞父罣家難曰：「白門紅板，桃葉竹枝，豈吾事哉！」疾趨歸，内外之鬩立解。入都上書，白父寃狀，奏下，南法曹首鼠者居半，乃歎燕邸不可以久留，還里門，得視父含殮。奉母命析產，肥瘠聽之於兄，毫不屑意。所居有「西林一片石」，多偉木壽葆，乃疏清泉，累層臺，構傑閣，結幽亭，蒔竹種松，分蘭藝菊，時時命魚舫鹿車往來其中，築肉飛絲，傾尊仆石，鷄號燭跋，不聽客歸，客詣門者，綦舄相齧矣。紹芳雖豪舉聞江東乎，酒後耳熱，勃勃若有礙膺者在。再上書走闕下，賴劉侍御挺身直其寃，乃更名泰來，字未央。拮据葬父畢，裹餱北雍。辛卯幾入格，會房考爭甲乙名，兩報罷，自此半耗雄心。未幾喪母，又喪婦，哭不勝啼，形容憔悴，竟不起，春秋僅五十有一。芳豐頤廣額，雙耳垂珠，然諸不苟，諧笑錯出，親知以緩急告者，未嘗以冷而相拒，暇卽枕漱百家，六籍中過目成誦。字臨曹娥碑，畫摹大癡懶瓚，旁寫蘭竹，別具一種清芬，姑以自寄其瀟灑標韻而已。詩名青萍集、二京集、芳草編，西村纂行於世。

張納陛

張納陛，字以登，號文石，宜興人。萬曆己丑進士，授禮部主事。少以文章名世，寫山水得元人遺韻，亦間作墨花。萬曆中以建言謫官，遂放情林壑，宦意泊如也。其畫不恒爲人作，故傳世者猶吉光片羽云。

何淳之

何侍御淳之，字仲雅，金陵人。風流文采，不以纓組自居；畫品美雋，尤爲流輩所推。顧太史起元詠之云：「仲雅偉丈夫，性頗耽紛黛，高詠玉臺篇，懶曳金閨珮。通人癖未捐，名賞多所愛，靡靡齊梁間，風流至今在。」

鄒迪光 仁基、德基附

鄒迪光，字彥吉，號愚谷，無錫人。由甲科歷官湖廣學憲，中歲挂冠，怡情丘壑，且高才博學，以經濟自期，終於歷落不偶，借園林聲伎以遺餘年。歌童度曲，咸自按拍，音律之妙，甲於吳中。於著述之暇，出其緒餘以染緗素，咄咄大小米倪黃間，然家多代筆，頗難得其眞蹟焉。子仁基、德基，俱能畫。

邢侗

邢侗，字子愿，臨邑人。由制科仕至太僕卿。臨池之學，規摹二王，筆花娟潤，如時女步春，秀骨楚楚，可謂登山陰之堂，而襲其韶者矣。間寫文石，亦藝林片玉也。

朱之蕃 附之仕

朱之蕃，字元分，號蘭嵎，金陵人。萬曆乙未一甲第一名及第，仕至吏部侍郎，贈尙書。楷法敏速，腕際有神，居平不事生產，惟喜法書名畫，牙籤玉軸，埒於寶晉。寫山水得米襄陽、梅道人、顧寶幢標韻，竹石兼東坡、與可之妙。自來鼎甲能畫者極少，翰墨風流，蘭嵎擅之矣。弟之仕，繪事清灑可觀。

李流芳

李流芳，字長蘅，嘉定人。萬曆間舉孝廉，文品爲士林翹楚。寫山水清標映發，墨瀋淋漓，名士風流，宛然筆墨之外。曾於西湖法相寺之竹閣寫山水四堵，尤爲奇秀。萬曆間雪漁何震以印章著稱，長蘅戲爲之，遂與方駕，眞敏而多能者也。

鄒之麟

鄒之麟，字臣虎，號衣白，晉陵人。萬曆丙午南京鄉試第一，庚戌成進士，授工部主事。骨性勁挺，氣度傲岸，有不可一世之意，恥隨人俯仰，人亦緣是擠之，遂拂衣歸，高臥林泉近三十年。朝事濶倒，互相傾軋，公卿罹刑僇者不可勝數，公獨超然免於評論。其家居時，冥搜幽討，博極羣書，嘗手批二十一史，丹鉛數遍。文辭歌詩，迫古作者，兼蓄晉唐以來墨蹟及商周彝鼎，淸賞自娛。酷好顏書，咀其精髓，嘗得魯公贈裴將軍詩眞蹟，作齋藏之，而鏤其詩於壁。畫仿黃子久、王叔明，而瀟灑蒼健，自抒性靈，絕去畫史畦徑，惟覺奇逸之氣，拂拂楮素間，圖成而署其款，曰逸老、曰昧菴，蓋寄興於磅礴者也。然亦頗自矜惜，毫貴函幣請之終不可得，而貧交故舊，輒贈以潤其枯腸，如蘇端明之於賈耘老焉。弘光時起爲尙寶丞，再遷都憲，席未及煖，而國變作，遂還里杜門，益肆力於翰墨，非素所知契及騷人韻士，希得覩其眉宇焉。

李日華

李日華，字君實，嘉興人。高悟端雅，沉博瀟灑，於書無所不讀，而著述甚富。工於詩，妙於書，精於畫，然君實之精神別有所注，不欲以諸長自見於世。由制科歷任至太僕卿，浮湛仕隱，家食爲多，其於宦況泊如也。嘗自題畫云：「畫成未擬將人去，茶熟香溫且自看。」其風調可想矣。所著紫桃軒雜綴及畫媵諸編，文雖小品，自足供藝林幽賞。

米萬鍾

米萬鍾，字友石，元章之裔也。由錦衣籍家於京師，馳騁翰墨，以風雅自命，其於天機秀發，尙有間然。多蓄奇石，有襄陽遺風。繪事楷模北宋已前，施爲巧瞻，位置淵深，不作殘山剩水觀，蓋與中翰吳彬朝夕探討，故體裁相彷彿焉。萬曆乙未成進士，由縣令敭歷藩臬，仕至太僕少卿。

丁雲鵬

丁雲鵬，字南羽，別號聖華居士，休寧人。畫大士羅漢，功力靚深，神彩煥發，展對間恍覺身入維摩室中，與諸佛菩薩對語，眉睫鼻孔皆動。山水溪壑深秀，追踪古人，李龍眠、趙松雪不能遠過也。

李麟

李麟，字次公。畫神佛深得古法，予所藏達觀禪師像，慈容儼然，乃次公對寫者，眞若周昉之貌趙郎，神情宛肖。

吳彬

吳彬，字文中，莆田人，流寓金陵。萬曆間以能畫薦授中書舍人。畫法宋唐規格，布景縟密，傳采炳麗，雖棘猴玉楮，不足喻其工也。曾繪月令圖十二幅，如上元、淸明、端午、中秋、重九之類，每月各設一景，結構精微，細入絲髮，若移造化風候，八節四事於楮素間，可謂極其能事矣，而佛像尤其所長。文中雖以藝雄畫苑，然頗負氣節，天啓間閱邸報，於都門見魏璫擅權之旨，則批評而訾議之，被邏者所偵，逮縶削奪，亦清流也。其畫品可頡頏丁雲鵬，亦間用篆款。

吳廷羽

吳廷羽，字左干，徽州人。釋道像得丁南羽心印，山水法李唐，所製墨，和烟劑料，佳絕一時，與方于魯並駕。

王廷策

王廷策，山陰布衣。性好遊，習懶。萬曆初召入畫院，落落不拘，不願授官，上賜號哈仙。畫宗吳仲圭、黃子久，書仿趙文敏，世稱雅士。

宋懋晉

宋懋晉，字明之，松江人。畫法趙千里、吳仲圭、黃子久，而筆墨秀潤，丘壑蒨深。同時以畫名世者，如董宗伯思白、鄒學憲彥吉，於明之之畫，多所推轂，畫品可與趙文度抗衡。

吳振 附昌

吳振，字元振，號竹嶼，華亭人。寫山水宗黃子久、董北苑、倪雲林數家，而於子久筆意尤所擅長。予見其仿浮嵐暖翠等幅，皴染淹潤，能取韻於筆墨外，眞士流之作也。雲間繪事自董宗伯思白爲文人建幢，於是崇雅之士，競趨秀逸，第躡跡則涉於膚淺，若竹嶼者，可謂接雲間之正派者也。其子昌，字昌之，亦能傳其家學。

沈士充

沈士充，字子居，松江人。寫山水丘壑蒨葱，皴染淹潤。雲間畫派，子居得其正傳。

陳煥

陳煥，字堯峯，吳郡人。畫山水得宋元法脈，展對間淸思撲人眉睫，吳中後學，多師法之。

陳祼

陳祼，字叔祼，號白室，吳郡人。寫山水宗千里、松雪及衡山諸家。所圖必深林叠嶂，曲逕迴塘，以成巨麗之觀。匠心之筆，追踪往哲，若叔祼者，可接軫於錢滄洲者也。

李士達

李士達，號仰懷，姑蘇人。畫山水人物，有聲藝苑。嘗見其論畫云：「山水有五美：蒼也，逸也，奇也，圓也，韻也；山水有五惡：嫩也，板也，刻也，生也，癡也。」可謂深得畫理。

盛茂燁

盛茂燁，號研菴，吳郡人。寫山水布景設色，頗具烟林淸曠之概；人物亦精工典雅，意在筆先，饒有士氣。

朱鷺

朱鷺，字白民，吳郡人。美髭髯，朗眉目，篤志內典，參求宗乘，長齋事佛，屢空晏然，霞外孤踪也。寫竹法文湖州、梅道人，意到筆隨，韻致灑落，漬墨掃影，留韻瀟湘。

沈顥

沈顥，字朗倩，長洲人。風儀軒舉，博雅多聞，補博士弟子員。參求宗乘，薙髮爲僧，迨乎中年，乃返初服。於詩歌古文辭及書法眞行篆籀無所不能，畫山水秀骨天發，範古鎔今，高格淸標，超超玄著。其論畫源流，分南北二宗，以王摩詰爲南宗，若荆、關、宏璪、董、巨、二米、子久、叔明、梅叟、迂翁，以至明之文、沈，慧燈無盡；北則李思訓父子，以至趙幹、伯駒、伯驌、馬遠、夏圭，若明之戴文進、吳小仙、張平山輩，日就狐禪，衣缽塵土。觀其持論，頗得六法肯綮者。

王　聲

王聲，字遹駿，吳郡人。畫士女豐神態度，蒨華妍雅，藝林能品。

程嘉燧

程嘉燧，字孟陽，新都人。僑居嘉定，與李長蘅爲詩畫友。寫山水宗王叔明、倪雲林。

魏之璜　魏之克

魏之璜，字考叔，金陵人。與弟之克，皆以畫名。考叔性孝友，闔宅三百餘指，皆仰給硯田，未嘗析爨，每月必畫大士像施諸寺院。山水宗宋人，花卉宗王若水，閩粤齊魯間極重之。之克字和叔，儀度軒舉，山水較之璜，駸駸欲度驊騮。

曾　鯨

曾鯨，字波臣，莆田人，流寓金陵。風神修整，儀觀偉然，所至卜築以處，迴廊曲室，位置瀟灑，磅礴寫照，如鏡取影，妙得神情。其傅色淹潤，點睛生動，雖在楮素，盼睞頻笑，咄咄逼眞，雖周昉之貌趙郎，不是過也。若軒冕之英，巖壑之俊，閨房之秀，方外之踪，一經傳寫，姸媸惟肖，然對面時精心體會，人我都忘。每圖一像，烘染數十層，必匠心而後止，其獨步藝林，傾動遐邇，非偶然也。年八十三終。

張瑞圖

張瑞圖，號二水，泉州人。萬曆丁未廷試一甲第三名及第，天啓丁卯召入內閣。書法奇逸，於鍾王之外闢一蹊徑，亦顛素之雲仍也。畫山水蒼勁有骨。（張公畫罕見，書幅甚多，相傳張係水星，懸其書室中，可避火厄，亦好奇者爲之，子中書。）

王 鐸

王鐸，字覺斯，河南孟津人。天啓壬戌進士，選入詞林，徊翔木天，著聲文苑，弘光之季，召入內閣。賦性高爽，偉幹修髯，尤精史學。行草書宗山陰父子，正書出自鍾元常，雖模範鍾王，亦能自放胸臆。所繪蘭竹梅石，灑然有象外意。

劉若宰

劉若宰，字胤平，潛山人。崇禎戊辰廷試一甲第一名及第。其居官律身清謹，自奉儉約，雖大魁蕊榜，而素絲砥節，澹如也。晉經筵日講，容止醞藉，啓沃精詳，上屬目之，將不次擢用，緣體質清癯，在講筵未久，遘疾卒，中外惜之。先生詩歌雋永，兼擅臨池之譽，戲作墨花，皆有別趣，乃寓興於毫穎者也。

程正揆

程正揆，字端伯，號鞠陵，孝感人。生而穎悟，舞象之年，卽博洽經史，而尤留心國朝典故。弱冠舉於鄉，登崇禎辛未進士，選讀中祕書。先生敏而多能，善屬文，工書畫，意有所到，援筆立成，若風雨集而江河流也。四方之人，造請者無虛日，一一應之，無所靳惜。是時董宗伯思白爲風雅師儒，先生折節事之，虛心請益，董公亦雅愛先生，凡書訣畫理，傾心指授，若傳衣傳缽焉。其父良孺，爲南計部郎，督儲鳳陽，因省親於南，値流寇躪入中都，震驚陵寢，先生亦陷賊營，以計獲免。主爵者忌其才，中以考功法，調之外任，當補幕僚，先生岸然嘯歌，弗屑就也。浮湛既久，仍復原官。

楊觀光

楊觀光，字用賓，招遠人。崇禎間以詞林讀書中祕，寫山水清遠韶令，有董巨風裁。董宗伯思白以宮詹赴召，閒曹多暇，惟評賞法書名畫以爲娛，其時用賓寫山水一册贈周挹齋內閣，周屬思白標題鑒定，極其推許。

王時敏

王時敏，字遜之，號烟客，太倉人。文肅公孫，緱山先生子，儀度醞藉，儒雅風流，翩翩佳公子也。寫山水得宋元標格，蓋恒與思白、眉公揚搉畫理，故啓發爲多。以廕仕至太常卿。

王鑑

王鑑，字玄照，太倉人。弇州先生孫也。弇州鑒藏名蹟，金題玉躞，不減南面百城，鑑披閱既久，神融心會，領略爲深，其舐筆和墨，蓋有源流矣。

張伯駿

張伯駿，字範我，丹陽人。冢宰赤函先生子。博雅好古，寫山水宗勝國名家，脩然清遠。由父廕仕爲通政經廳。

王秉鑑

王秉鑑，號冰壺，扶風人。天啓乙丑成進士，由工部郎出守鎭江，轉山西憲副。賦性高爽，風儀遒上，能以墨瀋寫葡萄，奇崛如草書，以指醮墨點於楮素，則弱穗垂垂，若湛露初涵，解脆欲滴，亦士流之傑作也。

唐獻可

唐獻可，字君俞，常州人。荊川先生四世孫。祖凝菴，父完初，皆簪紱蟬聯，爲常望族。獻可少好結俠，裘馬絲竹之費，揮金不問出入。性不耐俛首佔畢，治經生家言，而於臉粟丹青，則嫺爲之。書宗米體，畫有宋元餘韻，一枝片玉，惜不能多。

惲本初

惲本初，字道生，後改名向，武進人。初爲諸生，於帖括業頗有時名，好爲詩歌及古文詞；畫精六法，有解衣磅礴之趣，遊屐所至，名流倒屣。崇禎間詔舉賢良方正，本初亦與其數，授中翰之職焉。

凌必正

凌必正，字蒙求，吳郡人。大司馬雲翼之孫也。崇禎辛未成進士，初任刑部郎，出爲郡守。寫山水設色妍雅，位置精密，可接軫宋人，含毫構思，迴出時流。

藍瑛

藍瑛，字田叔，錢塘人。畫人物、山水、花卉、俱得古人精蘊。

鄭重

鄭重，字千里，寓居金陵。風儀修潔，雅好內丹。其作畫，含毫濡素，超軼羣品，曾見其山水人物冊葉百幅，仿宋元名家，體韻精妍，不逾前軌，皴染遒逸，能集大成。

張宏

張宏，字君度，號鶴澗，吳縣人。寫山水筆力峭拔，位置淵深，畫品在能妙間。

許儀

許儀，字子韶，無錫人。資稟英敏，襟懷洒落。精篆籀，寫花鳥神采奕奕，宛若生動。其款下印章，以手畫成，亦絕技也。

吳之瑄

吳之瑄，字汝廷，武進人。賦性蕭疎，巾而不櫛，清修茹素，屢空晏然，望而知爲山澤之臞也。寫山水、人物、花鳥，博綜往哲，淹潤精工。

張翀

張翀，字圖南，江都人。天資穎悟，容止淹雅。畫士女，穠纖婉淑之態萃於毫端，山水樹石，菁華秀潤。

李永昌

李永昌，字周生，新安人。儀觀都雅，工書畫。書宗董華亭，可與吳翹相伯仲；畫仿元人，饒有士氣。家固素封，而亦好事，崇禎丙子余參中府軍事，周生過從，出三代尊罍及所藏書畫示予，俱各精好。其冠上綴漢玉二枚，雕琢精雅，神采陸離，亦奇瑤也。有詩四卷，名曰畫響，音調清越，皆闡揚畫理者。

歸昌世

歸昌世，字文休，萬曆間茂才，其舉子業有時名。寫墨竹，枝葉清洒，逗雨舞風，有渭川淇澳之思，兼工印篆。

王思任

王思任，字季重，號遂東，山陰人。以甲科起家南工部郎，歷任藩臬，其制舉業，蜚英文苑。更好爲古文詞，淵滌塵秕，務臻險秀，東南髦俊，推爲風雅宗盟。出其藻思，寫山水林屋，皴染滃鬱，超然筆墨之外。猶記其評天台云：「孤月洞庭，正爾寂然，忽有天山萬里，一夜飛來。」又云：「恍惚幽玄，不記何代，片時坐對，人化爲碧。」觀此數語，則季重之畫不遠矣。

倪元璐

倪元璐，字鴻寶。登天啓壬戌進士，選入翰林。詩文爲世所重，行草書如番錦離奇，另一機軸；間寫文石，以水墨生暈，蒼潤古雅，頗具別致，亦文心之餘緒也。崇禎末年晉戶部尚書，李自成破燕都，殉難。

周祚新

周祚新，字又新，貴州人，僑居金陵。崇禎丁丑進士，仕爲戶部郎。寫墨竹得文湖州、梅沙彌心印，蓋又新所藏多名蹟，而與可、仲圭之襪材，咸萃靑箱，故能爲此君傳神也。

崔子忠

崔子忠，號北海，山東人。崇禎癸酉董宗伯思白應宮詹之召，子忠遊於其門，甚相器重，懸想倪迂高致，以意爲洗桐圖：貌雲林着古衣冠，注視蒼頭盥樹，具逶迤寬博之概；雙鬟捧古器隨侍，娟好靜秀，有林下風；文石磊砢，雙桐扶疎。覽之令人神灑，想其磅礴時，眞氣呑雲夢者矣。子忠不惟善畫，更以文學知名於時。

季寓庸

季寓庸，字因是，泰興人。少有儁才，嫺舉子業，由制科授邑令，擢爲吏部郎，未幾放歸，遂怡情丘壑。雅好法書名畫，吳中之人，有爲李懷琳狡獪者踵門求售，因是欣然應之曰：「吾以適吾意耳，延攬旣久，則眞品自至，如燕臺之市駿骨，而終得千里馬焉。」

書宗祝京兆，畫仿沈石田而能登其堂廡，懷古情深，乃江北之錚錚者也。

陳丹衷

陳丹衷，字旻昭，金陵人。崇禎庚辰進士，廷對稱旨，卽授御史。時上欲振揚威武，奉簡書招苗兵於黔粤，甫持節而逢國變矣。旻昭旣返初服，悠游林壑，雅嫺詞翰，兼善丹青。

周世臣

周世臣，字穎侯，宜興人。弱冠舉於鄉，崇禎庚辰成進士，就選得太康縣令，尋改漢陽尹，以讒議銓法忤冢宰，免歸。游武林，晤藍田叔，因究心繪事，凡遇知交家藏名蹟，靡不借閱而心儀之，性復穎悟，寫山水得子久、山樵標韻。長於詩歌，有集行世。崇禎朝起爲福建興化府司理，公餘之暇，惟事吟咏，而於黃太史石齋尤所服膺，互相唱和，其嚶鳴之什，具載穎侯集中。旣逢國變，擯跡杜門，惟以盤礴遺興，屢空晏如也。游屐所至，人爭得其渲染以爲珍。實菴陳太史爲予言：「穎侯畫，近益精進。」夫以年少科名，而斂跣簪紱，惟寄興於毫素，可謂遠矣。

萬壽祺

萬壽祺，字年少，徐州人。中庚午科南闈鄉試，有時名，與楊維斗廷樞、陳臥子子龍諸君相頡頏。嫻爲古文詩詞，皆雋永秀拔。頗精篆刻，得漢人章法，隨事賦形，不假配搭，絕去柳葉、鐵線、急就、爛銅諸習。行楷遒逸，有鸞鶴停跱之概。畫士女作唐裝，楷模周昉，不必豔冶明媚，得靜女幽閒之態。山水林石，隨意點染，夐然出塵。其筆墨甚自矜惜，無所操而求，與操約而求奢者皆不應，曰：「吾效唐子畏閒來寫就靑山賣，不使人間作孽錢也。」鼎革之後，儒衣僧帽，往來吳楚間。

林之蕃

林之蕃，字孔碩，號涵齋，閩縣人。崇禎癸未成進士，授嘉興令。自幼喜畫山水，落筆蒼潤，韻致更自蕭疎。其爲吏淸廉有聲，惟知奉公潔己，不善逢迎上官，遂爲齰使者所刻，竟拂衣歸。一瓢一衲，寂隱山中，因寫山水一幅，寄余同邑荆毅菴，蓋其同門友也，烟雲潑墨，點染精工，上題絕句曰：「與君隔別幾經秋，雲水無緣接舊遊；若問故人生計在，石田茅屋隱山丘。」亦足想見其詩中有畫矣。其父弘衍，號得山，由恩廕擢民部郎，亦深解畫理者。孔碩殊有鳳毛，故足述云。

無聲詩史卷四終

無聲詩史卷五

扶輿淸淑之氣，不鍾於男子，而鍾於婦人，醴泉紫芝之鮮於江河蔓草者，無所因也。丹青出於粉黛，非天授夙慧，誰驅而習之？余每覩彤管繪事，其豐神思致，往往出人意表，不惟婉而秀，蓋由靜而專也，名媛可無紀乎。

盧允貞

盧氏，名允貞，字德恆，號恆齋，倪文毅公岳夫人。白描精妙，有九歌圖、璇璣圖二卷藏於家。文毅公曾孫蘄水令名民悅者，曾出以示客。

杜陵內史

杜陵內史仇氏，實父之女也。畫人物山水，綽有父風，傳世者大士像爲多，於慈容端穆中，姸雅之致，隱然像外，望而知其爲閨秀之筆。

馬閒卿

馬氏閒卿，號芷居，陳魯南夫人。善山水白描，畫畢多手裂之，不以示人，曰：「此豈婦人女子事乎。」

孫夫人

孫夫人，永嘉人。善寫梅，寒梢粉瓣，逗月凌霜，皆從筆花漬出，但少香耳。其夫任道遜，仕至太僕卿，直文華殿，亦善寫梅。夫人之父某仕爲郡守，以寫梅著名，人稱之曰孫梅花。夫人一家能爲暗香疎影傳神，不減謝庭詠雪矣。

沈氏

沈氏，沈宜謙女，楊伯海妻。工折枝花，吳中黃姬水題其杏花云：「燕飛修閣簾櫳靜，紈扇新題春思長；妙繪一經仙媛手，海棠生豔又生香。」

朱素娥

朱素娥，金陵妓。山水小景得陳石亭先生授之筆法，便入作家。聞石亭選入翰林吉士，盡以平生書畫緘封寄之，上題云：「昨日箇錦囊，佳句明勾引；今日箇玉堂，人物難親近。」卽此素娥之風流，狡獪可想矣。

何玉仙

金陵史癡翁忠，有姬何玉仙，號白雲道人。聰慧解篆書及畫，居常以文字相娛。予曾見癡翁畫一卷於燕都，中有白雲繪事，蓋飛白竹石也。

林奴兒

林奴兒，號秋香，成化間妓，風流姿色，冠於一時。學畫於史廷直、王元父二人，筆最清潤。落籍後有舊知欲求見，因畫柳枝於扇，詩以謝之云：「昔日章臺舞細腰，任君攀摘嫩枝條，從今寫入丹青裏，不許東風再動搖。」

馬守眞

馬湘蘭，名守眞，金陵妓。能寫蘭竹，蘭仿趙子固，竹法管夫人，俱能襲其餘韻。其畫不惟爲風雅者所珍，且名聞海外，暹羅國使者亦知購其畫扇藏之。

薛素素

薛素素，京師妓，姿度豔雅，言動可愛。書法黃庭小楷，尤工蘭竹，下筆迅掃，韻復高勝。又善馳馬挾彈，能以兩彈先後發，必使後彈擊前彈，碎於空中。又置彈於地，以左手持弓向地，以右手從背上反引其弓以擊地下之彈，百不失一。絕技翩翩，亦靑樓中少雙者。

林雪　王友雲

林雪，字天素，西湖名妓，又有王友雲者，俱彤管中之仲姬也。董宗伯思白云：「天素秀絕，吾未見其止，友雲澹宕，特饒骨韻，假令嗣其才力，殆未可量。」李長蘅贈天素詩，亦有「美人閨中秀，與會託山水」之句，其爲名流所推重如此。

吳娟

吳娟，字眉生，其母家爲新安著姓。幼而黠慧，從家塾讀書，卽嫻爲詩歌，兼通繪事。委禽於汪司馬伯玉之孫某，汪生性跅弛，游於狎邪，蕩其先業，以至不能謀生，乃偕其偶遨游吳越間，藉其硯田，以供資斧。娟益研究於聲律，詩詞婉暢，書體遒媚，畫法出入倪米間而得意外之韻，寫竹石墨花，標韻淸遠。如娟之才藝，可謂女博士矣。

范道坤

范道坤，東平州李生室也。畫山水竹石及花卉，淸婉絕塵。董思白先生跋其畫册云：北方學畫自李夫人創發，亦書家之有李衞，奇矣奇矣！

邢慈靜

慈靜。乃邢子愿之妹，適馬氏。書體頗類子愿，而畫品淸雅，作大士像及墨花，亦彤管之秀也。

傅道坤 附隆坤

會稽傅氏女名道坤者，貌麗而慧，幼習丹靑。同郡范太學初議婚，惑日者言，竟娶他姓。

不踰年絃斷，將再娶，而傳尙未字，范生曰：「豈赤繩繫定，留待我耶！」遂續前議。居一二載，絕不露丹靑，後元夕張燈街衢，燈帶偶失繪，衆倉皇覓善手，傳聞，援筆繪之，觀者競賞，自此伎倆漸逞。尤工山水，唐宋名畫，臨摹逼眞，大都筆意淸灑，神色飛動，咸比之管夫人。落款或范傳，或道坤，好事者爭購之，然非妯娌親洽，展轉相浼，終不得也。筆墨楮硯，以四婢典之，時不停肘，范太學惟硯膏拂箋，嘖嘖從旁而已。有女名隆坤，亦能步武丹靑，名擅一時，嫁太學王于邁。

文淑

文淑，字端容，衡山先生女孫。父從簡，亦吳中高士。適寒山趙靈筠，伉儷偕隱，怡情林壑。賦性聰穎，寫花卉苞蕚鮮澤，枝條荏苒，深得迎風浥露之態。溪花汀草，不可名狀者，皆能綴其生趣。芳叢之側，佐以文石，一種蒨華娟秀之韻，溢於毫素，雖徐熙野逸，不是過也。惜其中年羽化。吳中僞筆，傳摹最多，遠方之人，朵聲而已。其扇頭繪事，必圖兩面，蓋恐爲人浪書，故不憚皴染焉。

周氏二女

澄江兩名媛，姓周氏，長名淑祜，次名淑禧。父仲榮，佳士也，能詩歌，亦善畫。二女以丹青著稱，所長花卉蟲鳥，用筆如春蠶吐絲，設色鮮麗，氣韻生動。禧尤聰慧，兼工佛像，曲盡莊嚴端穆之狀。閒作外域鞍馬，皆點染精工，思致茂密。辛卯春，余兒彥初、彥禧應試江上，藉仲榮爲居停主，得二女合作花鳥八幀以歸，余甚喜，急篝燈觀之，相與歎賞，謂天孫雲錦，不是過也。蓋二女嘗師趙文淑，其彩毫娟秀，如天女散花，若祜、若禧，無忝出藍之譽矣。祜適金沙文學潘聖瑞，禧適同邑黃生。

李因

李因者，葛無奇之侍姬也，字今生。寫花卉柔婉鮮華，得徐黃遺意。無奇亦善山水，曲房靜几，互以圖繪爲娛。無奇嘗語人曰：「山水姬不如我，花卉我不如姬。」其自爲評騭如此。無奇名徵奇。

黃媛介

黃媛介，字皆令，嘉禾黃葵陽先生族女也。髫齡即嫻翰墨，好吟咏，工書畫，楷書仿黃庭經，畫似吳仲圭，而簡遠過之，其詩初從選體入，後師杜少陵，清灑高潔，絕去閨閣畦徑。適士人楊世功，蕭然寒素，皆令黽勉同心，怡然自樂也。乙酉鼎革，家被蹂躪，乃跋涉於吳越間，困於檇李，躓於雲間，棲於寒山，羈旅建康，轉徙金沙，留滯雲陽。

其所紀述，多流離悲感之辭，而溫柔敦厚，怨而不怒，既足觀其性情，且可以考事變，此閨秀而有林下風者也。

皆令書畫不可多得，郡城蕭儀九，裝潢家名手也，予從其處得皆令詩畫扇一，出以示客，知畫者謂逼眞梅花道人筆意，字亦遒婉有古法。詩爲贈女伴十首之三，有「繡佛猶餘暇，繙經只未閒」，「種樹因躭道，還山爲著書」，「欲呈空裏色，已結想中身」之句，詞意並妙。朱太史明詩綜不載皆令詩，而所載閨秀詩多送別皆令之作，亦足見皆令之爲閨閣雅宗矣。皆令姊媛貞，字嘉德，能詩，詩見明詩綜。子中書。

無聲詩史卷五終

八八

無聲詩史卷六

昭代畫史，余既銓次於前矣。其有名偶得於傳聞，蹟已湮於緗素者，物外之踪也；藝既竭於心思，品未登於神逸者，苑工之習也；點染隨乎意到，磅礴軼於準繩者，游戲之筆也。此皆丹青別調，而畫苑之附庸也。因存其姓字，以備考焉。計二卷，名媛自姚月華已下又九人，亦附入。

周元素

周元素，太倉人。高皇帝嘗命寫天下江山圖於便殿，元素奏曰：「臣雖粗知繪事，天下江山，非臣所諳；陛下東征西伐，熟知險易，請規模大勢，臣從中潤色之。」高皇帝即秉筆揮洒畢，顧元素成之。元素頓首曰：「陛下江山已定，臣無所措手矣。」高皇帝笑而頷之。

陳遇

陳遇，字靜誠，金陵人。善山水，兼能寫眞，曾寫高皇帝御容，妙絕當時。

劉基

劉基，字伯溫，靑田人。公鼎彝之蹟，載在國史，茲不復贅。曾寫蜀川圖贈尹暨陽名本中者，爲曲阿孫石雲先生所藏。人未知靑田公能作畫，徐秉山嘉靖間於河莊孫氏親見此圖。

張觀

張觀，字可觀，華亭人。少游江湖，志尙古雅。工畫山水，師夏圭、馬遠，與吳仲圭、盛懋、丁野夫遊，故其筆力古勁，無俗弱之氣。元末徙嘉興，洪武中寓長洲之周莊卒。

史謹

史謹，太倉人。工繪事。弱冠從軍滇陽，洪武末年有薦其才，授應天府推官，未幾左遷湘陰丞，遂流寓金陵。自號吳門野樵。長於寒林雪景，自題其畫云：「雨餘山色翠如苔，樹杪寒烟雪未開；童子無端掃紅葉，隔林知有故人來。」

章公瑾

章公瑾，華亭人。手垂過膝，能畫馬。博古好學，幅巾鶴氅，談論不俗，實遜國之遺民也。永樂初猶存。

商喜 附祚

商喜，字恆吉。善山水人物，超出衆類，際遇屢朝，士林多重之。孫祚，字天爵，能世其學。

趙　文

趙文，號黃鶴隱居，國初人。畫師王叔明，其氣韻皴法極類之。曾爲太子賓客胡儼寫聽琴軒圖，爲王弇州所賞。

上官伯達 李福智附

上官伯達，譙川人。神像人物，傅色既精，神采亦儁，使人覩之起敬。後有李福智，能繼其筆妙。

夏　衡

夏衡，字以平，松江人。工書法，篆隸高古。自中書舍人進太常寺卿。畫有黃子久之妙。

夏　芷 附葵

夏芷，字廷芳，錢塘人。從戴靜菴遊，克勤於學，筆逼其師，不幸早卒。弟葵，字廷暉，山水人物，皆工緻華朴。

周文靖

周文靖，莆田人。山水堪配謝庭循。

莊　瑾

莊瑾，字公瑾，號采芝，龍江人。雅淡高致，能詩，善草書，尤長於畫，法夏圭、馬遠，蓋張可觀後一人而已。

陳嗣初

陳嗣初，東吳人。以文章擅名翰林，任檢討。寫竹尤奇，仲昭、士謙，皆師事之。

謝宇 附汝明

謝宇，字伯寬，號容菴，衡陽人。幼聰穎，宣德中以中書舍人直內閣，累進工部左侍郎，掌通政司事。山水法諸大家，花木、鳥獸，無所不能。仲子中書舍人汝明，字晦卿，號東巖，亦善山水。

金文鼎

金文鼎，鶴城人。工書法，詩文流麗，畫得黃子久筆意。子鈍，字汝礪；銳，字汝潛，並有父風。

金湜

金湜，字本清，號枯木居士，四明人。善書法，任中書舍人，寫竹石甚佳，其鉤勒竹尤妙。官至太僕。

丁文暹

丁文暹，號竹坡。善山水翎毛，筆力清勁。

陳中復

陳中復，金陵人。靜誠之弟，繪事精雅。幼年在靜誠側，戲弄筆墨，靜誠叱曰：「吾豈他無一長，汝乃習其下者乎。」亦工寫照。

顧囦

顧囦，字子囦，蘇州界牌人。至正末嘗爲海道萬戶，國初遂匿名不仕。號半癡老人。放浪山水間，以繪事自娛。每出遊，遇奇巒異嶂，珍木怪石，輒瞪目凝視。久之境與意會，便欣然忘歸，歸卽乘興揮掃，極其變態。甚則跳足大噭，以爲無愧古人。厥初師董源，後出入衆家，無所不學，然不長於設色。晚年益自祕其畫，尤善博物。家世本衣冠族，多蓄古今名畫奇物，耳濡目染，故識見絕人。其爲人面大少髭，長可七尺，性介寡合，滑稽玩世，年六十餘而終。

張文昱

張文昱，號蒲塘，金陵人。洪武五年知邵武，廉介愛民，仕至刑部侍郎。善詩文，尤精於畫。

藍瑜

藍瑜，盱江人。曾爲上黨馬庭堅畫柏菴圖，宋學士濂曾題之。藍氏先有瑜，後有瑛，可稱合璧。子中書。

王諤

王諤，字廷直，奉化人。以繪事供奉仁智殿，長於人物，畫格出吳小仙上。予所見秋成圖，寫田家樂事，種種臻妙，眞畫苑中之能品也。

傅禮 鄭春、鄭棠附

傅禮，字公緒，同時鄭春、鄭棠，皆善禽鳥花木，布景染衣，三人如出一手。

蔣鎧

蔣鎧，毘陵人，曾爲指揮使。畫山水仿何竹鶴，蓋其派似米元章而稍失之者也。

黃珍

黃珍，字懷李，金陵人。美之、琳之弟。書學徐髯仙，能亂眞。畫花卉有黃筌筆意，作小詩亦可觀。

吳珵

吳珵，字元玉，號石居。成化中進士，官至郎中。山水法戴文進。

謝賓舉

謝賓舉，字子隱。山水人物，步驟於戴靜菴，可謂具體而微。畫畢，其兄子象卽題詩於上。子象贈子隱詩，其略云：「圖成便索老醜作，每幅空處題一篇。我詩借君畫，資我詩並傳。」弟兄依附有如此，人誇玉樹芝蘭全。

薛仁

薛仁，字子良，號半仙。山水、人物、花草，專學吳小仙之筆。半仙之號，謙詞，半於吳小仙耳。

陳叔謙

陳叔謙，武陵人。能鑑古器識名畫，繪事仿倪雲林。嘗書一聯於庭以自況：「博古圖蒐秦漢制；無聲詩寫晉唐題。」

王尙賢

王尙賢，梅溪人。善戲墨人物，年至九十，下筆更妙。

張祐 附錄

張祐，字天吉，鳳陽人。爵襲隆平侯。爲人和易如儒者，作梅花淸氣逼人。其從弟祿，字天爵，亦世其爵，兼善梅花。

毛良

毛良，字舜臣，號兩山居士，北平人。爵襲南寧伯，寫山水師米元章，雲霞出沒，有天然之妙。工詩，著無聲詩，曲盡畫法之奧。

陳喜

陳太監喜，字仲樂，韃靼人。工人物鳥獸，下筆無痕，爲一代之妙。

石銳

石銳，字以明，錢塘人。畫得盛子昭筆法，金碧山水，界畫樓臺及人物，皆傅色溫潤。

丁玉川

丁玉川，江右人。工人物山水。

顧宗

顧宗，字學源，五羊人。任中書舍人。畫學黃子久。

黃瑹　柳楷

黃璨，字蘊和；柳楷字文範，俱永嘉人。宣德間直內閣，詩文書畫，並皆佳妙。

卞榮

卞榮，字華伯，江陰人。商輅榜進士，工詩善畫，仕爲戶部郎中，世所珍卞郎中畫是也。

趙同魯

趙同魯，字浚儀，沈石田之師。嘗見石田仿倪雲林畫，輒呼之曰：「又過矣，又過矣！」蓋雲林妙處，實不可學，啓南力勝於韻，故相去猶隔一塵也。同魯畫傳世甚稀，董思白集載之。

張玲

張玲，字子重，號秋江。專於花卉翎毛，水墨點染，花葉露出白筋，描寫生動，意在筆墨之外。每於風月光霽時正襟吟弄，遊於物之初，故觸象對景，應手匠心，人罕測其妙云。

韓秀實

韓秀實，涿州人。與商惟吉同被寵渥，人物亦佳，尤善寫馬。

張靖

張靖，山東人。道釋人物得吳道子之奧，尤善寫照。

孫玘 附錦

孫玘，字廷玉，曁曾孫錦，字大紳，倶能山水人物。

顧應文

顧應文，號石泉，家於松江之榖市橋。畫人物山水，尤精釋道像。宣德中徵至京時，沈度、沈燦以文翰寵眷異等，應文恥之，謝病歸，戒子孫曰：「汝輩努力，毋效吾所爲也。」

郭文通

郭文通，永嘉人。善山水，布置茂密，長陵最愛之。有言馬遠、夏圭者，輒斥之曰：「是殘山剩水，宋偏安之物也。」

范暹

范暹，字起東，號葦齋，東吳人。工書法，設帳授徒，多所造就。工於花竹翎毛，人多尙之。葉文莊公嘗謂起東善花鳥，有談論，最器重之。老於京師，人稱范葦齋先生云。

陳復

陳復，字啓陽，號坦坦居士，幼同弟。後從伯父任南京通政司右通政，因與詩人文士交稔，是以才思充溢，詩文淸奇。尤長作畫，山水松竹，皆有矩度，亦精寫照。由儒士任鴻臚序班，管禮部鑄印事，用薦改國子典籍。

陳後

陳後，字啓先，號寓齋，燕山人。卽復弟也。詩文書畫，與兄齊名。尤精堪輿之學，用薦任欽天監博士。子漢，繼其業焉。

劉志壽

劉志壽，字伯齡，密縣人。聰穎能詩，以世業任南京欽天監五官靈臺郞。善寫翎毛，尤長蝦蟹，落筆瀟灑，活動可愛。

李晸

李晸，字光遠，號枯耕，衢州人。工楷書，授禮部司務，善寫松竹。

阮福

阮福，海北人。道釋神像，亞於子成。

趙丹林

趙丹林，善作龍角、鳳尾、金錯刀竹。

過庭章

過庭章，無錫人。妙於寫松竹。

林廣

林廣，廣陵人。山水人物學李在更，得瀟灑活動之趣。

楊塤

楊塤，字景和。善以彩色漆作屏風器物，極其精巧，皆以泥金題於上，由其能書畫也。

沈政

沈政，字以政，閩人。官至順天府丞，直仁智殿。工花竹翎毛。

徐柱

徐柱，字夢節，東吳人。善寫葡萄。

伍概

伍概，字廷節，臨川人。工書，寄祿中書科，善花竹翎毛。

倪端

倪端，工山水人物及水墨龍。

劉節

劉節，世廟時供事内殿。善繪魚，尤神於鯉，矯首振尾，有一躍九霄之神，雲從霖雨之勢。

姜隱

姜隱，字周佐，黄縣人。善人物士女花果，工緻細潤，得古人之妙。構景蕭疎，寄情凝遠，能品也。

金潤

金潤，字靜虚，金陵人。書類趙松雪，畫法方方壺，圖成每自題詩其上，淸爽可喜。仕至郡守。

俞泰

俞泰，字國昌，號正齋，無錫人。弘治壬戌進士，任戶科都給事中。寫山水絶類黃子久、王叔明。爲人溫雅，詩文書畫，皆似其人。

王田

王田，字舜耕，濟南人。以縣佐請老歸田。性敏，喜爲樂府詞，膾炙人口，遠近傳播。

山水學高房山，不失矩度。

彭玄中　沈明遠

道士彭玄中、沈明遠，畫法俱相似。

張　翬

張翬，太倉人。工山水。

張復陽

張復陽，當湖人。初業儒，棄去從方外朱艮菴學道。善詩、工畫，畫仿吳仲圭，蒼鬱淋漓，掩其款，鮮不以爲梅花菴主也。弘治三年，年八十有八而逝，香氣經月不散，蓋尸解云。

僧照菴

照菴，浙江人。竹石學倪雲林。

僧曉菴

曉菴，東吳人。善寫葡萄。

僧　雪

雪，善山水，法四大家。性夷澹，耽於禪悅，日茹蔬素，作頭陀行。比歲遨遊兩浙，盡雁宕天台之勝，以胸中所得者寓之筆墨，眞可謂氣韻生動，自然天授者已。

僧可浩

可浩，號月泉，靈谷寺住持。畫葡萄有生意，不減溫日觀之筆。

僧日章

日章，成都人，山水學唐子華。

僧草菴　常瑩

草菴，住嘉禾三塔寺，工詩畫。常瑩，字珂雪，華亭僧，寫山水有清思。

謝晉

謝晉，字孔昭，善山水，得其窅渺深意，而構體落勢，態各不同。嘗一障，雖踰丈亦頃刻就，又善詩。

蘇復

蘇復，字性初，以鄉所論士守綿州。師盛懋畫，不爲人作，或一幅終歲不就。若謝晉之速，性初之遲，各極其致。

宋登春，字應元，趙郡新河人，晚居江陵之鵝池，又號鵝池生。生始慕俠，能挽韁馳騎，間出其餘智爲小詩，輒自喜不欲以示人。又稍稍通繪事，師江夏吳偉。鄰父有頎而鬑者，生戲爲之貌，絕肖，鄰父因勸生益習此，可作生業，何乃日沉酣落魄里中也，生不應，以是里中盡目爲狂生。生好遊，足跡遍天下，凡名勝之區，無不歷覽。嘗居龍窩寺，瓶粟罄矣，寺僧厭苦之，生曰：「僧無苦我，我試繪一小圖，持至市中，當得粟。」已而鬻粟五升，伺粟不盡不更繪，而市人爭欲得生繪，則日擔粟詣寺門相聒，生不能堪，乃避至城外一山樓。樓依岨陡，絕樵蘇所不至，山鬼晝出侮人，生坐臥其中，第繙華嚴經數卷，足不履戶外者累月。山中人疑爲逋客，將逐之，而生遂遊太原。太原之逆旅人以生衣垢敝，待之不爲禮，爲旁舍。賈欲覓詩爲其所長者壽，逆旅人以試生，生即與之詩，復問生能書乎，又與之書；逆旅人始恨知生之晚也。後遊石首，爲少年所辱，童髮爲頭陀，不知所之。生素行多奇，茲不盡載。

王乾

王乾，字一淸，初號藏春，更號天峯。以輕墨淺彩作禽蟲、瓜果、花草，間出山石林藪，莽蒼幽岑，往往極妙。尤善寒塘野水，拍泳朝暮之態。又間作茅屋竹樹，雲氣點逗，人物灑灑。王翁惟以畫適趣，亦不恆爲人作。其歿也，寸縑尺幅，猶吉光片羽焉。

盛安

盛安，字行之，號雪蓬。居聚寶門外五聖巷，爲人耿介淸約。以梅花馳名，筆力蒼老，形類草書。畫豪縱而以趣勝，陳憲章、王謙皆不及。菊竹及他卉，亦所兼長。

殷善 附偕

殷善，字從善，金陵人。花果翎毛，極其淸致。子偕，字汝同，傳其業。

殷宏

殷宏，工翎毛，其繪事在呂紀、邊景昭之間。

朱應祥

朱應祥，字岐鳳，號玉華外史，松江人。鄉貢進士。草書與張東海並爲時重，寫竹尤奇。

李著

李著，字潛夫，號墨湖，金陵人。童年學畫於沈啓南之門，學成歸家，只仿次翁吳偉之筆以售，緣當時陪京重次翁之畫故耳。

裴爽

裴爽，武林人。善寫竹。程太史敏政贈以詩云：「萬紫千紅不奈看，有名誰可結詩壇？惟餘筆下修修竹，解與幽人閱歲寒。」

吳秋林

吳秋林，歙縣人。寓春波里。昆季皆好修，不以資著，秋林尤高尚，門無雜賓，時時襆被就羽人釋子假榻，焚香烹茗，意蕭如也。書法趙吳興，繪事宗周東村，而兼善蘭竹。

吳天麟

吳天麟，字瑞卿。工人物山水，曾受業於沈石田先生。弘治庚戌都玄敬穆、徐髯仙霖偕其友八人過訪石田，夜坐聯句，瑞卿寫八士圖用紀高會，而石田其詩於圖後。

宋臣

宋臣，號二水，字子忠，秣陵人。工山水人物。

張墨崖

張墨崖，南宮道士。作畫粗辣有氣，弘治間人。偶遺二軸，爲鬻古者竄其名作吳仲圭以欺吳公甫，公甫不疑，酬以昂値。

陸元厚

陸元厚，家貧，爲童子師。性方嚴，行止踽踽，里中屠沽兒不敢狎。視公卿折節交之者，僅一報謁，不數往也。喜蓄異書，學俸多爲書畫。書摹急就，婉逸有態。畫工草蟲，不多爲人作。

時儼

時儼，號晴川，開化人。以焦墨作山水人物皆可觀。與新安汪海雲同時，而儼之墨氣差遜於汪，然二人筆法，不失畫家矩度者也。

陳鐸

陳鐸，字大聲，號秋碧。山水仿沈啓南。繪一幀送史廷臣，自題絕句云：「情深此日難爲別，相送元方又季方；萬里楚江孤櫂迴，穩吟秋色到維揚。」

謝縉

謝縉，號葵丘，中州人。善山水，宗趙松雪。

金鉉

金鉉，字文鼎，華亭人。有孝行，茹清蹈潔，當路欲薦之，以親老辭。喜吟咏，有風人之趣，書畫皆逼古，時稱三絕。

汪浩

汪浩，字小村，揚州人。工山水人物。

許通

許通，善畫牛，可亂戴嵩之筆。晚年自悔用心之悞，恐墮畜生道中，乃專工佛像。

吳愛蕉

吳愛蕉，嘉善布衣，弘正間人。畫法吳仲圭筆意，姚御史公綬猶及見之。右載李君實紫桃軒雜綴、愛蕉恐是號，其名莫可考。

嚴賓

嚴賓，字子寅，號鶴立。正嘉中爲學博士弟子，以羣興點齋臺史，褫革之。字法米帖，粗能詩及畫蘭竹。所蓄古法書名畫頗多。有藤牀藤椅，皆藤所成，不加寸木。又有棗根香几，天然爲之，不煩鑿削，最稱奇品。往來東橋、衡山諸公之門，小景酷似徵仲。

張譽

張譽，號峨石，廣東人。工山水。

蔣子成

蔣子成，幼工山水，中年悔其習，遂畫佛像觀音大士，爲國朝第一手。

胡　隆

胡隆，字必興，蔣子成門人，工於鬼神。陳魯南贈之詩云：「生此南都住北都，十年踪跡遍江湖，歸來爲憶當時事，醉墨淋漓入畫圖。」

蘇　祥

蘇祥，號小泉，揚州人。工人物山水。

景　卿

景卿，字夢弼。善小景花草。嘗寫杏花，自題絕句云：「晴團紅粉護春烟，彷彿江村二月天，記得踏靑回首處，一枝斜拂酒樓前。」

史　鑑

史鑑，字元昭，金陵人。工山水。

汪　質

汪質，字孟文，金陵人。工山水。

許尙友

許尙友，金陵人。工山水。

陳大章

陳大章，字明之，號月隴，盱眙人，由進士官至太僕少卿。寫菊花有雲湖之妙，有詩名，尤工行草。

王復元

王復元，號雅賓。幼爲黃冠，曾事文徵仲先生，稔其議論風旨，因精鑒古。先生歿，來棲禾城，矮屋數椽，僅蔽風雨。每獨行閱肆，遇奇物佳玩與縑素之蹟，即潛購之，値空乏，褫衣典質不惜也。歸乃杜門諦繹，呼酒自快，或數月不出。書學米漫士，畫山水類陳道復，寫生仿陸叔平。嘗作詩寄李太僕日華，有「天寒花信少，地濕草痕齊」之句。

劉俊

劉俊，字廷偉。山水人物俱能品。

袁璘

袁璘，字廷器。山水人物俱佳。

張倫

張倫，字秉彝。長於人物，尤善寫鬼判。

楊瑗

楊瑗，當塗人。爲儒學教諭。善畫菜，有生趣。

李士實

李士實，南昌人。曾爲右都御史。工詩善畫，宸濠素慕之，以其子爲儀賓。濠欲謀叛，夜遣人召士實，初不欲從，及入見濠，以所謀告之，士實唯唯而已。既而孫燧等見殺，乃以士實爲太師。後濠敗，伏法。

孫天祐

孫天祐，安國之孫。善翎毛花卉草蟲，有瀟灑之致。

蔣貴

蔣貴，號靑山，儀眞人。畫法宗吳小仙，人物逼眞，山水近似。

朱銓 附鑑

朱銓，字文衡，號樗仙，長沙人。工人物、山水、鈎勒竹及菊兔，亦能詩。弟鑑，號罌壺。寫人物山水，淸奇可愛。

杜君澤

杜君澤，號小癡，姑蘇人。善楷書，工山水，嗜酒，流寓高郵，落魄不覊，以酒卒。

馬稷

馬稷，字舜舉，號醉狂，江東人。善山水人物、花木竹石。

蘇致中

蘇致中，西蜀人。由科第官署正。山水師郭熙，而清雅高出畫流。

高松

高松，字守之，號南崖子，又號我山，文安人。攻詩畫，馳譽多能，善書大字，兼眞草篆隸。能繪小景，並梅蘭菊松之類。如勾勒竹、葡萄甚佳，其雲山、墨竹，尤所長也。

韓方

韓方，字中直，號鶴仙，歸德衞指揮。寫墨竹草蟲。

劉傳

劉傳，字良習，號月川，含山人。國子生。工雲山，在高房山、何澄之間，筆勢遒勁，意處深遠，有古意。詩文書法，不爲近習。

葉澄

葉澄，字元靜，其先吳人。作畫學戴文進，而能得其妙。

王彥

王彥，字存拙，沔陽人。善作梅花。

孔福禧

孔福禧，先聖之裔。工山水。

張欽

張欽，字士敬，祥符人。號震齋。善山水花竹，得古人之風。官至都閫，寧陽恭靖王懋之長子。

姜濟

姜濟，浮梁人，寓蜀。寫山水無墨痕，有烟雲出沒之奇。

袁褧

袁褧，字尚之，號謝湖生。嘉靖間與文衡山同時。以水墨寫生，深悟古人妙處。文嘉謂其人品蕭散，下筆便自過人。

無聲詩史卷六終

無聲詩史卷七

朱貞孚

朱貞孚，字宏信，別號少崖，長洲人。景寧教諭圭菴公孫，閩浙巡撫秋崖公之子。少博學能文，兼好詩畫，隨父宦遊四方，遍閱名山大川，見卽有紀，紀卽有圖，靡不窮其勝概。旣而數奇，遂棄舉子業，專工繪事，師舅氏樗仙謝時臣，盡得其筆法。所點染極蒼古，有天然之趣，尤善摹古人名筆，然不欲以技自顯，平居常杜門養高，卽父執多名公鉅卿，曾不一干謁。性方介正直，爲鄉邑所重。

黃彪 附景星

黃彪，號震泉，蘇州人。嘉靖間分宜嚴相購求張擇端清明上河圖，捐千金之值而後得之。尋籍入天府，爲穆廟所愛，飾以丹青。彪得擇端稿本，稍加删潤，布景着色，幾欲亂眞。王弇州謂其蹟雖不類眞本，亦自工緻可愛，所乏者腕指間力耳。子景星，號平泉，精於仿古，所擬仇十洲人物士女，姿態豔逸，駸駸度驊騮前矣。吳中鬻古，皆署以名人款求售，奕世而下，姓字不傳，不幾化爲太山無字碑乎，因表而出之。景星生而體軟，不能步履，端居研究，六法精工，蓋靜而專，非偶然也。

李郡

李郡，字士牧。工人物，曾畫渭橋圖及美女圖，爲王弇州許可。

吳支

吳支，字延孝。繪人物及花鳥。

劉世儒

劉世儒，號雪湖，山陰人。善畫梅，千花萬蕊，標格崚嶒。曾寫鐵幹回春圖，贄胡元瑞，元瑞賦詩以贈，比之爲花光長老及王元章，良不虛也。

楊一洲

楊一洲，字伯海。山水小幅可觀。好遊名山，足跡幾遍五嶽，人識之云：「伯海手不如脚。」曾寄謝茂秦山水圖，茂秦答之以詩，多推轂之。

王世昌

王世昌，號歷山，山東人。工山水人物。

張允孝

張允孝，更名初，字太初，號貞白道人，華亭人。束髮習舉子業，補邑博士弟子員。有志邁往，至毘陵從薛方山遊，盡得其理學宗旨。好涉歷書史，或遊戲書畫，書法孫過庭，畫筆宗惠澤，伸紙潑墨，自是可觀。

姚衍舜

姚衍舜，字光虞，太學生。工寫松。

馬一卿

馬一卿，號靑丘，秣陵人。寫山水有空濛之致，能於淡中取態。嘗自題其畫云：「結廬遠囂紛，攀巖行木杪；長嘯立層雲，卑視羣物小。」

任道遜

任道遜，字克誠，瑞安人。詞翰皆佳，善寫梅。其仕宦已見孫夫人一條。

郭詡

郭詡，號淸狂，江西太和人。山水人物，俱臻其妙。凡繪古人淸士，皆有題跋，縉紳無不重之。

雷鯉

雷鯉，字惟化，號半窗，建寧府學生。善畫山水人物，書法得朱子體，篆隸遒勁。恬退不仕，詩酒自娛，四子肖之，人云有米家風味。

黃鵠

黃鵠，南陽人。依武昌吳明卿以居。貌寢甚，年二十餘，而曲盡老人傀俄婆娑態。所畫有洛社九老圖，見王弇州續稿中。

趙固

趙固，常熟人。以丹青供奉內殿。萬曆八年神宗御文華殿，召大學士張居正，史臣張元汴等入見，取宣廟所繪玄兔圖令賦詩進御，書名於軸，併得自用圖記，因命趙固圖其副而勒之石。

王盤

王盤，字鴻漸，別號西樓，高郵人。善詞章，能繪事，其所製淸江引、咏睡鞋小詞，一時膾炙人口，要不足存也。曾畫菊扇，自題一絕云：「萬草凋零萬木僵，藩籬內外藉輝光；請看獵獵霜風裏，一點秋金百鍊鋼。」一種淸剛之氣，見於辭旨，深得賦物寓意之妙。他所題詠，往往可觀。

杜大成

杜大成，工草蟲。

沈誠

沈誠，字文實，别號味菜居士。喜繪事，興到落筆，自成一家。

馬俊

馬俊，字惟秀，號訥軒。山水仿唐宋人。最古雅，獨以鬼神馳名。

談志伊

談志伊，字思仲，號學山，無錫人。父愷，任兩廣總督，以廕補官。寫花卉，得徐黄之妙，兼工文翰。

張煥

張煥，字彦章，號新槐，豫章人。工書，能兼眞草隸篆四體，尤善傳神。曾爲先少保鳳阿公寫照，神情宛肖。

李葵

李葵，字誠伯。見人繪畫，輒能摹仿，雖百物像貌，無不曲盡。

周天球

周天球，字公瑕，號幼海，少從文太史游，因以書名吳中。其書雖骨有餘而未臻化境，楷書工緻，殊勝行草，所謂有書學而無書才者也。畫蘭石墨花頗佳，寫蘭尤得鄭思肖標格。

蔡一槐

蔡一槐，字景明，晉江人。有逸致，愛法書名畫，善小楷行草，作墨蘭竹石，具有意態。曾僉事楚臬，尋遷東粵參議。解任後遨遊江湖間十餘年，敝履布衣，莫識誰何也。年八十餘卒。吾鄉王邇人先生，以名進士歷任方伯，優游林下，大略與蔡公似。亦寫蘭，嘗曰：「人皆稱我今古文及詩字，不知我於寫蘭彈琴獨得妙理也。」蘭不多作，暎家僅藏一幅，果非凡筆。子中書。

詹景鳳

詹景鳳，號東圖，徽州人。草書奇偉，長於墨竹。

顧大典

顧大典，善山水。

殳君素

殳君素，字質夫，姑蘇人。錢叔寶、文休承入室弟子。王弇州謂其盤礴處有出藍之美，所恨不能舍蹊逕而上之，蓋質夫亦侯夷門、朱子朗之流亞也。

靳觀明

靳觀明，號浮玉，京口人。文僖公貴之雲仍也。頗擅臨池之譽，與同郡陳永年方駕。間以墨瀋寫山水竹石，亦復超妙。然落魄不事生業，恆以青樓爲家，沉酣久之，竟卒於平康里焉。

許昂

許昂，字世顒。工梅花。

史大方

史大方，金陵人。謝子象題其畫云：「朱檣畫舫繫神都，翠篠黃茅覆酒壚；好似石頭城外景，隔溪歌舞莫愁湖。」

汪慶

汪慶，號雲山，歙人。善畫仙釋。

林旭

林旭，字景初，少聰穎，善畫山水，品格甚高。尤精於寫眞，年未三十而卒。

鄒鵬

鄒鵬，字遠之，號筠居。工山水。

王建極

王建極，字用五，金陵文學也。工山水。

朱寅仲

朱寅仲，雲南人。專學董北苑，得山水眞趣，自號適意道人。

金門

金門，字獻伯。曾見其楓林草堂圖，丹楓翠巘，綽有餘姸。

陳勳

陳勳，字元凱，閩縣人。魁萬曆庚子辛丑鄉會榜，歷國學博士，戶部郎。謝病歸，終日扃門却掃，嘗一至烏石山，聞客聲卽走。談佳山水心輒動，畏客輒又不往，其友董見龍嘲曰：「世皆如子，直須以環堵爲天地，卽日月山川皆爲虛設矣。」大笑不爲意，指庭間花石瓦水盆曰：「此非吾之五嶽江湖耶！」其爲趣如此。詩入唐人室，書畫皆精妙，見龍評曰：「讀其所作，如入清溪棹曉月，兩山倒影蕩漾於舲榍之下，而空明激射，如遠如近。其淸言瑩骨，雅步繩趨，不失尺寸，酌於今古之間，動中倫慮，可謂品之極清貴者矣。」

鄒益

鄒益，號漫士，金陵人。寫山水林麓鬱然，鋒穎秀拔，名手也。

沈昭

沈昭，字秋蕁，浙江人。畫山水。

周時臣

周時臣，號丹泉，蘇州人。賦性巧慧，精於仿古，凡三代彝鼎及唐宋諸窰，經其摹範，幾欲亂眞。古木壽藤，裁爲几杖，磨礱工緻，瑩潔如玉，見者知其出自良工也。卽疏泉種石，俱能匠心點綴，出人意表。兼長繪事，蒼秀之姿，追踪往哲。

杜大綬

杜大綬，字子經，吳郡人。工楷書，傍及蘭竹，頗有逸趣。

周教

周教，武進人。善畫鍾馗，深得赳赳桓桓之態，亦南路派中錚錚者。左手握管，衣紋樹石，皆從左轉，見者自能辨之。頭顱奇大，人稱周大頭云。

何濂

何濂，字元潔，休寧人。畫花卉落筆娟秀，傳色淹潤，多作屏幛。濂雖出雲鵬之門，另以花卉得名者也。

朱慶聚

朱慶聚，字仲賢，號似碧，宗室齊庶人也。山水及枯木竹石，清雅可觀。

胡懋禮

胡懋禮，山水脫去塵垢，所畫者不多，偶得見之。

金則柔

金則柔，字錫卿，晉陵庠生。帖括文字之餘，兼長繪事，每一舒紙，烟雲靉靆，出入黃子久之間。

項承恩

項承恩，字寵叔，新安人，入籍杭州。久困諸生，遂棄去，隱居西湖岳墳側，攜一奇醜女奴供爨，開小肆，雜置書籍、畫卷並盆花竹石，索價頗貴。己能畫，仿沈石田，筆蒼莽淋漓，兼得子久家法。

朱文豹

朱文豹，松江人。以韜鈐爲閫帥。畫蘭花深得文太史風韻。

殷自成

殷自成，字元素，無錫人。花鳥工緻，可步談志伊後塵。

范叔成

范叔成，字允叔，號元白，錢塘人，隱居西湖之濱。以左腕運丹青，其山水多宗黃子久，而墨氣似較淹潤。若點染花鳥，出自己意，生動可愛，眞神超物外者矣。

謝道齡

謝道齡，號彬臺，蘇州人。山水仿趙千里及松雪，筆花絢爛，亦一時之秀。

楊名時

楊名時，字不棄，歙人。博雅多能，精於鑒別，法書名畫，詞翰丹青，靡不擅美。其溪上偶成詩，有「沙頭小鴨自呼名」之句，爲胡元瑞所稱。又善臨摹古帖，吳用卿所鐫餘清齋帖，皆其鈎摹入石者。

吳士冠

吳士冠，字相如，蘇州人。山水墨花，頗有別趣，善書，曾爲袁中郎書瓶花齋集刻行之。

林有麟

林有麟，字仁甫，號衷齋，松江華亭人。承父某仕至知府。寫山水妍雅茂密，可接軫宋人。

陳元素

陳元素，字古白，長洲人。以文學知名於時。書法清勁，類歐率更，寫墨蘭，有楚畹清芬之致。

關九思

關九思，字虛白，烏程人。工山水，余遊燕邸，見虛白畫頗多，想久在燕中者也。

袁孔璋

袁孔璋，字叔賢，吳縣人。作畫精於仿古，所摹宋元名家及今文唐之蹟，可以亂眞。吳人每倩叔賢傳寫贋本，飾以款印，錦裝玉軸，爲米顚狡獪，倘鑒別未深，鮮不信以爲眞也。

王尙廉

王尙廉，字清宇，金壇貢士。有巧思，所製洞簫印章，俱精絕，、寫菊得孤芳之神。

姚允在

姚允在，浙江籍。萬曆間人。山水人物，頗能彷古，精工秀麗，在能妙間。

蔣紹煃 附 賓圻

蔣紹煃，號鷺洲，晉陵人。風華蘊藉，灑然軼倫。舉孝廉，秉鐸如皋，不問家人生計，祇借江雲浦靄，廣丘壑於毫端。歷任漢陽，裒然稱賢太守。嘉隆間，孫雪居綰符漢陽，蜚英藝苑，鷺洲繼之，足爲湘楚生色。子賓圻登丁卯賢書，落紙烟雲，箕裘媲美，天年不永，衆咸惜之。

董孝初

董孝初，字左常，松江人。寫山水具元人法脈。

曹曦

曹曦，號羅浮，長洲人。工人物山水。

徐文若

徐文若，字昭質。工山水。

袁楷

袁楷，字雪隱，無錫人。繪事爲張復入室弟子。

唐志契

唐志契，字敷五，廣陵人。邑諸生。工山水，所著繪事微言，頗得六法之蘊。

高　陽

高陽，字秋甫，四明人。畫花卉筆意縱橫，天眞燦爛，寫生名手。

王心一

王心一，字玄珠。生於寒素，曾執事丹靑，爲陳煥入室弟子。幼有大志，不願俛首藝事，夜卽篝燈讀書，登萬曆癸丑進士，仕至應天府尹。

楊繼鵬

楊繼鵬，字彥沖，松江人。畫學師資於董思翁，頗能得其心印。思翁晚年酬應之筆，出於彥沖者居多。

方洛如

方洛如，失其名，松江人。體質淸癯，豐骨傲岸，精岐黃之術。寫山水林壑葱秀，氣韻藹然。

邵堅　邵高

邵堅，字不磷；邵高，字彌高：吳縣人。俱長於山水。

曹堂

曹堂，字仲升。寫山水，菁華淹潤，丹墨精工。

劉度

劉度，字叔憲，浙江人。山水師藍瑛，人譽之謂眞能過藍者。

潘璿

潘璿，字在衡，無錫人。畫花卉迎風承露，綽約鮮華，姿態百出，眞寫生佳手。

安廣譽

安廣譽，字無咎，無錫人。以茂才爲太學生。寫山水結法出自黃子久，淹靄淋漓，超然蹊徑之外。

馮起震

馮起震，字靑方，益都人。善畫墨竹。

傅朝佑

傅朝佑，崇禎朝甲科，仕爲給事中，以建言被逮。能畫竹石。

張奇

張奇，字正甫，廣陵人。善畫山水、人物、花卉，兼工篆籀、印章。

黃石符

黃石符，字圮人，福建人。畫美人豐頤廣袖，霧鬢雲鬟，頗得周昉遺格。

方以智

方以智，字密之，桐城人。庚辰進士，授翰林，詩文甲於東南，爲士林冠冕。山水得元人派，淡烟點染，筆入三昧。

陳洪綬

陳洪綬，字章侯，諸暨人。工人物，尤精於士女。

楊文驄

楊文驄，字龍友，貴州人，流寓金陵。由鄉薦仕爲兵部郎。寫山水得元人遺意，董宗伯曾品題之。

鄭元勳

鄭元勳，字超宗，揚州人。宗崇禎癸未甲榜。畫山水仿吳仲圭。

馬圖

馬圖，字瑞卿，丹陽人。以寫照專門，兼能人物山水。

葛徵奇

葛徵奇，字無奇，海寧人。崇禎戊辰進士，由臺臣巡覈長蘆鹺政。頗有風裁，善寫山水，嘗以自負。見前李因一條。

馬伯繩

馬伯繩，字正則，溧陽諸生。長於詩文，善畫山水。

鄒式金

鄒式金，字木石，無錫人。崇禎間由制科授南京戶部郎，出守泉州，工山水。

陳紹英

陳紹英，字生甫，浙江人。由父麐仕爲南京刑部郎，擢郡守。山水宗吳仲圭。

朱先

朱先，字允先，武進人。善畫草蟲。

于儔

于儔，字季鑾，金壇庠生。寫山水。

宋玨

宋玨，字比玉，福建人，流寓金陵。寫山水及喬柯文石，行筆雄秀，兼善臨池。

蔣清

蔣清，字冷生，以文學知名於時，詩歌雋永，書體遒逸，可謂登少陵之堂，入眉山之室者矣。寫蘭竹文石，秀骨楚楚，藝林片玉也。

盧丹

盧丹，字瑞生，宜興人。善畫士女。

鄭完

鄭完，字完德，居金陵。父千里，傳以畫學，其山水人物，能步武弓冶，良工之子也。

盛丹

盛丹，字伯含，金陵人。山水花卉蘭竹能集諸家之長。

姜彥初

彥初，余兒也。三歲授以唐詩，卽能成誦數十首，稍長示以畫，卽能辨其優劣。年十七補博士弟子員，泚筆寫山水小景，頗具倪黃之趣，蓋不學而能也。崇禎壬午歲，余仕爲南工部郞，彥初侍余邸舍，偶圖小景，友人曾波臣見之，歎其秀爽。旋謂余曰：「君家義方之訓，當課以舉業，切宜誡其弄筆，恐分心也。」執友金石之言，兒當服之無斁矣。

西域畫

利瑪竇攜來西域天主像，乃女人抱一嬰兒，眉目衣紋，如明鏡涵影，踽踽欲動，其端嚴娟秀，中國畫工無由措手。

姚月華 已下名媛

姚月華，善筆札，兼及丹青，花卉翎毛，世所鮮及。嘗爲楊生畫芙蓉，約略濃淡，生態逼眞。然聊復自娛，人不獲多見也。

徐翩翩

徐翩翩，金陵妓。萬曆初年以色藝擅聲。能寫墨蘭。

梁夷素

梁夷素，武林女子。工詩畫。陳眉公比之爲天女花，雲孫錦，非人間所易得。

范珠

范珠，字照乘，金陵妓。畫山水能對客揮毫，周暉所著續金陵瑣事載之。

顧眉

顧眉，字眉生，金陵妓。善撇蘭。

楊宛

楊宛，字宛若，金陵妓，後歸茅元儀。寫蘭石清妍饒韻。

李陀娜

李陀娜，閩人。郭舜璞之妾。能畫水仙，得趙子固法。

范珏

范珏，字雙玉，金陵妓。寫山水竹梅。

顧姬

顧姬，上海顧會海之妾。刺繡極工，所繡人物、山水、花卉，大有生韻。字亦有法，得其手製者，無不珍襲之。

無聲詩史卷七終

姜二酉先生所著無聲詩史，余得之郡城項氏，項氏於風雅一道，世爲鑒賞家所宗，是編出其家，固知足珍也。而寫刻不佳，又多譌字脫落字，心齋金先生索視，爲之校正，歸余。余姊夫王典在亦愛是編，爲手鈔之。余不欲其自私也，乞以付諸梓，是編乃尤足珍矣。是編於勝國畫家，似不爲不備，而吾鄉李給諫繼泉先生芳，嘉靖壬戌乙丑進士，爲文待詔莫逆交，畫亦相伯仲；同時褚叔銘先生勳，畫與李同派同工，嘗贋李公作，人莫能辨；二家皆不入是編，則是限於聞見，諸所遺漏，卽此可知。嗣當搜輯以補其缺，更博綜本朝名家爲今集焉。所望於聞見之廣者助余成之。

康熙五十九年，歲在庚子首夏之望，嘉興李光暎子中跋。

書評

〔四庫全書總目提要〕無聲詩史七卷，國朝姜紹書撰。紹書字二酉，丹陽人。所著韻石齋筆談，自稱前明嘗爲南京工部郎，其階則不可考矣。是編蒐輯前明畫家，自洪武以至崇禎爲四卷，附以女史一卷，自卷六以下則或眞迹不存，或品格未高，偶然點染，不以畫名者亦附著焉。後有嘉興李光映跋，謂鄉人李芳與同時褚勳均未載入，頗以挂漏爲憾。然是書採摭博而敍述無法，如倪瓚以明初尙存，故列之明代矣；王鐸已歸命國朝，官至禮部尙書，亦列之明代，是何例乎？劉基之傳，卽曰公鼎彝之迹，載在國史，茲不復贅矣；岳正一傳，乃全述直諫之事；張靈一傳，亦備述狂誕之行；連篇累牘，於繪事了無關涉，又何例也？至於末附其子彥初一傳，稱其寫山水小景，頗具倪黃邱壑，蓋不學而能，尤爲創見，童烏不秀是以附載。法言以十七歲之少年，方學渲染，卽列傳於古人之中，抑又異矣。

〔余紹宋書畫書錄解題〕是書蒐輯明代畫家，自洪武以迄崇禎爲四卷，凡二百一人；五卷爲女史，凡二十二人；六卷以下，則或眞迹不存，或品格未高，或偶然點染不以畫名者。其書敍次無法，四庫提要譏之是也。抑更有言者，旣稱爲史，則須略具史傳體裁，是編於父子兄弟及有關係者，或類爲一傳，或又分爲數傳，殊不一律。卽如文氏諸人，本可類族爲傳，今不合爲一而將徵仲曾孫從簡等傳連接於後，遂致時代錯雜不淸，此其失之最甚者。至於作畫人傳，固不能不略載其人素行，以表著其胸襟，然亦不宜過繁，致與畫史本旨相背。今觀編中如王冕、岳正、沈周、張靈、王穀祥、徐渭、莫是龍、孫克弘諸傳所載，事實太詳，多與繪事無關，亦其失也。惟其蒐輯頗爲勤至，評論亦頗通達。案輯錄明代畫人姓氏者，先乎是書有朱謀垔之畫史會要，今取以校覈，姜氏似尙未見其書，故無因襲雷同之處，固可以並存也。又李光映跋譏其蒐輯未備，亦非苛論。蓋如明季殉難諸臣能畫者，如黃道周輩俱未錄入，足見遺漏之多。至如陳洪綬、方以智、楊文驄、葛徵奇、馮起震、陳元素諸人繪事甚精，俱錄入六卷以後，謂爲丹靑別調，畫苑附庸，固未爲當；然姜氏與諸人時代相距甚近，或未知其人，未見其蹟，亦在意中，則不必以此爲病矣。前有自序，後有李光映跋。

作者事略

姜紹書，字二酉，號晏如居士，善畫著色，著無聲詩史。畫史彙傳卷三十

無聲詩史校勘記

清宣統二年上海瑞記石印本用述古叢鈔與翠琅玕館叢書本校。述古叢鈔簡稱劉本，翠琅玕館簡稱馮本。

目錄

卷三「錢穀」後脫「張復」名，「沈襄」後脫「張允孝」名，均依照卷內次第補正。

卷四「沈士充」劉本、馮本並石印本，「充」皆作「克」，但卷內均作「充」，旁參考明畫錄亦作充，據改。

卷五「王友雲」「友」，石印本誤作「文」，依劉、馮兩本改正。

「黃媛介」「介」，石印本誤作「分」，依劉、馮兩本改正。

卷六「李士實」「士」，石印本誤作「十」，依劉、馮兩本改正。

卷七「殳君素」「殳」，劉、馮兩本誤作「炙」，從石印本作殳。又「楊宛」與「李陀娜」倒置，從卷內改正。

卷一

黃公望——「至於風雨塞門」。「塞」誤作「寒」，依劉、馮兩本改正。

王冕——「千花萬蕊」。「千」，石印本誤作「十」，依劉、馮兩本改正。「時賢爭譽薦之」。「時」石印本誤作「特」，依劉、馮兩本改正。

宋克——「克」，石印本誤作「堯」，依劉、馮兩本改正。

謝環——「特愛之」。「特」誤作「時」，依劉、馮兩本改正。

卷二

陸師道——「先生意殊自快」。「生」，石印本誤作「王」，依劉、馮兩本改正。

卷四

顧正誼——「作畫初學馬文璧」。「璧」，劉、馮兩本並誤作「殿」，石印本作「璧」，按明畫錄卷四顧正誼條亦作「學畫於馬文璧」，從石印本。

鄒迪光——「咸自按拍」。「拍」，劉、馮兩本並誤作「拘」，從石印本。

吳彬——「於都門見魏璫擅權之旨」。劉、馮兩本無「門」字。

王聲——「蒨華妍雅」。劉、馮兩本「妍」並誤作「研」，從石印本。

王時敏——「緱山先生子」。劉、馮兩本「緱」並誤作「維」，從石印本。

鄭重——「體韻精妍」。「妍」，三本並誤作「研」，改正。

王思任——「蜚英文苑」。「蜚」，三本並誤作「霏」，改正。

卷六

上官伯達——「神采亦儁」。石印本與馮本作「儁」，劉本誤作「僐」。

黃璨——「字蘊和」。劉、馮兩本「字」並誤作「子」，從石印本。

范暹——「老於京師」。三本均衍「於」字，刪。

李士實——「夜遣人召士實」。「召」，劉、馮兩本並作「告」，從石印本作「召」。

張欽——末句疑有誤。考明畫錄卷三本傳，僅記官至都閫，下無。

卷七

闞九思——「余遊燕邸」。各本「邸」同誤作「邱」，改正。

張允孝（卷七、一一六頁）與卷三、四八頁張允孝重複。

明畫錄

八卷

明徐沁撰

明畫錄序

委羽山人　徐　沁撰

琴棋書畫，固雖小技，苟竭其心智，皆能通乎神明。顧名高者，每欲持論以自表現，如琴弈之有譜，而卒莫能發其閫者，何也？蓋琴之妙在於撫弦彈指之間，及鼓罷而音亡，了無可傳矣；況求弈於推枰斂子之後，是何異於醒而說夢乎。惟書畫則不然，得心應手雖難易之不同，要皆有可尋之蹟。今童子操筆學書，輒具點畫，盡人皆能，卽工拙迥異，然皆謂之書也；上者遂至勒碑摹帖，以垂不朽，千百世後，摹搨宛然。而畫既非人所盡習，運筆濡染，出於天分者居多，其淺深向背之法，又非鋟板鏤石之所可彷彿，故傳者益寡。試觀謝赫、張彥遠諸人之撰次，姓名具在，其眞蹟之傳於世者有幾？不幸而姓名俱泯，良亦可悲。自晉唐迄於宋元，賴有宣和、寶鑑二書，班班可考；元季畫學大變，盡去板結之習，歸於流暢；明初諸公，親從事於黃、王、倪、吳間，得其宗傳；景陵之世，崇尙翰墨，供西殿者，皆極天下之選，由是寖盛，三百年來，能事輩出，指不勝屈。以余耳目覩記，亟圖纂輯，旁搜博採，惟恐或失，而其人之或存或亡，則有數焉。釐爲八卷，題曰明畫錄者，繼宋元而作也。嗚呼！古今可錄之事多矣，而獨流連小技，以見意之所存，姑舉姓名，聊識梗概，其不能闡發微妙，與琴弈之譜何異？而謬欲藉兹錄以附宋元之後，過矣過矣。

二

明畫錄目錄

卷一

宮室

卷二

山水

卷三

山水

胡汝嘉　金瑨　王逢元　鄒鵬　王孟仁

何適　高鑑　陸九州　周臣　何良俊

朱生　朱貞孚　謝時臣　張寧　袁褧

孔福禧　張瀹然　沈鼎

卷四

山水

陳鶴　陳鐸　錢穀　陸師道　陸士仁

黃昌言　譚翀　楊一洲　鄔昆　梁孜

豐道生　居節　張復　劉原起　侯懋功

管稚圭　周思兼　姚俊　盛堯民　浦融

陳熙　唐南野　周信　陳祼　岳岱

黃尚質　朱南雍　諸淸臣　沈仕　朱多炡

朱謀鸛　朱謀垔　朱慶聚　何白　宋臣

馬璧　沈寅　聞人益　黎民表　莫雲卿

卷六

花鳥 附草蟲

墨竹

宋克　楊維翰　楊基　董紀　高讓

陳太初　方孝孺　薛穆　王紱　陳繼

夏昺　張益　張緒　屈約　吳巘

金文璡　王槃　盧瑛　衛靖　金湜

李昶　史琳　楊榮　顧培　桑榮

楊體秀　裴奭　朱應祥　詹仲和　高松

韓方　陳芹　文彭　何震　曹嗣榮

張慶元　費楨　朱多炃　劉憑　朱完

邢侗　沈春澤　趙備　朱鷺　歸昌世

詹景鳳　朱孟約　倪宗器　林垍　呂端俊

潘宗紹　魏敬　楊所修　金聲遠　魯孔孫

釋廣禮 以下名僧　釋如曉　沈明遠 羽士　薛素素 名妓

墨梅

蔬果

卷八

徐景陽　陸行直　薛穆已見卷七　莫懋　王仲玉
蘇埣　王璲　陳以誠　滕用亨　周康
楊塤　馬時暘　鄭麟　顧祖辰　趙麟素
王子新　陳勉　朱觀熰附弟觀爗　卓小仙　戚元佑
唐志契附弟志尹　戴縉　唐日昌　吳廷　黃之璧
張萱　朱拭　林森　趙子深　徐壽
董太初　秦舜　楊珂　何景高　劉世珍
顧聰　高友　趙善長　劉完菴　張鳳儀
王式　張宏　陳尚右　汪建　邵仲堅
李辰　袁楷　俞之彥　盛茂華　趙泂
吳令　習元　劉廣　李良　潘濬
汪澄　方宗　戴纓　李遴　趙化龍
江文斗　周愷　朱質　徐尚德　陳天台
保句　吳士冠　孔復貞　董策　馮夢桂

明畫錄目錄終

明畫錄卷第一

會稽　徐沁　野公著

宸繪

敍曰：郭若虛圖畫見聞誌謂，太上游心，難與臣下並列，故以宋仁宗特推卷首，較鄧公壽之紊雜，迥不侔矣。有明翰墨，莫尙于景陵，縑素點染，天機橫溢，頒賜臣列，目爲至榮。茂泰二陵，亦能踵美，雖流傳希覯，迄今追維盛事，太平文物之風，固非晉明梁元所及。輒敢特書，以光卷帙，諸王妙藝，並綴于後云。

宣廟留神詞翰，尤工繪事，山水人物花鳥草蟲並佳。天縱異能，隨意所至，皆非人力能及。上御書年月及賜臣下銜名，用「廣運之寶」，或「武英殿寶」及「雍熙世人」圖章。

憲廟工神像，上有御書歲月，用「廣運之寶」。嘗寫張三丰像，精彩生動，超然霞表。

孝廟亦畫神像，御筆年月，用寶如前。

武廟亦善畫，曾見設色鍾馗小幅，上書「正德御筆」。

藩邸

周定王名橚，高廟第五子也，國開封。王以國土曠衍，庶草繁蕪，摭其可佐饑饉者，得四百餘種，爲救荒本草四卷，乃躬自繪圖而注疏之。

周憲王名有燉。恭謹好文，兼工書畫。

湘獻王名柏。善畫嬰兒。

遼簡王名植，善畫人物。

唐成王名彌鍗，國南陽。博學工詩，兼精繪事。

鎭平恭靖王有爌，周定王第八子。嗜學工畫，有菊譜圖。

三城康穆王芝垝，唐憲王子也。博通羣經，尤精繪事，作耆英、王母、九老、百花諸圖，皆妙絕一時。

富順王厚焜，荆王第三子也。工詩，尤躭繪事，偶畫蜀葵數幅曝日中，蜂蝶叢集花上，拂之輒來。

衡陽王，善畫鷹。

永寧王，畫牡丹甚佳。

寧靖王奠培，號竹林懶仙，寧獻王之孫。寫山水，草草若不經意，天然合妙。

樂安端簡王栱欏，號眠雲。寫菊石妙絕一時。

建安王號中仙，善翎毛。

鍾陵王，善畫人物。

道釋

敍曰：古人以畫名家者率由道釋始，雖顧、陸、張、吳，妙蹟永絕，而瓦棺維摩，柏堂盧舍，見諸載籍若，恍乎若在。試觀冥思落筆，傾都聚觀，輦金輸財，動以百萬，此豈後人所能及哉。近時高手，既不能擅場，而徒詭曰不屑，僧坊寺廡，盡汙俗筆，無復可觀者矣。南中報恩，上官畫廊，戴璡殿壁，久遭劫火；都門惟慈仁、永安，尙存劉灝、商喜之蹟，惜灝之生平已無可考。他如絹素流傳，予僅見戴氏羅漢數卷及張倫鍾馗遠遊圖而已。吾郡陳悔遲，雅工道釋，筆筆得道玄法，具載人物中，玆故不及。

蔣子誠 江寧人。初工山水，中年悔其習，遂畫道釋神像，觀音大士爲有明第一手。

胡隆 字必興，江寧人。受學于子誠，工道釋神鬼，爲名輩所推。

阮福海 北人，道釋神像，亞于子誠。

張倫 字秉彝，太倉州人。善鬼判，尤工人物。

倪端　字仲正。宣德中徵入畫院，道釋精妙入神，兼工人物花卉。其山水宗馬遠一派，與謝環、李在、石銳同被寵渥。

馬俊　字惟秀，號訥軒，江寧人。寫神鬼得其至妙，山水倣唐宋，有古法。

董常　嘉興人。工道釋像，行筆細密，氣格清老，甚合法度。

顧應文　號石泉，華亭人。宣德中徵入畫院，工道釋像，盡洗習氣，其人物山水並佳。

張靖　山東人。工道釋，兼精人物，行筆疎爽，入吳道玄之室。尤善寫照。

上官伯達　福唐人。所畫神佛，傅色精采，南中報恩寺畫廊，獨絕一時。

李福智　釋道人物，可繼上官伯達。

沈明遠　錢塘人。工釋道神像，筆力入妙，流輩罕及。

劉廷敕　江右人。善白描神像，兼工人物。

丁雲鵬　字南羽，號聖華，歙人。工詩，善畫佛像，得吳道玄法。其白描羅漢，工于禪月、金水兩家，別具一種風格。山水、人物、雜畫兼妙。華亭董文敏贈印章曰「毫生館」。

熊茂松　字汝辰，號衡皐，瑞州人。能詩，工書法，官員外郎。所畫神像師丁聖華而得其神，兼山水，宗黃一峯。

李　麟　字次公，鄞人。工道釋像，筆墨疎秀，俱合古法。師丁南羽，有出藍之譽。

朱多爔　字垣左，號崇謙，樂安靖莊王孫。能詩文，精于賞鑒，喜作仙道像，超然出塵，兼工墨菊。

吳　彬　字文仲，閩人，萬曆間官中書舍人。長于佛像，人物亦秀潔，至寫山水，絕不摹古，皆卽景揮灑。人謂其小幅擅奇，余曾見盈丈之障，亦殊工麗也。

束章孟　善畫人物。

蘇　瀜　字遺民，初名霖，字澤民，華亭人。工八法，尤專畫道釋，毫縱細潤，各極其妙。崇禎間妻亡，攜一子寄食僧廬。性孤介絕俗，不可一世，後莫知所終。

名媛

崔繡天　閩人。十三歲卽解寫佛，所作觀音像，妙相莊嚴；位置山水雲煙，造微入妙。

周　禧　江陰人，周仲榮第三女也，其兩姊俱長于丹青。禧寫觀音大士最工，心通意徹，非師受所可思議。

人物

敍曰：東坡論畫，不求形似，至摹壁上燈影，得其神情，此特一時嬉笑之語。若夫造微入妙，形模爲先，氣韻精神，各極其變，如頰上三毛，傳神阿堵，豈非酷求其似哉。至于傳寫古事，必合經史，衣冠器具，時各不同，吳閻名手，尙不免仲由帶木劍，明妃著幃帽之譏，況下此者乎。有明吳次翁一派取法道玄，平山濫觴，漸淪惡道。仇氏專工細密，不無流弊。近代北崔南陳，力追古法，所謂人物近不如古，非通論也。

陳遇 字中行，鄞人。元末曾官江東書院山長，博通經史，尤邃先天之學。明初參贊帷幄，累官至尙書。工于寫照，曾爲高皇紀容，妙絕當時。兼善山水，世稱爲靜誠先生。

陳遠 字中復，卽遇弟。工楷書，繪事得其兄法，爲高皇寫御容稱旨，授文淵閣待詔。

張彥材 常熟人。工于寫照。嘗從楊鐵崖游金陵。今子孫家太倉沙頭，能世其業。

朱文奎 字應辰，號奇翁，吳江人。洪武中舉明經，授蘇州訓導。白描人物最精。

沈希遠 崑山人。工傳神，洪武中寫御容稱旨，授中舍。所畫山水宗馬遠。

陳撝 字仲謙，武昌人。永樂中寫成祖御容稱旨，時推能品。

陸顒 興化人，工詩，精書法，官禮部員外郎。善畫人物，精采奕奕，時稱三絕。

孫玘　善人物，兼工寫照。曾孫錦，字大紳，能傳祖法。

王尙賢　樂淸人。寫人物以戲墨點染，天趣合妙。年九十，涉筆益佳。

陳喜　字仲樂，蒙古人，爲宦官。精工人物，兼鳥獸，畫固不以人限也。

吳正　字希純，東陽人，工楷書，正統初薦入文淵閣，授中舍。善寫貌，偶見楊東里及諸子隨行，便作圖，無不逼肖。亦能山水。

胡旻　嘉興人。父齋，永樂間爲刻漏博士，以卜新殿當燬，因以待驗，至期將火，而先仰藥，其言卒驗。旻遂棄占筮而習畫，長于人物，兼工山水。弟昱、昂、昊皆善畫。孫旵，尤以畫名家。

唐宗祚　海寧衞人。景泰間以寫貌著名于時。

吳偉　字士英，一字魯天，更字次翁，江夏人。弱冠謁成國諸公，呼爲小仙，遂以爲號。弘治間供奉仁智殿，授錦衣百戶，賜「畫狀元」圖章。人物宗吳道玄，縱筆瀟灑，山石皴劈斧，亦自宕逸。

張路　字天馳，號平山，祥符人。傳偉法，作人物雖少秀逸，然頗遒勁可觀，弘治間名亞于偉。

薛　仁　字子良，號半仙，江寧人。其人物專宗偉法，兼工山水。其稱半仙者，謂得半於小仙耳。

蔣　貴　號青山，儀眞人。畫人物宗吳偉，足以亂眞，山水近似。

姜　隱　字周佐，黃縣人。工人物仕女，細潤工緻，摹古有法。花果亦精雅。

吳文英　處州人。工人物，生動有法。弘治間與呂紀供奉兩殿，同被寵遇，時人呼爲「小呂。」

張　玘　工人物，兼精雜畫。弘治中供畫院，官錦衣。

彭舜卿　號素仙，長興人，善人物，兼工山水。

李　著　字潛夫，號墨湖，江寧人。初從學沈周之門，得其法。時重吳偉人物，乃變而趨時，行筆無所不似，遂成江夏一派。

朱　邦　字正之，號九龍山樵、隱叟，又號酣齁道人，新安人也。所畫人物，用筆草草，墨瀋淋漓，與鄭顚仙、張平山相類，山水亦彷彿。

丁玉川　江右人。善畫人物，行筆草草，論者謂其徒逞狂態，比於邪學。其山水宗馬夏而乏氣韻。

八

傅子英　鄞人。善寫人物，瀟灑生動，得其神采。與胡仲厚、吳景行、史均民四人，並擅名一時。

陳子和　號灑仙，浦城人。初爲塑工，後改習畫，專作水墨人物，瀟灑出塵，殊有仙氣。

蔣宥　字朝恩，常熟人。工人物有致，爲朱中丞瑄所鑒賞，都下爭相延致，推爲能品。

王鳳　字舜儀，常熟人。傳蔣宥法，工於人物，筆致奇逸，兼善雜畫。

朱佐　字廷輔，常熟人。父祺，以山水名家，佐尤精工人物，供事畫院。子蒙，亦有家法。

李子安　常熟人。寫照獨絕。子文奎、孫躍，並世其業。

朱士謙　常熟人。所畫人物，大有古法。

俞恩　字天錫，別號江村居士，錢塘人。善畫人物，性疏簡不喜治生，渲染數筆輒止，以故流傳者甚少，花鳥亦俱臻妙。

俞舜臣　字治甫，號海峯子，卽天錫子。愛觀長流疊嶂，工人物，頗得父法。其山水花鳥，諸格俱精。

蔡世新　號少壑，贛縣人。工寫照，時王文成公鎭虔，召衆史多不當意，蓋兩顴稜峭，正面難肖。世新幼隨師進，獨從旁作一側相，得其神似，名大起，亦善鈎勒竹，大幅者佳，兼畫美人。

仇英 字實夫，號十洲，太倉人，後寓吳。初執事丹青，周東村異而教之，摹唐宋人畫，皆能奪眞。尤工人物，其髮翠毫金，絲丹縷素，精麗豔逸，無慚古人。（又字實父。）

尤求 字子求，號鳳山，長洲人。白描人物最工。所畫仕女，豔冶絕世。

張靈 字夢晉，吳人。與唐寅比鄰相善，性落拓嗜酒，爲郡諸生，竟以狂廢。所畫人物，冠服簡古，形色淸眞，而筆生墨勁，嶄然流俗。竹石花鳥並佳。

周官 吳人。畫人物，精于白描，無俗韻，第纖弱稍不逮靈。山水亦佳。（案志：周官字懋夫。）

李郡 字士牧，吳人。工人物，所畫郡契、渭橋諸圖，綽有意致，第與古事徵舛，如婺作狻猊，文皇無虬鬚，此咎在學問，非筆力之過。美人標格情性，無不生動。

沈完 字全卿，吳人。所畫人物，亦入仇英之室。

黃鵠 南陽人。貌寢，而筆致極佳。工人物，依武昌吳明卿以居，時推能品。

周龍 號東陽，錢塘人。畫人物，筆法遒勁中復饒秀逸之氣。

宋登春 字應元，北直新河人，壯歲髮白，自號海翁，晚居江陵天鵝池，更號鵝池生。

工詩文，嗜酒慕俠，忽忽如狂。畫人物師吳偉法，兼善山水。嘗曰：「吾豈松柏四周中人，會當乘潮解去。」後果投胥江以死。

蕭公伯　泰和人。善寫照，其染色可占榮枯，不但肖之而已。初有畫師寓邑寺，公伯往事之，盡得其法。一日，汲水遲歸，師詰其故，曰「適見二鬼相搏，因忘返」，隨以水畫地作狀，師大驚服，遂有名。

陸　宣　字廷甸，號節菴，華亭人。能詩，善寫人物，尤長于傳神，筆致瀟散，了無俗氣。

林　旭　字景初，江寧人。少穎慧，初工山水，尤精于寫照，惜早世，縑素傳流殊少。

劉昌叔　福安人。工于寫照，常獨行曠野，爲羣惡少剽其資，輒貌其人，愬里正跡之，無得脫者。此與元靄僧倉卒中寫小黃門頭子者，同一絕技。

歐陽觀遠　寫照得昌叔法，亦名于時。

方叔毅　字百里，上海人。工人物，神氣生動。常遊錢塘，擔夫荷橐而遁，遂貌其狀于城闉，衆識之，捕獲。此與劉昌叔頗相類。

陳　儀　字象之，華亭人。其父穀，善畫花鳥，而儀工于人物，寫生亦得家法。

史　政　江都人。工寫照。

姚宗　淮安山陽人。亦工寫照。

蘇祥　號小泉，江都人。善畫人物，兼工山水。

李士達　號仰槐，吳縣人。長于人物，兼寫山水，能自愛重，權貴求索，雖陳幣造廬，終不可得。萬曆間織璫孫隆在吳，集衆史，咸屈膝，獨士達長揖而出，尋爲收捕，以庇者獲免。年八十，碧瞳秀腕，舉體欲仙，此以品勝者也。

許至震　字東生，一作山。嘉善人。得正乙眞人法，能驅役神鬼。工人物，兼能寫眞，有長康之譽。所畫關壯繆像，人多珍爲絕筆。

楊宗白　歙人。善白描人物。

程環　歙人。長于人物，宗仇英法，細密工麗，青綠山水亦佳。

張紀　字文正，海鹽人。工人物，尤長于士女，衣褶矮鬌與唐寅相似。面龐肉色，淺染三停，用積粉法。所云三停者，額、鼻、頬，此古法，今畫家知者鮮矣。

陳希尹　善寫照，亦能畫虎。

曾鯨　字波臣，閩晉江人。工寫照，落筆得其神理。傳鯨法者，爲金穀生、王宏卿、張玉珂、顧雲仍、廖君可、沈爾調、顧宗漢、張子游輩，行筆俱佳，萬曆間名重一時。

子沂，善山水，流落白門，後于牛首永興寺爲僧，釋號懶雲。（敬案，譚掃菴詩存，當號潄雲也。）

孫兆麟　字開素，山陰人。父雲居，以寫照擅名。兆麟既得家法而更精詣，推爲能品，至今傳像人爭法之。兼工山水花鳥。

崔子忠　字清引，一字道母，萊陽人。少爲諸生，以詩名，後僑燕，容辭質茂，畫亦追古。人物倶摹顧、陸、閻、吳，妻女亦以媚渲染，間貽知己，苟以金帛相購，絕不能得。性孤介，卒以窮死。（一作青蚓。）

夏鼎　吳人。白描人物絕佳，亦工山水。

李彬　字文中，鄞人。寫意人物，草草點綴，情態入妙。

吳純　字正齋，東陽人，官中書舍人。善寫照，亦能山水。（即吳正。考邑志家譜，改定移前。）

鄭克修　清江人。善畫人物，兼工馬。

洪澤　善人物。

許進　江寧人。善畫人物。

張翀　字子羽，號圖南，江寧人。工于人物，追摹古法，筆力疎秀，兼以傅采鮮妍，生動超逸。寫生雜畫並佳。

張孟容　嘉定人。善寫照。

陳洪綬　字章侯，號老遲，晚更悔遲，又曰勿遲，諸暨人。爲諸生，詩詞書法並佳。長於人物，刻意追古，運毫圜轉，一筆而成，類陸探微。至繪經史事，狀貌服飾，必與時代脗合，洵推能品。花鳥草蟲，無不精妙，惟山水另出機軸。

謝　彬　字文侯，號仙臞，上虞人，寓武林。工于寫照，戲墨人物，率意點染，天然入妙。

名媛

盧允貞　字德恒，號恒齋，江寧人，爲倪文毅公岳之夫人。白描人物精妙，有九歌圖及璇璣圖藏于家。曾孫民悅爲蘄水令，嘗出以示客。

仇　氏　號杜陵內史，十洲女也。人物細密精妍，能得父法。

宮室

敍曰：畫宮室者，胸中先有一卷木經，始堪落筆，昔人謂屋木折算，無虧筆墨，均壯深遠空，一點一畫，皆有規矩準繩，非若他畫，可以草率意會也。故自晉、宋、隋、唐迄于五代，三百年間，僅得一衞賢，至宋郭忠恕之外，他無聞焉。有明以此擅場者益少，近人喜尚元筆，目界畫者鄙爲匠氣，此派日就澌滅矣。

石銳 字以明，錢塘人，宣德間待詔仁智殿。畫倣盛子昭，工于界畫，樓臺玲瓏窈窕，備極華整。加以金碧山水，傅色鮮明，絢爛奪目。兼善人物。

杜菫 字懼男，初姓陸，別號檉居、古狂，又以青霞亭自署，丹徒人，占籍京師。詩文奇古，成化中舉進士不第，遂絕志進取。畫界畫樓臺最工，嚴整有法，人物亦白描高手，花卉並佳。

明畫錄卷第一終

明畫錄卷第二

會稽 徐 沁 野公著

山水

敍曰：能以筆墨之靈，開拓胸次，而與造物爭奇者，莫如山水。當煙雲滅沒，泉石幽深，隨所寓而發之，悠然會心，俱成天趣，非若體貌他物者，殫心畢智，以求形似，規規乎游方之內也。自唐以來，畫學與禪宗並盛，山水一派，亦分爲南北兩宗，北宗首推李思訓、昭道父子，流傳爲宋之趙幹及伯駒、伯驌，下逮南宋之李唐、夏珪、馬遠，入明有莊瑾、李在、戴璡輩繼之，至吳偉、張路、鍾欽禮、汪肇、蔣嵩而北宗熸矣；南宗推王摩詰爲祖，傳而爲張藻、荆、關、董源、巨然、李成、范寬、郭忠恕、米氏父子、元四大家，明則沈周、唐寅、文徵明輩，舉凡以士氣入雅者，皆歸焉。此兩宗之各分支派，亦猶禪門之臨濟曹溪耳。今鑒定者不溯其源，止就吳浙二派互相掊擊，究其雅尚，必本元人，孰知吳興松雪，唱提斯道，大癡、黄鶴、仲圭莫非浙人，四家中僅一梁溪迂瓚，然則沈文諸君，正浙派之濫觴，今人安得以浙而少之哉。

劉基　字伯溫，青田人。明初爲翊運名臣，封誠意伯，謚文成。善畫，有蜀川圖，爲
曁陽本中使君西行餞者，留傳于丹陽孫氏。人徒知公勳業文章，未識其精于繪事，
固知諸葛武侯以畫稱，非虛語也。

冷謙　字啓敬，號龍陽子，嘉興人，洪武初爲協律郎，郊廟樂章，多其所撰。世傳其
化鶴入瓶，事甚詭異。性嗜畫，見大李將軍思訓畫效之，不月餘悉得其法。作仙弈
圖贈淇園丘公，張三丰紀之甚詳。自古神仙若郭忠恕、方方壺，皆精六法，於啓敬
何疑。

趙原　字善長，號丹林，齊東人，寓吳。所畫山水，初師董源、巨然及王右丞、高敬
彥法，而得窅深窮邃之意。兼寫竹，名爲龍角、鳳尾、金錯刀，時爭重之。洪武初
被徵，令圖昔賢像，應對失旨，坐法。

周位　字元素，太倉州人。博學多能，工于山水，洪武初徵入畫院，凡宮掖畫壁，多出
其手。一日被命畫天下江山圖於便殿，位請上規模大勢，方敢潤色；高皇援毫揮洒
粗具，位頓首曰：「陛下江山已定，臣無所措手矣。」遂止。後因同業相忌，以讒死。

徐賁　字幼文，其先蜀人，由毗陵徙吳。工詩，有北郭集，與高啓齊名，世稱高、楊、

張、徐者也。明初官河南左藩，後下獄死。書學晉王廙，畫法董源，其山水林石，遒麗清潤，濯濯可愛。

張　羽　字來儀，以字行，更字附鳳，潯陽人，寓吳。工詩文，著有靜居集。明初由太常丞兼翰林院，同掌文淵閣事，後竄嶺表，中道召還，懼投龍江死。所畫山水，法米、高兩家，筆力蒼秀。

周　砥　字履道，號東皋，別號匊溜生，吳人，寓無錫，博學工文辭，雅精六法。初避地義興，交馬治孝常，有荆南倡和集；後因富人召飲，心惡之，夜半遁去。歸從高、楊諸人游，已去會稽，歿于兵。所畫山水，直秖掌黃子久，蒼秀溢目。

陳汝言　字惟允，號秋水，臨江人。從父僑吳，善詩，有秋水軒稿。與兄惟寅並善山水，時人呼為大髯、小髯。畫宗趙松雪，行筆清潤。洪武初官濟南經歷，王蒙知泰安州，面泰山作畫，三年始成，惟允過訪，適大雪，遂用小弓挾粉筆彈之，改為雪景，成岱宗密雪圖，巧思奇絕。後坐法，臨刑猶從容染翰，人謂之畫解。

烏斯道　字繼善，號春草，慈谿人。琴弈書畫，皆造妙品，與兄春風，並擅時名，故高祖有「江浙文章數二烏」之句。洪武初徵為石龍令，後調永新。所作山水，蒼勁秀遠，在大癡、雲林之間。

茅澤民　號臞叟。畫山水，筆墨鮮潤。嘗作夏山過雨圖，高季迪題詩贈之。

王行　字止仲，號半軒，長洲人。工詩文，過目成誦，有楮園集。喜潑墨作山水，煙雲勃鬱，時人號爲王潑墨。洪武初郡庠延爲經師，後謝去，隱石湖濱。好談兵，坐藍玉黨伏法。

盛著　字叔彰，嘉興魏塘人。其叔懋以畫名家，著畫山水高潔秀潤，能得其法。兼工人物花鳥，而全補圖畫，運筆設色，與古無殊。洪武中供事內府，被賞遇，後畫天界寺影壁，以水母乘龍背，不稱旨，棄市。

駱驤　字子龍，嘉興人。能詩，有言志集，事後母以孝聞，兼工醫術。所畫山水法黃大癡、倪雲林而得其宕逸。

虞堪　字克用，一字勝伯，宋丞相允文之裔，居長州。工詩，蓄書甚富，寫山水殊有思致。洪武中爲雲南府學教授。

莊麟　字文昭，丹徒人，官縣尉。畫山水清潤可愛。

史謹　字公謹，崑山人。性躭吟咏，洪武中謫居雲南，後薦起爲應天府推官，尋降湘陰丞。罷官寓金陵，自號吳門野樵，構獨醉亭，賣藥自給。畫山水長于寒林雪景，疎曠有致。

王履　字安道，號奇叟，崑山人。工詩文書法，畫得馬夏風格，行筆秀勁，布置茂密，作家士氣咸備。洪武中登華山絕頂，圖其景，盡得天外三峯高奇曠奧之勝，乃知從前不過紙絹相承，指爲某家數，屏棄舊習，以意匠就天則出之。有問何師，則曰：「吾師心，心師目，目師華山而已。」

張觀　字可觀，嘉定人。少游江湖，志尙古雅，嘗寓華亭、秀水間。畫山水初師夏珪、馬遠，及見盛子昭、丁野夫、吳仲圭諸人而筆力大進，雍容蒼秀，格韻悉佳。

陳珪　字伯珪，常熟人，務學不希仕進。畫山水師米襄陽父子，筆意高簡，頗自愛重。洪武中客京師，有鄰女相挑，正色拒之，其操行如此，又非獨以藝稱也。

葉希賢　字以愚，號東吳老人。洪武中官郡邑廣文。所作山水甚佳。

相禮　字子先，華亭人。工詩弈，稱無匹，所畫山水，淸曠有法。洪武中被徵，尋厚賜遣還，名望益重。

顧祿　字謹中，華亭人。才藻豔發，能詩，著有經進集，善書，尤工分隸。洪武中爲太常典籍。工山水，兼善雜畫，亦能鈎勒竹石。

夏儀甫　吳興人，能詩，以孝行稱。隱居天目四十餘年，與張羽、劉佐、周倬、沈貫友善，吟咏唱酬。長于山水，畫有天目山房圖傳世。

唐　肅　字處敬，號丹崖，山陰人。洪武間召供奉翰林文字。善畫山水，格力高妙，嘗作怪石，自爲賦以美之。

張文樞　字石隱，德清人。幼嘗爲僧。畫山水宗董源、巨然，筆法蒼秀，兼善墨竹。時烏程胡欽亮、徐士元，歸安莫廷暘、孟玉潤，明初俱以畫名，玉潤青綠山水尤佳。

宋　杞　字授之，洪武間登進士，知全州。善山水。

薛　績　字汝嘉，號古巖，吳江人。善山水。

范　禮　字宗嗣，常熟人。山水師馬遠。

王立本　嘉善人。所畫山水師梁楷，率筆疎遠，有微茫煙雨之致。臨摹古本，幾於亂眞。善人物，殊生動入格。

王繼宗　卽立本子。山水師盛懋，筆法細潤，與父各自成家，世並重之。

范　摹　字行式，嘉興人。善詩歌，古器書畫，雅精鑒別。所作山水，行筆瀟散，奇趣幽深，兼工人物。

金黼　字用文，號竹泉生，崑山人。嗜吟咏，書法清勁。所畫山水，筆佳韻勝，兼寫梅竹蘭石。

蕭澄　以畫水名，每于波濤轉折處，寓一瀟字，或一澄字，以自標識。

夏昺　字孟陽，崑山人。太常㫤之兄也。洪武末爲永寧縣丞，謫戍滇南。永樂中以㫤薦拔，同官中翰，時稱爲大小中書。畫山水法高彥敬。嘗作靈山嵐樹圖，有疾閃飛動之勢。

章瑾　字公瑾，號采芝，華亭人。宋莊敏公之後。能詩善草書，尤長于畫，山水宗夏珪、馬遠，揮毫渲染，或頃刻立就，或數日不著一筆。兼善人物，傳有春江送別及寒山拾得像，無慚古人。張觀以後，一人而已。

高棅　字彥恢，仕名廷禮，別號漫士，長樂人。工詩，選唐詩品彙正聲行世。永樂初官翰林待詔，遷典籍。書得漢隸筆法，畫原于米氏父子，出入商高間，時稱三絕。小景上有「高心文」圖書，或其別字。

李時　字居中，順天人。所畫山水宗董北苑，天眞爛縵，姚榮公曾贈以詩。

吳子璘　華亭人。山水宗盛子昭，兼善枯木竹石。

朱孔陽　名寅，以字行，更字廷輝，華亭人。工詩，永樂初以寫制詞入翰林，累官至順天府丞。精工山水，嘗爲楊東里寫歸田圖，作家士氣俱備。

郭純　字文通，號樸齋，永嘉人。永樂中供事內殿。善山水，布置茂密，長陵絕愛之。有言馬遠、夏珪者，純輒斥之曰：「是殘山剩水，宋偏安之物也。」自言酒後筆法入神，供御外不肯輕以一筆與人。

虞謙　字伯益，金壇人。工詩，有玉雪齋集。永樂中召爲大理卿，獻陵監國，奏除總憲。精于山水，幽澹簡遠，有倪雲林風致，兼寫竹，得金錯刀法。

王性善　丹徒人。通醫。畫工山水，永樂中與虞謙交善，筆致高簡，雅相頡頏。

陳宗淵　越郡人。陳剛中之後。永樂中以墨匠在翰林學書，黃文簡公推薦于上，因落匠籍入士流。雅善山水，兼寫神，官中舍，歷刑部主事致仕。

黃蒙　字養正，瑞安人。永樂中授中書舍人，與子采相繼以書法直內閣，俱能詩文，所作山水法黃子久，得其佳境。

陸闇　字伯陽，號友菊，興化人。官楚府伴讀。畫山水木石，爲楊文貞公推重。弟顒，已入人物家。

張子俊　號古淡，浙人。官禮部員外郎。山水宗荆關一派，楊文貞公嘗贈詩求其畫。

朱自方　號夢菴，先臨江人，後宦游奉化，遂占籍焉。寫水墨山水。出入郭熙、范寬而晚自成家。

卓迪　字民逸，奉化人。其山水初師朱自方，而筆法精密過之。永樂中徵至京，兼以篆隸入翰林，將授官而卒。留都報恩寺影壁存迪筆，今亡矣。

王賓　字仲光，號光菴，吳縣人。居木瀆，晦迹不仕，事母篤孝，嘗于天平山畫龍門春曉圖，推爲能品。

沈遇　字公濟，以多疾而羸，故號臞樵，又稱硯菴老人，吳縣人。高祖肖鑑，宋咸淳中以寫照著聲，至遇，善詩文，工山水，稚精水墨，馬夏淺絳，李唐深色，種種能之。摹趙伯駒，至能亂眞。永樂末召見稱旨，謝病歸。晚歲喜作雪景。

謝環　字廷循，永嘉人。山水宗荆關、二米，宣德間徵入畫院，大被賞遇，儕輩莫及，東里楊少師嘗稱其淸謹有文云。

李在　字以政，莆田人，遷雲南。宣德間被徵，精工山水，細潤者宗郭熙，豪放者宗馬、夏，人物氣韻生動，名傾一時。

商喜　字惟吉。工山水，兼寫人物，筆致超逸，尤善畫虎。宣德中徵入畫院，授錦衣衞指揮。孫祚字天爵，亦傳家法。

周文靖　莆田人。山水堪配謝環。

劉珏　字廷美，號完菴，長洲人。宣德中官僉憲，政聲甚著。書宗李北海，詩工律體，時人稱爲劉八句。挂冠歸田，卜築洞庭以老。畫山水，泉深石亂，木秀雲生，緜密幽媚，風流藹然，幾入巨然之室。

戴進　字文進，號靜菴，又號玉泉山人，錢塘人。其山水源出郭熙、李唐、馬遠、夏珪，而妙處多自發之，俗所謂行家兼利者也。神像人物雜畫無不佳，宣德初徵入畫院，見讒放歸，以窮死。死後人始推爲絕藝。

戴泉　字宗淵，進之子。山水有家法，惟用墨差重。

夏芷　字廷芳，錢塘人。從戴進學，所作山水諸體，筆力直逼其師。方鉞亦同縣，與芷俱稱入室弟子。惜皆早世，否則當擅出藍之譽矣。

夏葵　字廷暉，芷之弟。山水人物，頗得師承。

仲昂錢塘人。受業戴門，山水雜畫，筆力雄健，亦能亂眞，但略草率耳。

陳景初號草庭，海寧衞官舍，與戴璡同時。所畫山水，其行筆蒼老，亦復相類。孫鳳，雅能白描。

陳璣字天器，海鹽人。山水一派，初授業景初，後游錢塘見戴璡筆法，湛思入悟，自變成家，兼能寫照。

林廣江都人，山水人物宗李在，筆力瀟灑多生趣。

陳公輔號江村居士，吳江人。山水宗盛懋，筆墨曠逸，亦能雜畫。

陳公佐號石泉，公輔之弟。亦工山水。

沈誠字文實，別號味菜居士，江寧人。工繪事，興致所到，揮染山水，自成一家。

金潤字伯玉，號靜虛，江寧人，官至郡守。所畫山水，天眞橫溢，推爲神品。

謝宇字伯寬，號容菴，衡陽人。宣德中以中書舍人直內閣，累官工部侍郎，掌通政司事。山水法諸大家，筆致斐亹，饒淸遠之致，花卉鳥獸並佳，此鄧公壽所謂軒冕一流也。

謝汝明字晦卿，號東巖，宇之仲子。山水得父法。

夏衡　字以平，華亭人。工書法，篆隸高古，由中書進太常卿，畫山水師黃子久，駸駸欲度驊騮矣。

金鉉　字文鼎，華亭人。詩文流麗，有鳳城稿、尙素齋集。尤工章草。所畫山水，撮黃一峯、王黃鶴兩家之勝，蒼勁幽潤，超脫町畦，時稱三絕。

金鈍　字汝礪，鉉之弟。工書法，官中翰。所畫山水有家法。

金銳　字汝濳，鉉弟。工山水。

陳謙　字士謙，號訥菴逸人。書畫俱宗趙松雪，咄咄逼人。尤長于山水，頗自矜詡。

陳叔謙　錢塘人。善鑒別古器名畫，涉筆直追倪雲林，澹宕平遠，蕭疎可愛，嘗書一聯于室曰「博古圖蒐周漢制，無聲詩寫晉唐題」以自況云。

馬琬　字文璧，號魯鈍，華亭人。官撫州太守。山水宗董源，平遠曠闊，取景獨絕。

顧宗　字學淵，南海人。官中書，畫山水師黃子久，蒼勁有法。

顧寅　字叔明，號友靈，吳人。工山水，兼能松石，竹亦瀟灑。

明畫錄卷第二終

明畫錄卷第三

會稽　徐　沁　野公著

山水

馬　軾　字敬瞻，嘉定人。讀書負經濟，精于占候，正統中授司天博士。畫宗郭熙，高古有法，與戴進並重京師。其山水精妙，非謝環、李在輩所及。

顧　翰　字維周，號雪坡道人，江都人，讓鎮遠侯爵于弟玘，讀書賦詩以自適。畫山水出入董、米、倪、吳間，多不署名。至題荆棘曰：「都無君子，純是小人。」反鄭所南語，時王振竊柄，用以寄嫉邪之志云。

姚　綬　字公綬，號穀菴，晚號雲東逸史，又稱丹丘先生，嘉善人。天順間成進士，官御史，成化初出知永寧府，遂解官歸，生平類晉人風調。工山水，倣吳仲圭，墨色淹潤。其得意者，裝潢售人，復以高貲購歸，其自重如此。

毛　良　字舜臣，號兩山居士，北平人。襲南寧伯。工詩，寫山水師米元章，煙雲滅沒，妙合天然，著無聲詩一篇，闡論六法之奧，雖謝赫、張彥遠不是過也。

朱　祺　字孟祺，號拙菴居士，常熟人，行己方潔，有高韻。工山水，能兼宋元諸家所長，出以己意，嶄然拔俗。

朱佀　字廷直，祺次子，山水能傳家法，其臨摹夏珪一派，尤超軼絶羣。

陳復　字啓陽，號坦坦居士，宛平人。官國子監典籍。初隨父宦遊留都，與諸名士交詩文有聲。畫尤長于山水，匠心師古，規摹井然。工松竹，兼能寫照。

陳後　字啓先，號寓齋，復之弟，官司天博士。能詩文，善書，作山水雜畫，與兄方駕。子漢，亦能嗣美。

林時詹　興化人。長于繪事，天順間徵至京，成化初賜冠帶，直仁智殿。畫山水，推爲能品。

姜立綱　字廷憲，號東溪，永嘉人。工書，天順間授中書，成化朝累官至太僕卿。其畫山水，深得黄子久法。世人但知其書法爲院體，不知其精于畫也。

黄燦　字藴龢，永嘉人。工詩文書法。其畫山水，蒼秀有致。與姜立綱同直中祕。

柳楷　字文範，號萬竹山人，永嘉人。工詩文，山水亦稱合作，與立綱同官。

洪孝先　號霍山，永嘉人。能詩，著有鴈池集。善山水，規摹古法，名重都下，廷循之後，頗馳聲譽。

陶成　字孟學，號雲湖山人，寶應人。領鄉薦，緣他事被放。多才藝，詩文奇卓，書兼四體，畫備六法。山水多施青綠，穠麗蔚拔，以發其牢騷之意。鉤勒竹與兔鶴並佳。

張端　字廷瑞，號肯堂，常熟人，官中書。寫山水善作平遠小景，兼畫怪石。

陳彥德　麗水人。善畫山水。

王恭　錢塘人。山水宗馬遠。

王田　字舜耕，歷城人。佐縣罷歸，好爲樂府，畫山水宗高房山，蒼勁合度。

何澄　字彥澤，號竹鶴老人，江陰人，官袁州守。工山水，宗米元章，煙雲宵靄，墨氣浮動，而不免浙派之目，要非通論。

汪質　字孟文，錢塘人，流寓江寧。工山水，師戴璡法，用墨太濃，然氣亦蒼鬱。

詹林寧　字必泰，浦城人。工繪事，天順間召入京師，成化間授文思院副使，直仁智殿。

吳珵　字元玉，號石居，江寧人，成化己丑進士，官部郎。工山水，宗戴璡而能變化成家。

莊昶　字孔暘，號定山，江浦人。登成化丙戌進士，官吉士，以諫上元鼇山被謫，被薦起爲南吏部郎。工詩文。所畫山水，煙雲蒼蔚，殆有神授。花鳥亦佳，唐樞國琛集述其概。

許　緡　字尙文，江寧人。工山水。

徐文珍　南昌人。善山水。張汝弼嘗爲詩題其筠窗圖。

張　翬　字文翥，太倉州人。山水宗馬夏二家法，筆意蒼勁，尺幅寸縑便有林壑窅冥之勢，成化間著名于時。陸容菽園雜記云：「太倉張翬年九十餘，耳聰目明，猶能作畫。人問何術？曰：生平欲心頗淡，欲事能節，或賴此耳。」李獻吉有張侯所藏山水歌，蓋謂翬也。

俞　鵬　字漢遠，上虞人。能詩，成化中以保舉赴京。善畫山水，公卿爭相引重，以能事相迫，欲一見不可得，菽園雜記甚稱其人品之介。興至揮染，氣韻絕佳。

邵　南　字岐民，吳人。山水宗馬遠。

鍾欽禮　號南越山人，上虞人。工詩，成化間召入仁智殿，大被賞遇。畫山水峯巒慘澹，煙雲滅沒，時有沈酣之致，然往往縱筆粗豪，多乏氣韻，畫上嘗題「一塵不到處」。孝廟曾背立觀其作畫，忽持鬚，呼爲「天下老神仙」，因鐫圖章佩用之。

蔣　嵩　字三松，江寧人。山水派宗吳偉，喜用焦墨枯筆，最入時人之眼，然行筆粗莽，多越矩度。時與鄭顛仙、張復陽、鍾欽禮、張平山徒逞狂態，目爲邪學。

汪肇　號海雲，休寧人。山水初學戴璡，人物法吳偉，用筆頹放，與蔣嵩相伯仲。嘗自負「作畫不用朽，飲酒不用口」，蓋善能鼻飲云。

時儼　號晴川，浙衢開化人，正德間與汪肇同時。所作山水，墨氣淹潤而體格頗合矩度。亦工人物，較之白門蔣三松、汪孟文，江西郭淸狂，祥符張平山，尚屬正派。

劉俊　字廷偉。山水人物並佳。

袁璘　字廷器。工山水人物。

蘇致中　蜀人。由制科官部郎。山水師郭熙、馬遠，行筆如流，而淸雅高邁，略不經意，天趣坌溢，人不能及。

謝晉　字孔昭，號疊山，其蘭庭生、深翠道人、葵邱翁皆別號也，吳縣人。工詩，有蘭庭集。畫山水師王蒙、趙原，既精妙，則益以爛漫，千巖萬壑，愈出愈奇，尋丈之幅，不日而竟。

蘇復　字性初，長洲人。以明經知綿州。書得晉人法。山水初師盛懋，後宦遊歸，盡變舊習。然不苟作，終歲不能竣一幅，孔昭之速，性初之遲，各擅所長。

杜瓊　字用嘉，號鹿冠老人，世稱東原先生，吳人。明經博學，貞濇醇和，粹然丘壑之表，郡守況鍾屢薦不赴，築瞻綠亭于小圃，以畫自給。山水宗董源，層巒秀拔，上壽卒，私諡淵孝。

陳暹　字季昭，號雲樵，吳縣人。山水初學陳公輔，變幻成家，設色尤妙，摹古殆能亂眞，兼工人物。成化間以畫名者六十年，不親世務，所交惟杜東原一人。

陳巖　字錦高，號東山，卽暹子。所畫山水，筆法遒麗，能傳父法。

錢復　常熟人。能詩，畫山水入董源之室。

張欽　字士敬，號震齋，祥符人，官都閫。善山水，得古人風格，兼工花竹。

姜濟　浮梁人，寓蜀。工山水，煙雲滅沒，一洗筆墨蹊逕。

王世昌　號歷山，歷城人。工山水，兼善人物。

朱銓　字文衡，號樗仙，長沙人。能詩，工山水，筆致古雅，兼善人物，鈎勒竹菊兔並佳。

朱鑑　字文藻，號墨壺，銓之弟。山水人物，與兄頡頏。

杜君澤　號小癡，吳人。工楷書，畫山水饒有風格。嗜酒落魄，客死秦郵。

馬稷　字舜舉，號醉狂，江寧人。工山水，兼善人物，花木竹石並佳。

王　顥　山水法高房山，筆力蒼勁。隆慶戊辰歲題畫，時年已八十餘。

胡仲厚　鄞人。善畫青綠山水，筆法師董源，而雲氣勃鬱，渲染得法。

吳景行　鄞人，與仲厚同時。所畫山水絕相類。

張　乾　字惟健，太倉州人，倫之孫也。少聰穎，性躭翰墨。畫山水宗夏珪、馬遠，其得意處，殆過于張翬。弘治初給事仁智殿，後歸省，墮淮而死。

俞　泰　字國昌，號正齋，無錫人。弘治中由進士官戶垣。畫山水參黃子久、王叔明兩家筆法。爲人恬雅，發于詩文書畫，咸有沖和澹遠之致。

王一鵬　字九萬，號西園，華亭人。工詩善書，弘治中以明經授泰順廣文。性饒雅韻，畫山水恬澹閒遠，自成一家。齋中陳設彝鼎，茶鐺酒鎗畢具，小蠻給事筆硯，乞詩畫者殆無虛日。

王　諤　字廷直，奉化人。畫山水初師里人蕭鳳，後肆力于唐宋諸家，凡奇山怪石，古木驚湍，盡摹其妙。弘治間供事仁智殿，大被寵遇。時上好馬遠，亟稱曰：「王諤今之馬遠也。」正德初官錦衣千戶，欽賜圖書，時人榮之。同邑盧鎮，嘗師諤，亦稱絕藝。

趙同魯　字與哲，長洲人。其祖友同，字彥如，以醫名，曾修永樂大典。同魯克承家學，善詩文，著有仙華集。所作山水，涉筆高妙，沈周嘗師事之，每見周倣雲林，輒謂落筆太過，精于品鑒如此。

沈貞　字貞吉，號陶菴，長洲人，世居相城里。工律詩，雅善山水，每賦一詩，營一障，必累月閱歲乃出，不可以錢帛購取，故尤以少得重。

沈恆　字恆吉，號同齋，卽貞弟。工詩，兄弟自相倡酬，僕隸皆諳文墨。畫山水師杜瓊，勁骨老思溢出，絕類黃鶴山樵一派。兩沈並列神品，壽俱大耋。

沈周　字啓南，號石田，別號白石翁，恆之子，詩格高朗。工山水，宋元諸家，皆能變化出入，而獨于董北苑、巨然、李營丘尤得心印；惟倣倪元鎮不似，蓋老筆過之也。寫生花鳥並佳。

沈召　字翊南，周之弟。畫山水有法，長林巨壑，風趣冷然，惜秀粹而早夭。祝允明稱爲繼南甫，疑翊南有誤。

吳麒　字瑞卿，常熟人。善淸言，與沈周雅善。所作山水皆規倣宋元諸家，筆墨秀朗，能發其閟。

史忠字端本，一字廷直，號癡翁，復姓徐，上元人。少不慧，年十七始能言，忽通詩翰。畫山水樹石，縱筆揮寫，不拘家數，動能神合。與沈周交善，有樓近冶城，題曰臥癡。年八十餘，預知死期，命親朋歌虞殯，相擕出聚寶門，謂之生殯，至期無疾而卒。

王綸字理之，以字行，崑山人。善詩，尤工篆隸楷法，闕里穹碑楔棹，多出其手。所畫山水師沈周而傳其心印，摹宋元諸家，駸駸入室。

杜冀龍字士良，吳縣人。山水宗沈周而稍自變格。

雷鯉字惟化，號半窗山人，建安人。爲郡諸生，不求仕進，以詩酒自豪，風調類米顚而畫則大殊。山水撮諸家之勝，精采有法，江以西重之。與沈周同時，其題詠亦相似。

周用字行之，吳江人。弘治間登進士，歷官冢宰，加宮保，謚忠肅。工詩，書法俊逸，所畫山水，遒勁縟密，遠近斐亹，氣韻藹然。

郭詡字仁宏，號淸狂道人，泰和人。棄制科業，肆力于詩畫，於山水諸體無不工，題署俱雋逸，吳偉、杜堇、沈周爭下之。弘治中被徵入京師，大璫蕭敬，啗以錦衣官，固謝卻，李獻吉謂其不愧逸民。後從王陽明遊，宸濠物色，又遁跡不知所終。姪巖，亦能傳其法。

葉澄　字原靜，其先吳人，寓京師，遂占籍焉。所畫山水諸體師戴璡，其神似處，幾莫能辨。與郭詡同時，而高隱頗亦相類。

劉傳　字良習，號月川，含山人。入國子上舍，工詩文，善書。所畫雲山宗高房山而復出入于葉原靜之間，行筆遒勁，時發己意，氣韻瀟遠。

謝承舉　字子象，號野全子，行九，美鬚髯，人呼爲髯九翁，上元人。爲諸生。負才，善畫山水諸體瀟灑絕俗，正德中與徐霖同時，風流相尙。

謝賓舉　字子隱，卽承舉弟。山水人物師戴璡，得其神似，寫畢卽屬兄題詠于上，爭傳以爲勝事。

史大方　字元昭，江寧人。工山水，謝子象嘗題其雲山，極言結構之妙。

顧源　字淸甫，號丹泉，別號寶幢居士，江寧人。善詩，精于書法，究心禪理，與淨侶結西方社。所畫雲山，出入高米間，自成一家。寫贈名僧墨客爲多，嘗有「百年智巧消磨盡，慚愧人傳粉墨痕」之句。

王抯眞　江右人。山水宗二米，筆力差弱。

沈　巽　字士偁，號巽翁，吳興人。山水宗吳廷輝，兼工雜畫。

張宏儒　常熟人。畫山水宗趙千里。

林景時　閩長樂人。善山水，徵入京師。其染翰爲時推重。

許　宏　字宗道，閩建安人。幼讀書習醫，能詩文。所畫山水，淸眞有法。

劉　鵬　上虞人。官侍郎，精于染翰。嘗作雲山圖，煙嵐滅沒，變化入妙。

盧東牧　錢塘人。畫雲山雪景，淸潤可愛。

朱　端　字克正，海寧衞人。所畫山水宗盛懋，墨竹師夏㫤，花鳥並工。正德間直仁智殿，官錦衣指揮，賜圖書，文曰「一樵」，時人榮之。

曾　和　海鹽乍浦人，與朱端同時。善畫山水，筆法高古，正德間直仁智殿。

唐　寅　字伯虎，更字子畏，別號六如居士，吳人。首領鄉薦，坐事就吏，因任達自放。工詩文，尤精書畫。其山水自李成、范寬、馬、夏、元四大家靡不研解，行筆秀潤，縝密而有韻度。美人花鳥，尤極精妍。

文徵明　初名璧，後以字行，更字徵仲，號衡山，長洲人。由諸生薦爲翰林待詔，工詩文書畫。其山水出入趙吳興、叔明、子久間，兼得北苑筆意，合作處神采氣韻俱勝，單行矮幅更佳。生平三不肯應，宗藩、中貴、外國也。後薦修國史，乞歸，壽九十，私謚貞獻先生。

文　嘉　字休承，號文水，徵明次子，官和州學正，以詩文名。所作山水，清遠逸趣，得雲林佳境，合處直逼其父。

文伯仁　字德承，號五峯，徵明之姪。曾訟繫得疾，夢神語「其前身乃蔣子誠弟子，薰沐繪大士，今當以畫名世」，尋病已事解。所作山水，筆力清勁，能傳家法，而時發巧思，橫披大幅，巖巒鬱茂，不在衡山之下。

沈　昭　字秋萼，長洲人。善山水，法李唐大劈斧皴，設青綠者尤佳。

陳　沂　字魯南，號石亭，鄞人。以醫籍居留都，七歲卽能摹倣古畫，作詩賦有聲，著有拘虛集行世。正德中成進士，官詞林，與文待詔論畫益進，宦轍所經，名山大川，動成卷軸，最得馬夏神韻。後忤張永嘉，左遷行太僕卿，引歸。晚年筆力尤妙。

盛時泰　字仲交，號雲浦，江寧人。由明經入太學，才氣橫溢，工詩，善畫。山水遠師懶瓚，近法啓南，兼精竹石。文徵明爲題其小軒曰「蒼潤」，蓋採其詩有「筆蹤要是存蒼潤，畫法還應入有無」之句，可謂得畫家三昧矣。

嚴賓　字子寅，號鶴丘，江寧人。家畜名蹟，精于賞鑒。所畫山水，小幅尤精，酷似文衡山。

胡汝嘉　字懋禮，號秋宇，江寧人。由進士歷官副使，書法絕類祝枝山。所作山水，脫去塵俗，但不輕與人，未易多見。

金瓚　字元善，號松居，江寧人。精醫理。兄琮以詩畫有名。瓚工山水，作袁安臥雪圖，林巒映玉。

王逢元　字子新，號吉山，上元人。父韋，官冏卿。逢元博學工詩，精于書畫。山水師趙松雪一派，筆力疎秀，人爭求購，意所不屑，雖重幣弗顧也。

郤鵬　字遠之，號筠居，江寧人。工山水，家貧受值以養母。有鄱陽大盜聞其名，遣信詭稱富商，迎圖屏障，至始覺其異，婉詞謝歸，閉門拒客，非熟察其聲音，不輕出見。

王孟仁　字元甫，江寧人。所畫山水清潤有法，文徵仲極爲稱許。

何適　字天游，自號天台山人，其先東莞伯何眞之後，祖徙楚，遂爲蘄州人。能詩，所畫山水，宗戴靜菴而時出以己意。

高　鑑　字孔明，別號種蘭道人，侯官人。由明經仕學博。工山水，筆墨遒逸有致。

陸九州　字益之，無錫人。爲諸生，工詩，歷落不羈，人目爲狂。畫山水筆致奇縱，時稱三絕，謂詩絕、狂絕、畫絕也。

周　臣　字舜卿，號東村，吳人。畫山水師陳暹，傳其法，于宋人中規摹李、郭、馬、夏，用筆純熟，特所謂行家意勝耳。兼工人物，古貌奇姿，綿密瀟散，各極意態。

何良俊　字元朗，號柘湖居士，華亭人。明經，善詩文，官翰林院孔目。寫山水行筆清逸，而復工于賞鑒，有書畫銘心錄行世，其眞蹟亦不多見矣。

朱　生　吳縣人。工山水，揮染樹石，深得唐寅筆法，世珍愛之。

朱貞孚　吳人。畫山水，與文徵明同時。

謝時臣　字思忠，別號樗仙，吳人。能詩，工山水，頗能屏障大幅，有氣槪而不無絲理之病，此亦外兼戴吳二家派者也。別號與朱銓同，明畫家有兩樗仙。

張　寧　字靜之，吳人。畫山水有聲。

袁　褧　字尙之，吳縣人。與弟袠同聞于時。工詩，善畫山水，論者謂其翰墨瀟灑，林丘壑映。

孔福禧　曲阜人。世襲衍聖公。工山水。

張澹然　號九歸道人，嗣法正一眞人。山水宗大小米，運筆淸雅，亦能枯木竹石。

沈　鼎　長洲人。郎昭之兄，畫山水堪與弟頡頏。

明畫錄卷第三終

明畫錄卷第四

會稽徐沁野公著

山水

陳鶴　字鳴野，一字九皋，號海樵，山陰人。嘉靖間襲百戶，不自得，乃棄去爲山人。詩文合度，兼能塡製詞曲。寫山水殊草草，若不經意，而筆墨流動，于頹放中復存規撫。兼工花卉。陳九皐以花卉著名，山水僅見，卽余亦止見一小幅耳，應改入花鳥門。

陳鐸　字大聲，號秋碧，下邳人，家金陵。襲官指揮，倜儻自命。畫山水倣沈周，蒼勁斐亹，多爲詩題識，世徒知鐸工樂府，不知詩畫之絕倫也。

錢穀　字叔寶，長洲人。讀書多著述，家貧好客，從文徵明遊，常題其楣爲「懸磬」，因自號磬室子。作山水不名其師學，而自騰踔于梅花、一峯、石田間，爽朗可愛，蘭竹兼妙。子允治，字功甫，能繼父學；序，字次甫，亦善山水。

陸師道　字子傳，號元洲，晚稱五湖道人，長洲人。嘉靖中由進士歷官尙寶少卿。工詩，善小楷古隸，從文徵明遊，盡得其法。山水澹遠類倪瓚，精麗者不減趙吳興，乃復氣韻生動，巖谷淸幽，胸涵丘壑，始能如是。

陸士仁 字文近，號澄湖，師道子也。書畫俱宗文衡山，小楷更佳，山水雅潔有父風。

黃昌言 嘉靖間官吏部。工山水，堪與文衡山並駕，有大幅行世。

譚翀 字子羽，號平橋，又號曲江道人。嘉靖時以山水擅名，追蹤吳仲圭，筆墨蒼蔚，亦善花卉。嚴嵩直廬稿，有贈譚子羽還江東詩，應是吳越間人，再考。

楊一洲 字伯海，江都人，爲諸生有聲。山水小幅絕佳，性喜遊，足蹟遍五嶽，故筆墨具靈秀之氣。其印章皆古玉晶犀，文三橋、高陽篆刻，識幀上。

鄔昆 號石浮山人。所畫山水追慕宋元遺蹟，不失法度。

梁孜 字思伯，號浮山，廣東番禺人。大學士梁儲子，官至禮部主客司。所作設色山水清勁可愛，王世懋懷舊詩所謂「餘巧被丹青，流風此未墮」者是也。

豐道生 初名坊，字人翁，別號南禺外史，鄞人。博學能書，起家進士，以議禮廢黜，所作山水，不師古人，自成一家，造意高遠。兼寫花卉，點染絕趣。

居節 字士貞，吳縣人。工詩，著牧豕集。少從文嘉習畫，待詔見其運筆，驚喜，遂授以法，書畫兼肖，而清媚自喜。後忤織璫孫隆，家破，僦屋虎丘南村，得筆貲招朋劇飲，或絕糧，則晨起寫疎松遠岫一幅，令童子易米以炊，年六十，竟以窮死。

張　復　字元春，太倉人。從錢穀學畫，其規摹荆、關、馬、夏、黃、倪諸家山水，無所不肖，而能自運其生趣于蹊逕之外。

劉原起　初名作後，以字行，更字子正，吳縣人。所作山水師錢穀，得其神似，而筆力復佳。

侯懋功　字延賞，號夷門，吳縣人。畫山水疎淡清雅，初師錢穀，後宗一峯、黃鶴，輒入元人之室，格韻迥異。

管稚圭　官中書。善山水。

周思兼　字叔夜，華亭人。學者稱萊峯先生。嘉靖間由進士歷官廣西督學，治績甚偉。書工章草，畫山水師米家父子，簡遠有致。

姚　俊　字叔乂，號玄散道人，吳縣人。工詩，所畫山水，蒼潤入格。

盛堯民　吳人。工山水，宗元季四家，行筆疎秀。

浦　融　字通侯，吳縣人。善詩，工書法，山水規摹古人，韻格殊勝。

陳　熙　字子明，號五陵，吳縣人。畫山水得宋元諸家筆意，性豪曠，必輿至槃礴，求者罕得。

唐南野　海寧人。工山水。

周信　字惟實，號草庭，天長人。善山水，于煙雨冥靄中，益見神采，兼工竹石。

陳祼　初名瓚，字叔祼，後名祼，更字誠將，吳縣人。喜讀騷選，善行楷，著有嫗解集。畫山水規摹宋元，神采煥發，能自名家。

岳岱　字東伯，吳人。自號秦餘山人，又以系出相臺，號漳餘子。能詩，善畫山水，其詠懷詩云：「煙霞出膏肓，肺腑流蒼翠。」腕下筆端，居然可見。

黃尙質　字子殷，號醒泉，餘姚人。能詩文，著有青園錄。嘉靖己酉舉于鄉，官景州守。善畫山水，得古人法度，兼工人物。

朱南雍　號越峥，會稽人。由進士官至太僕卿。能詩，工書法，畫山水出入雲林、石田間，行筆淸勁，氣韻出塵。後因東宮出閣，手玩南雍畫扇，爲講官論罷。

諸淸臣　字淸之，會稽人。遊京師塞垣，雅負豪氣，詩文亦綺麗。畫山水能出入宋元諸家，運筆生動，渲染精采，兼善花石。

沈仕　字子登，號靑門山人，仁和人。少司寇銳之子。不習經生言，雅好詩翰，多畜名蹟，臨摹有得。所作山水，風神氣韻，高出流輩，花卉亦佳。嘉靖中遊京師邊徼，詩畫贈貽，累千金輒盡；垂老歸里，興復不淺。

朱多炡　字貞吉，號瀑泉，南昌人，弋陽王孫，爵奉國將軍。工詩歌，畫山水善摹古蹟，其雲山一派，得二米之神，盡脫畫家蹊逕。

朱謀鸛　字太沖，號鹿洞，多炡第六子，生有喑疾。性穎慧，精于繪事，山水兼文、沈、周、陸之長，復工花鳥，四方以能事迫促，竟以瘵終。

朱謀㙉　字履中，號西濟，多炡之姪。寫山水遠宗吳仲圭，近倣謝樗仙，筆法皴斮，淸老有法。

朱慶聚　字仲賢，號似碧，齊庶人之裔。工山水，疎秀可觀，兼枯木竹石。

何白　字无咎，號丹丘，永嘉人。工詩文書法，著有汲古堂集，嘉隆間以布衣負雅望。所畫山水，用筆疎散而有法度。

宋臣　號二水，字子忠，江寧人。善山水，兼工人物。

馬璧　字文璧。工山水，人物亦佳。

沈寅　字敬竹，吳人。善畫山水，奇峯絕壁，煙靄空濛，態狀萬變；至巨浪崩奔，急湍跳蹙，洶洶有侵堦潰屋之勢。其疎林小景，亦復可愛。

聞人益　字仲璣，餘姚人。御史銓之子，性磊落。善畫山水，筆法瀟灑，超出時蹊，尤工扇頭小景。

黎民表　字惟敬，號瑤石，南海人。以詩名，隆慶間由鄉薦官祕書。善分隸，山水宗二米，氣象深潤，苔樹間多加大綠濃墨，極有精彩。

莫雲卿　初名是龍，後以字行，更字廷韓，華亭人。方伯如忠子。育外家，長于虞山，幼補諸生。工詩文書法，性復豪邁，山水宗黃大癡，揮染時悉從磊磊落落、鬱鬱葱葱時發之，故神酣意足，而氣韻尤別。著有畫說一卷。

鄒迪光　字彥吉，號愚公，無錫人。以詩文自命。萬曆間由進士官楚督學，罷歸，卜築錫山下，極園亭之勝。畫山水力追宋元人法，一樹一石，刻意求佳，故能秀逸出羣，脫盡時格。

章廷綸　丹徒人。能詩，畫山水，筆墨中有一片冥濛襛褷、霏霏拂拂之致，此士氣而得意外之趣者，極其精詣，當不愧王黃鶴一籌。

楊明時　字不棄，歙人。工山水。

方胥成　歙人。能詩，工山水。

張　煥　字文甫，號雲心，秀水人。畫山水用筆精密，法趙千里、松雪諸家，種種神合。

項元汴　字子京，別號墨林居士，秀水人。初爲國子生，雅擅賞鑒，收藏名蹟，甲于江左。畫山水宗黃倪兩家，尤醉心于雲林，縱筆疎秀，神合處輒臻勝境。題句書法並佳。

項德新　字復初，卽元汴子。畫山水酷類荆關，流傳甚少，得其片紙者，珍同拱璧。尤善寫生，奕奕有致。

董其昌　字思白，號玄宰，華亭人。由進士官至大宗伯，晉宮保，謚文敏。詩文有容臺集，以書法重海內。畫山水宗北苑、巨然，秀潤蒼鬱，超然出塵。自謂好畫有因，其曾祖母乃高尙書克恭之雲孫女，所由來者有自也。

陳繼儒　字仲醇，號眉公，華亭人。謝諸生高隱，屢徵不就。詩文有晚香堂、白石山房稿。畫山水涉筆草草，蒼老秀逸，不落吳下畫師恬俗魔境。自言「儒家作畫，如范鴟夷三致千金，意不在此，聊示伎倆；又如陶元亮入遠公社，意不在禪，小破俗耳。若色色相尙，便與富翁俗僧無異」。故其畫皆在筆墨畦逕之外。

璩之璞　字仲玉，一字君瑕，上海人。所著詩文，評者謂如碧玉鉢中摩尼。楷法姸雅，摹舊高古，在文氏伯仲間。畫山水煙雲滅沒，全以書法通之，故秀逸獨絕。花鳥墨竹並佳。

陸萬言　字君策，華亭人。萬曆中舉于鄉。兄萬里，以書名。萬言書畫並擅，山水收景甚饒，用筆極簡，巖岫多染輕綠，略皴數筆，致殊姸秀。

李日華　字君實，嘉興人。萬曆中由進士官至太僕少卿。工詩文，著恬致堂集。畫山水用筆矜貴，格韻兼勝，時與董文敏方駕，無能軒輊。有畫媵行世。

米萬鍾　字仲詔，號友石，其先陝西安化人，徙京衞。登萬曆乙未進士，歷官太僕少卿。工書，有好石之癖。畫山水細潤精工，皴斮幽秀，渲采備極姸潔，自足名家。花卉宗陳白陽。

徐宏澤　字春門，晚號竹浪老人，嘉興人。能詩，書法趙松雪，尤愛張伯雨。所畫山水，出入子久、仲圭、丹陽、句曲間，時稱春門三絕。享上壽，無疾而逝。子柏齡，亦善詩畫，舉于鄉，爲黃石齋所稱。

曹履吉　字提遂，（一作根遂）當塗人。萬曆丙辰進士，官光祿少卿。詩字有唐晉風格，山水師雲林，筆致簡潔，堪推逸品。

宋　旭　字初暘，崇德人，家石門。善詩，工八分書，所畫山水，高華蒼蔚，名擅一時。遊寓多居精舍，禪燈孤榻，世以髮僧高之。繪白雀寺壁，時稱妙絕。年八十，無疾而逝。

顧正誼　字仲方，晚號亭林，華亭人。參政中立子也。以太學生官中舍。能詩，畫山水初學馬文璧，後出入元季大家，無不酷似，而于子久尤爲得力。與宋旭、孫克宏友善，窮探旨趣，遂成華亭一派。子慶恩，亦能傳家法。

宋懋晉　字明之，華亭人。善詩，畫山水從宋旭受業，參以宋元遺法，自成一家。深于畫學，富有丘壑，若仙山樓閣之屬，經營位置，莫能過也。題跋尤奕奕有風度。

趙　左　字文度，華亭人。其山水與宋懋晉同學于宋旭，懋晉揮灑自得，而左惜墨構思，不輕涉筆。其畫宗董源，兼得黃倪兩家之勝，雲山一派，能以己意發之，有似米非米之妙，神韻逸發，爲士林所珍。嘉興陳廉，其高足也。

吳　振　字振之，號竹嶼，華亭人。工山水，筆墨秀潤，一時以氣韻爲董文敏所賞鑒者，惟振與趙左耳。子昌，字昌伯，亦能畫。

沈士充　字子居，華亭人。所畫山水出于宋懋晉之門，兼師趙左，淸蔚蒼古，運筆流暢，格韻兼勝。

蔣　藹　字志和，華亭人。畫山水學沈士充，蒼勁似之，多用渴筆，規摹唐宋，皆能神合。嘗言「畫家一要人品高，一要師法古」，蓋自況云。嘗見其畫，題虞山蔣靄，此云華亭「靄」作「藹」，當考之。

李紹箕　字懋承，華亭人，顧正誼之壻，工詩，以太學生仕都昌主簿。所畫山水師婦翁，便能競爽；涉歷山川之勝，運筆益蒼。年八十餘，猶揮灑不倦。

顧懿德　字原之，華亭人。正誼之姪。畫山水法王黃鶴，行筆秀潔，丘壑間無一點塵，甚自珍惜。子善有，亦得家法。

顧胤光　字闇生，號寄園，亦正誼姪。萬曆間舉于鄉。工詩，善書法。所畫山水倣雲林，運筆蕭疎秀逸，饒有氣韻。

董孝初，字仁常，華亭人。少能書，爲諸生，後遂棄去。所畫山水，筆致簡遠，爲時推尙。

許　寶　南直人。作山水率以細石短樹，羣山疊嶂，層累成圖，行筆秀潤。萬曆間擅名最早，年僅二十餘而卒。

陳　煥　字子文，號堯峯，吳縣人。僖敏公鎰之裔。寄情翰墨，所畫山水取法沈周，蒼秀茂密，動合法度。
王士昌　字永叔，號十溟，臨海人，寄籍新建。能詩，精于鑒別古物，萬曆間官都御史，撫閩。所畫山水規摹黃大癡；甚自靳惜，不肯輕作。亦善水墨折枝。
喻希連　字魯望，號素癡，玉山人。萬曆間以放誕名，出言詼怪，詩亦高古，工行書。山水俱法沈周，皴斲粗略，宜遠觀。嘗遊京師，以數丈匹紙寫鍾馗，懸城堞爲畫招。
仰廷旬　號筠石，江都人。凡作山水，先噀水于几，覆生紙，用筆點染淹潤始落墨，故雲氣磅礴，神妙獨絕。萬曆間遊半天下，惜藝不甚售。
沈繼祖　字公繩，後以字行，更字宜孫，吳人。萬曆間以畫名，山水層巒宛轉，林木森秀，能作長卷，首尾曲折，各盡其妙。兼寫仕女，嫣媚有態。
陳元素　字古白，長洲人。爲諸生，才名藉甚。工詩文，寫山水清遠絕倫。
項聖謨　字孔彰，秀水人。元汴孫也。山水兼元人氣韻，雖天骨自合，要亦功力深至，所謂士氣作家俱備者。人物花卉，畢臻衆妙。
俞　素　字公受，秀水人。工山水，筆力皴法，從篆隸法悟入。兼精花草，別具一種姿態。
宋　珏　字比玉，莆田人。以諸生入上舍。善八分書，規摹夏承碑，甚蒼古。畫山水出入二米、仲圭、子久間，而又泛愛施易，不自以爲能事。酒酣歌罷，筆騰墨飛，醒時熟視，自以爲神絕。

來　復　字陽伯，三原人。萬曆間由進士官揚州觀察。性通慧，詩文之外，書法琴弈，百工技藝，以及女紅刺繡無弗通。畫山水窮探諸家微妙，格力俱勝。時有華州郭胤伯宗昌，並擅多能，爲三秦異人云。

周　綸　號龍泓，丹徒人。萬曆時以畫名家，山水大幅，殊有筆力。

王　綦　字履若，吳人。卽穉登號百穀之孫。早歲爲諸生，雅精六法，山水樹石，略加點染，得其形似，蓋以高簡入妙，迥出流輩之上。

蔣　乾　字子健，江寧人。卽三松之子。山水清拔古雅，絕不類其父派。寓吳郡虹橋，破屋繩牀，蕭然高隱，八十年操履如一，長洲令江盈科表其廬爲「東海冥鴻」云。

何　白　字无咎，永嘉人。工詞賦，所畫山水宗方方壺，清勁合法。竹石亦佳。案永嘉何白，已見本卷，此或別是一人，存之俟考。

葉成龍　號白雲，錢塘人。工山水。

姜　貞　號楚雲，錢塘人。工山水。

李德豐　字子年，號偲菴，鄞人。卽豐道生之甥。少負才氣，爲諸生，精于詩書，工書法，能造其妙。所作山水，用意精深，行筆疎勁，入宋元人之室，近代沈甫里差堪彷彿。

吳文南　字白洋，鄞人。工山水，神氣生動，行筆類張平山而秀雅過之，萬曆間擅名。

高陽　字秋甫，鄞人。工山水，墨氣蒼蔚，得吳仲圭法。兼寫花石，秀豔過人，萬曆末擅名。

朱朴　字元素，號西村，海鹽人。工詩。所畫山水小幅，取法元人，於子久、仲圭，兼擅其妙。性喜音律，垂老至八十餘，未嘗一日間斷。

劉壽　字子修，號易湖，淮南人。能作米家一景。

錢貢　號滄洲，吳人。山水位置適宜，亦善人物。

黃希憲　字千頃，通州人。善山水，兼工花卉。

張世祿　儀封人。善山水，兼能人物。

淩雲翰　字五雲。善山水。

明畫錄卷第四終

明畫錄卷第五

會稽 徐 沁 野公著

山水

關思 字九思，後以字行，更字仲通，號虛白，烏程人。能詩，書工四體。畫山水宗關仝、荆浩，旁及一峯、黄鶴而能自出機軸，蒼秀奇崛，極其變化，遂自名家。

曹曦 號羅浮，長洲人，後寓武林。工山水，筆墨秀潔，能以氣韻擅勝。

曹振 字二白，曦弟，寓武林。畫山水秀拔如其兄，運筆有致，墨無纖塵。子有光，能世其業。

李流芳 字長蘅，常熟人。登鄉薦。工詩文，書法蘇東坡。畫山水出入宋元諸家，而于吳仲圭尤爲精詣，竹石花卉，逸氣飛動。子杭之，字僧筏，畫諸體酷似其父。

程嘉燧 字孟陽，休寧人，初寓武林，後僑嘉定。工詩，兼精音律。畫山水格韻並勝，興酣落筆，尺蹄便面，隨意揮灑。或貽書致幣，摩挲縮瑟，經歲不能就一紙，其自矜貴如此。寫生並佳。

張維 字叔維，常熟人。詩才清逸，常居西湖，自號西泠寓客。畫山水宗董北苑、吳仲圭，烟巒出沒，瀟宕入神。爲人孤介，其索畫者，非意合終不易得。

袁孔彰　字孔昭，更字叔言，吳縣人。儀部補之之曾孫。山水學沈石田、文待詔，妙得意象，衡門蔬食，以雲山一角自娛。

胡宗仁　字彭擧，一字長白，江寧人。工詩，著有知載齋稿。以素封廢箸，隱冶城山下，不謁時貴。畫山水宗倪黃兩家，疎秀蒼潤，父子兄弟，俱能揮染。嘗云：「華門畫掩，茗椀爐香間閣筆盈案，妄擬堆笏滿床，雖一門五貴，殆不是過。」子耀昆、起昆，並傳家法。

胡宗信　字可復，以字行，宗仁弟。工山水，運筆相似。

胡宗智　字伯通，號雪村，宗仁季弟。畫山水雅擅家法。子玉昆、士昆，俱工畫。玉昆字元潤，筆致更佳。

何淳之　字仲雅，號太吳，江寧人。工詩文，著有足園稿。由進士官御史，與胡宗信兄弟遊。工山水，筆墨秀潤。蘭竹並佳。

袁登道　字道生，號强名，東莞人。爲諸生。其山水師胡宗仁，而筆力氣韻差勝。

李　芳　號湘洲，秦州人。山水法文衡山，筆力不及。畫中李芳，見葉盛水東日記，能寫貌，與史政同時，未識即此人否？案葉文莊在文衡山前，則此李芳別爲一人。

陸履謙　字道卿，常熟人。善山水。

王建極　字用五，爲諸生。工山水。

王元燿　字潛之，江寧人。官藩幕。工山水有法。

馬　電　字元赤，江寧人。工山水，層岡疊巘，靑蒼明滅，氣勢蔚跋。巨幅屛幛，尤見筆力。

方　登　字樵城，江寧人。工山水，不加采色，而墨氣深淺，自饒天趣。

魏之璜　字考叔，上元人。寫山水不襲粉本，出以己意，巖壑林木，變化不窮。生平作畫，絕無雷同，晚用濃墨禿穎，稍乏風韻。

魏之克　字和叔，卽之璜弟。山水能得兄法。

謝子德　淸江人。工山水，亦能寫照兼花鳥。

梁叔剛　工小景山水。

顧　琳　號雲屋，上虞人。官知州。善山水，率意涉筆，皆有興趣。

文震亨　字啓美，長洲人。徵明之曾孫，閣學震孟弟也。工詩，崇禎間官中舍，給事武英殿。畫山水兼宋元諸家，格韻兼勝。

段　元　字伯卿，吳人，官中舍。工山水，摹古有法。人物花鳥並佳。
趙　璧　字十五，侯官人。工詩。畫山水清雅出塵。
鄒之麟　字臣虎，號衣白，武進人。由進士官至觀察。工詩。所作山水，縱筆自如，蒼莽中具有逸氣。善用焦墨，氣韻標格，超出畛畦之外，居然名家。
惲本初　原名向，字道生，號香山，武進人。工詩。畫山水全師子久，蒼老雄渾，運筆處悉以草聖書法相通。生趣勃勃，眞士家最勝一流也。
楊文驄　字龍友，新貴人，登鄉薦，寓白門、三吳間。工詩。畫山水蒼老秀潤，出入于巨然、惠崇，能兼黃倪之勝。評者謂其有宋人之骨力，去其結；有元人之風雅，去其佻。良然。
姚應翀　字羽君，慈谿人。起家進士，崇禎間官南畿督學御史。初家貧，以畫爲業；登第後，益肆力于八法。工山水，師仲圭、子久，兼能寫眞。
謝三賓　字象三，號塞翁，鄞人。登進士，歷官太僕卿。工山水，每與董元宰、李長蘅、程孟陽究論八法，故落筆迥異恆境。然頗自靳惜，不肯多作。
吳　晃　字仙臺，山陰人。工詩。所畫山水，追摹宋元諸家，行筆秀潤，位置無不得宜。

兼善蘭竹怪石。

黃炅　字水若，會稽人。山水師宋旭，筆法氣韻，蒼然華潤。兼能寫照。

藍瑛　字田叔，號蜨叟，晚號石頭陀，錢塘人。畫山水，初年秀潤，摹唐宋元諸家，筆筆入古，而于子久究心尤力，云：「此如書家眞楷，必由此入門，始能各極變化。」晚境筆益蒼勁，人物寫生並佳，蘭石尤絕。壽八十餘，傳其法者甚多，陳璇、王奐、馮湜、顧星、洪都，皆其選也。

藍孟　字次公，一字亦輿，瑛之子，諸生，能習家法。山水規摹前人，惟雲林、黃鶴，疎秀殆過其父。子深，亦善于畫。

劉度　字叔憲，錢塘人。受學于藍瑛，變其師法，山水細密工緻，俱從李昭道、趙伯駒一派入手，且能去俗入雅，備極精嚴，幾有出藍之目。

姚允在　字簡叔，山陰人。工詩。所畫山水師吳仙臺、杜士良，而蒼秀過之。行筆瀟灑有致，兼善人物界畫，直追古法。嘗遊陪京，爲魏國徐六岳所禮重，董文敏時尤稱許。

田賦　字公賦，山陰人。山水初師關仲通，其神似處，直堪亂眞；後學藍田叔，遂變關法。兼善花鳥蘭竹。

田曠　字元度，賦之弟。初師藍田叔，乃時時稍變其習，出入于仲通，遂擅其能，亦工花鳥蘭竹。

楊補　字無補，別號古農，其先臨江清江人，生于吳。工詩。善山水，落筆似黃子久。好遊虞山，攬取其煙巒雨岫，綠淨翠熯，賫于筆墨，時以遺民處士稱之。

沈碩　字宜謙，號龍江，長洲人，寓秦淮。工山水，初刻意繪事，學畫三年不下樓；故臨摹盡其工巧。

顧叔潤　常熟人。山水學盛子昭。

王超　號東皐。山水宗米南宮。

陳叔起　山水淸佳，亦善雜畫。

沈彥誠　錢塘人。山水宗高房山。

顧文叔　吳人。山水宗盛子昭。

胡元素　工山水。

汪明際　字無際，餘姚人，占籍華亭。登鄉薦。畫山水蒼涼歷落，筆致秀逸，以士氣居勝。
陳頤　字克養，吳人。工山水，亦善人物花卉。
吳雲　字友雲，宜興人。官至尙書。善畫山水。
高旭　莆田人。善畫山水。
眭坦　字履道，丹陽人。善畫山水。
王元道　越人。工山水。
余仲揚　金華人。善山水。
卞文瑜　字潤甫，長洲人。善山水，行筆流暢，位置殊有思致。
袁文可　善山水，兼工人物。
張譽　字我石，廣東人。善山水。
馬靑丘　江寧人。善山水。
劉爵　字子修，號陽湖，淮南人。善子米家小景。
陳九成　吳興人。山水師沈士偁，亦工花鳥。
俞景山　工山水。

孫　枝　吳人。山水宗文衡山。

吳　焯　字啓明，華亭人。工山水。

顧　知　字爾昭，號野漁，錢塘人。工山水。

沈　軫　字文林，長洲人。自言石田之後，學于李士達。工山水，豪放雄麗，頗擅家風，其大幅尤偉。崇禎末嘗寄食於慈谿之赭山寺中，多有收藏其筆楮者。

吳繼善　字志衍，初姓徐，太倉人。工詩文，成崇禎丁丑進士，性慧多能，尤慷慨以志節自許。畫山水宗黃大癡，涉筆蒼秀，勃鬱之氣，林巒浮動。初令慈谿，丁艱起補成都，「賊」陷，闔門殉難。

鄭元勳　字超宗，江都人。工詩文，江左推爲勝流，成崇禎癸未進士。畫山水小景措筆灑落，全以士氣得韻。後因悍鎭分地臨揚，欲紓難而出語小誤，爲衆擊，慘死，時論惜之。

周齊曾　字唯一，鄞人。崇禎癸未進士。後爲僧，號囊雲大師。畫山水超脫畦逕，槎枒突兀，孤峭絕人。周齊曾，一字思沂。

羅　霖　吳人。工詩，能演星禽，寓彭城。畫山水殊有筆致。及改革，閉戶不食，旬日死，是又不可以藝名也。

蕭雲從　字默思，號尺木，蕪湖人。工詩文。畫山水高森蒼潤，具有格力，遂成姑熟一派。

沈顥　字朗倩，號石天，吳人。工詩文書法，精研繪事，著有畫塵、畫傳燈諸書。山水臨摹諸家，位置華整，小景有極淡遠者。

倪晉　字康侯，上虞人。能詩文書法。畫山水行筆秀雅，不落時蹊。

謝仲　字宗石，會稽人。善山水，筆力氣韻，出于天資，摹倣名蹟，無不酷似。兼寫照，花卉蘭竹俱佳，惜其早世。

黃子錫　字復仲，號麗農，嘉興人。廣東臬使承昊之子。少爲諸生，有文譽。畫山水疎散蒼潔，與古爲徒，洗去時人甜俗之習。

申柳南　字天寄，後更名浦南，字自然，華亭人。畫山水師沈充超，果院僧懶先屬其代筆，而名驟起。授詩法于海鹽姚叔祥。遊白門，魏國徐六岳盡出名蹟，研究筆法。後流落以死，其奇行非世人能盡。

王時敏　字煙客，太倉人，文肅公錫爵之孫，衡之子，以門廕官璽丞。工詩，善楷隸。

山水規摹古法，筆墨蒼秀，大雅不羣。

王鑑　字元照，太倉人，弇洲之後，官雷州守，博雅精于賞鑒。畫山水行筆蒼秀，得宋元諸家法，出以己意，變化成家。歿後有常熟王翬字石谷者，傳其法。

陸曾熙　字雍之，山陰人。諸生。擅才譽，工書。所作山水，蕭然淡宕，秀雅可愛。

趙甸　字禹功，號璧雲，山陰人。諸生。善詩文。晚削髮家居，山水殊有別致。

魯集　字仲集，會稽人。諸生有名，善書法。所畫山水，出入宋元諸家，秀潤合格。

祁豸佳　字止祥，晚號雪瓢，山陰人。登鄉薦。書法絕類董文敏，山水宗北苑、惠崇，出入于襄陽、橡林，蒼秀坌溢，雖率筆草草，神韻自足。

邵彌　字僧彌，長洲人。工詩，書法虞、褚，草聖在米氏父子間。畫山水倣宋元諸家，格高筆秀，揮灑小幀尺幅，人皆藏弆以爲重。

名僧

釋朴中　俗姓華，浙人。能詩。畫山水師戴璡，亦有可觀。兼善諸體。

釋昇　字日南，號照菴，吳縣人。精音律。畫山水宗倪雲林，澹遠有致。永樂中至南都，忽蓄髮，放浪狎邪；已復薙，歸吳作畫贈諸大家，貲其費。八十餘手染瘋疾，後餓死。王錡寓圃雜記，載之甚詳。

釋普　號大雲。山水學趙吳興，與日南同時。

釋日章　號錦峯，成都人。山水宗唐子華。

釋碧峯　山水法彭元中。

釋端　山水宗米襄陽父子。

釋大澍　號懶先，巢縣人。居華亭超果院。能詩。山水師沈充，蒼秀入神。

釋欽義　字淇懷，金壇人。居白下。工詩。山水倣倪雲林，疎秀淡遠，落筆便佳。寫梅得逃禪老人意。

釋常瑩　字珂雪，華亭人。畫山水兼宋元諸家，俱能合格，筆墨流麗，秀逸之氣逼人。

釋炤遠　字可一，山陰人。幼爲頭陀菴僧，工詩，喜儒學。畫山水蒼翠秀澤，倣宋元人法，曲盡其致。時邑人張葆生精于六法，以畫名，乃從遊，遍歷名勝，筆法益進。然自晦斂，不欲以藝見。

道士

彭元明　華陽道士，居句曲山，宣德間人。畫山水格韻並勝。

彭元中　號檜虔，江陰人。成化間與何澄同邑，畫山水師其法，得染墨之妙。二道士姓名僅一字之異，或恐疑爲一人，故分疏之，以俟博雅。

張　復　字復陽，秀水人。爲道士，居南宮一枝堂。工書，能運帚作大字。其畫山水，亦東草揮灑，墨氣淋漓。草樹人物，各臻其妙。

名媛

馬閒卿　字芷居，江寧人。陳太僕沂之繼室。工詩，書法蘇東坡。善山水，渲染有法，尤工白描。每圖就，輒手裂之，不以示人，故流傳益罕。

何　曇　字玉仙，號白雲道人，上元人。史癡翁忠之妾。妙音律，得傳張祿琵琶絕藝，兼能篆書。所畫山水小景，蕭疎淡宕，奕奕有致。

林天素　閩人。能詩，有士女風。後寓西湖。作山水，筆姿秀逸，娟娟可愛。

李道坤　東平人。北方畫學，自李夫人始倡，山水可稱合作。兼工花卉，涴盡脂粉之習。

范道坤　山陰人。南北一時有兩閨秀，俱名道坤，而范尤精書法。所畫山水，秀逸有士氣。寫生花鳥並佳。

朱玉耶　江寧人，郭天中聖僕之妾。畫山水宗董北苑，娟秀潤潔，如春雨初抹。

梁孟昭　字夷素，錢塘人，梁天署女弟也。工詞翰。雅善山水，深遠秀逸，風格不羣。前代畫品中如李公擇妹、文與可女、管夫人道昇，輝映筆墨，始知林下風調爲最勝耳。

王友雲　錢塘人。畫山水筆墨雅潔，饒有骨格。

妓女

林金蘭　南曲中人。畫山水宗馬遠，筆力差勁。亦能人物。

朱素娥　南曲中人。畫山水小景，陳魯南授以筆法，居然擅作家之譽。

獸畜

敍曰：古畫獸畜名家者，虎有李漸、趙邈齪，牛有兩戴、厲歸眞，犬有趙博文、趙令松，羊有羅塞翁，貓有何尊師，其他未易枚舉；獨馬自曹霸、韓幹，見于杜工部之詩歌，較諸物尤稱神駿。後人殫思畢智，若李龍眠、趙松雪，幾不免墮入馬趣矣。明畫以此入微者益少，姑舉數家，以備品目。至龍之爲物，靈奇變化，張僧繇畫成點睛，會當飛去，固不可雜于凡類；魚爲水族，附于後云。

趙　廉　吳興人。善畫虎，人稱爲趙虎。

韓秀實　涿州人，洪宣間供事內殿，大被寵渥。工畫馬，出入于展、鄭、曹、韓間，具有神采。人物亦佳。

駱指揮　佚名。畫馬得趙吳興法，兼工人物。

周　全　工畫馬。

陳　宣　工于散馬。嘗臨趙文敏五馬圖，風鬃霧鬣，咄咄逼人，爲徐武功所賞識。

張穆之　字鐵橋，東粵人。隱羅浮山，性豪俠。工畫馬，家蓄名駿，以爲眞本，故落筆入妙。兼工鷹，點染數筆，生動可愛。年七十餘，攜一子遍遊名山，謝彬云「今尙存」。

許　通　江寧人。善畫牛。直可與戴嵩頡頏。晚年自悔，專工佛像。其留傳初年之筆，水牯黃犢，生動逼人。

劉叔雅　高郵人。隱居湖濱，以高潔稱。畫放牛圖入妙，時人比之戴嵩。

錢世莊　嵊縣人。畫驢稱絕技，兼善禽鳥，色態飛動如生。

張　金　字德純，後以字行，號濮泉，吳江人。工畫貓，圖成懸室中，眞貓見而怒與之鬭，其神合如此。

龍　附魚

牛舜耕 初無姓名，隆慶中敝衣蓬跣，擔笻竹，挂一瓢行澧中，自稱爲一瓢道人，與宋登春雅善。每畫大龍遊戲，風雨滅沒，解衣槃礴，信手卽成，題牛舜耕于後曰：「人呼我以牛，惟舜能耕之耳。」後華陽王館之。一日令速具黃腸，坐其中，舁出郭而死。

張德輝 字秋蟾，別號雲巢老人，慈谿人，世居大寶山麓。少學畫龍，遇將雨，輒登絕頂，觀雲氣騰湧，默與神會，以故鱗爪隱現，飛雲驚電，變化萬狀，極于神妙，可追蹤陳所翁，今祠宇梵壁，遺蹟猶有存者。

何雪澗 善畫龍，夭矯滅沒，墨氣滃鬱。兼貎虎，亦得其氣勢。

許端 工于畫龍，但少蜿蜒飛動之勢。

釋龍 善畫龍水。

劉晉 官錦衣指揮。善畫魚。子節，得父法。

道士翁孤峯 工畫魚。

明畫錄卷第五終

明畫錄卷第六

會稽徐 沁 野公著

花鳥 附草虫

敍曰：寫生有兩派：大都右徐熙、易元吉而小左黃筌、趙昌，正以人巧不敵天眞耳。有明惟沈啓南、陳復甫、孫雪居輩，涉筆點染，追蹤徐易；唐伯虎、陸叔平、周少谷以及張子羽、孫漫士，最得意者，差與黃趙亂眞。他若范啓東、林以善，極遒逸處，頗有足觀。呂廷振一派終不脫院體，豈得與大涵牡丹，青藤花卉，超然蹊逕者同日語乎。

朱芾 字孟辨，以字行，號滄洲生，華亭人。善詩詞，書工四體。洪武初就徵，官編修，改中舍，畫蘆洲聚鴈，極瀟湘煙水之致。兼寫山水及白描人物。

杜環 字德環，一字子循，能詩工書，洪武初官工部員外。寫生花鳥，妙絕一時。杜環，金陵人，洪武中補晉王府錄事，宋景濂曾爲作傳。

胡儼 字若思，號頤菴，南昌人。官祭酒。工竹石蘭蕙，極有意致。嘗以水墨禿筆寫羊角哀，甚佳。

范暹　字起東，號葦齋，吳縣人。工書法。永樂中徵入畫院，花竹翎毛，筆致雋逸。葉文莊公愼許可，嘗言起東善花鳥，有談論，館閣爭相器重。

孫隆　字廷振，號都癡，武進人。開國忠愍侯之孫。幼穎異，風格如仙。畫翎毛草蟲，全以采色渲染，得徐崇嗣、趙昌沒骨圖法，饒有生趣。山水宗二米。

陳允文　號寶齋，常熟人。其父珪，以畫名家。允文居鄉有隱德，能詩，其寫生花鳥絕佳。

丁文暹　號竹坡。精于翎毛，兼善山水，時作枯木，蕭疎有致。按文暹，江西瑞金縣人。

邊文進　字景昭，隴西人。博學能文，宣德中被徵，官武英殿待詔。花果翎毛，妍麗生動，工緻絕倫。或謂字文進，名景昭，沙縣人。子楚祥、楚芳、楚善，俱能傳父法。

裴日英　字文璧，其先台州人，徙居杭，善詞翰，性愛竹成癖。工著色花鳥，臻妙入神。後以薦入京師，無竹，猶以竹塢顏其居。

孫天祐　安國公之孫。翎毛蘭竹，生動有致。

許伯明　興化人。天順間與同邑林時詹一時被徵，官文思院副使。所畫花鳥獨絕，竹石並工。

曹仲賢　善翎毛，有九鷥圖傳世。

黃翊　字九霄，餘姚人。工詩，爲邑諸生。書法趙文敏，成化間以書畫名。所作竹石甚佳，墨菊一種，尤推獨絕。

聞人紹宗　精繪事，以水墨松檜名家。

林良　字以善，廣東人。弘治間以薦入，供事仁智殿，官錦衣指揮。著色花果翎毛極精巧，取水墨爲煙波出沒，鳧鴈嘐唼容與之態，頗見淸瀡。樹木遒勁如草書，人莫能及。

呂紀　字廷振，號樂愚，鄞人。畫花鳥初學邊景昭，後摹倣唐宋諸家，始臻其妙。弘治間與林良被徵，同官錦衣。每承制作畫，立意進規，嘉賞甚渥。其寫鳳鶴孔翠之屬，雜以花樹，穠郁爍爍奪目。

邵節　餘姚人。善畫翎毛。嘗從叔有良宦遊至潮，學于林良，盡得其法。

瞿杲　字炳暘，號醉漁，常熟人。嗜酒落魄，能詩，後寓澄江。畫花鳥生趣𡍼溢，蘆鴈一種，常執掃除于林良門下，得窺其法，以故蕭閒淡蕩，幾與神合。同錢福、蕭完，頗能彷彿。

劉巢雲 學林良花鳥蘆鴈，技稱精絕。

殷 善 字從善，江寧人。花木翎毛從林良、呂紀兩派中來，渲染有致，而神彩獨異。子偕，字汝同，能傳其法。

傅 禮 字公緒，江寧人。與善同時，工禽鳥花木。尙有鄭春、鄭堂，三人傳彩行筆，如出一手。

鄭 本 寶應人，爲邑諸生。工花卉，渲染鮮潔，菊竹尤佳。禽畜得其神態，弘治間推爲能品。

鄭善夫 字繼之，號少谷，閩縣人。登弘治乙未進士，官祠部郎。以詩文名，書法尤神奇。工于點綴花草，叢篠怪石，得象外趣，然不欲以藝聞，人亦鮮有知者。

計 禮 字汝和。官郎中。寫墨菊皆以草書法爲之，與林良翎毛，夏昺竹，岳正葡萄並重。

李 葵 字誠伯，江寧人。工于繪事，無所不能，花木禽鳥，曲盡生趣。

過庭章 字德秋，無錫人。善畫松栟竹石。（庭章名儀，自號聽松道人，德秋似聽松之誤耳。）

沈 政 字以政，閩人。薦入供事仁智殿，官順天府丞。花卉翎毛，精彩生動。

伍 概 字廷節，臨川人。工書法，官中舍，善花竹翎毛。

劉志壽　字伯齡，密縣人。能詩，專曆學，爲留都靈臺郎。工翎毛，得飛鳴啄息之趣。

水墨蝦蟹，尤生動可愛。

史　旦　嵊縣人。畫禽鳥甚工，所作蘆花羣雁，洲渚蕭瑟，落落有致。

史均民　鄞人。畫水仙，殊有生趣。

楊　節　字居儉，餘姚人。弘治末薦値內閣，官序班。能文章，書宗顏魯公，畫菊有草

書法。

孫　堪　紹興人。有孝行。善寫菊，初法舅氏楊節，晚年自出新意，而性復嗜菊，遍藝

庭堦間，日夕玩之，故能得其神。王維禎有贈孫伯子畫菊歌。

陳大章　字明之，號月隴，盱眙人。由進士官太僕卿。工詩，書精行草，以寫菊擅名。

俞尙禋　字漢遠，上虞人。工書法，官江西參議。戲作枯木春草，自有一種天趣，迥出

意表。卷三山水門有俞鵬，字漢遠云云，當卽一人也。再考之。

周　頌　字宗盛，鄞人。諸生，官粵幕職。善寫春草蘭竹，機趣盎然。

毛世濟　餘姚人。善畫菊，工于傅色，英蕊幹葉，無美不臻，望之宛如庭植。

沈　奎　字士容，杭人。花果翎毛宗王若水，設色鮮麗可愛。

徐霖　字子元，號九峯，人呼為髯仙，其先吳人，徙金陵。七歲能詩，九歲能大書，操筆成體。善畫松竹、花卉、蕉石，奕奕有致。武廟南巡，屢幸其家，賞賚甚渥。與沈周交善，吳偉為作沈徐二高士行樂圖。

張珍　字子重，號秋江，慈谿人。能詩，書法亦佳。工花卉，而以芙蓉得名。與沈周游，然其生平多敗缺事。

陳天定　字定之，太倉人。喜讀書談玄，晚歲得疾，死而復生，更號甦菴。家蓄名蹟甚富，其寫生翎毛花卉，皆咄咄逼眞。人物山水，俱稱合作。壽八十四，咏偈而逝。

景卿　字夢弼，江寧人。工花草，渲染有法，題句甚佳，兼善山水小景。

盧景春　字以和，號燕居，常熟人。清修絕俗，所居繞屋種梅。其寫生花竹翎毛，生趣酣暢，畫梅尤稱入格。

陳淳　字道復，後以字行，更字復甫，號白陽山人，長洲人。為太學生。善詞翰，尤工草篆。其寫生，一花半葉，淡墨欹豪，疎斜歷亂之致，咄咄逼眞，久之，並淺色淡墨之痕俱化矣。世謂道復畫從林藻深慰帖悟入，故不易及。中歲忽作山水，參米高間，寫意而已。

陳　括　字子正，道復子，飲酒縱誕，有竹林之習。寫花卉過于放浪，大有生趣。

張元擧　字懋賢，吳縣人。爲邑諸生。工書法，卽道復之甥，故得其法。畫花鳥氣韻生動，人以金帛請，輒拒；酒酣興至，縱筆揮染，無復吝惜。

張　覲　字仲光，卽元擧子，爲邑諸生。寫生花鳥，能擅家法。

吳　枝　字延孝，吳縣人。畫花鳥師陳道復，得其傳，摹寫最工。惜早世，流傳絕少。

王穀祥　字祿之，號酉室，長洲人。由進士官庶常，改工曹，轉銓部，後以左遷棄官，屢薦不起。工寫生，花鳥精妍有法，中年絕不肯落筆，流傳率多贋本。

朱　朗　字子朗，吳縣人。學畫于文徵明，乃以寫生花卉擅名，鮮妍有致。其山水與徵明酷似，多託名以行。

陸　治　字叔平，號包山，吳縣人。爲諸生，有風調而極耿介。工寫生，花鳥得徐黃遺意，不若道復之妙而不眞也。山水規摹宋人，時露蹊逕。晚負節，癖益甚，凡求畫者，强之必不得，不强乃或可得。

周天球　字公瑕，號幻海，長洲人。以詩文書學名世。墨蘭一種，自趙松雪後失傳，惟天球獨得其妙。金陵强存仁效之，風韻殊減。

魯　治　號岐雲，吳人。善染墨爲石，設色花鳥，最饒風韻，由其落筆脫塵，或寫或畫，各有天趣。

朱承爵　字子儋，別號舜城，江陰人。詩文清麗，尤工筆翰，善寫花鳥，竹石亦秀潤，文徵仲許爲合作。

高　瀔　字宗呂，號時菴，霞居子、鬖仙子、種蘭道人，皆其別號，侯官人。嘗分教曹州，遷淸遠。酒狂，善詩文分隸。畫花草生動入格，而不受促迫。時同邑宋王病痦，瀔被酒爲寫菊數本，及奇石修竹，寒香飄拂，涼風颯然，宋起視，病輒已。人言霞仙畫眞不減少陵詩也。

徐　渭　字文長，號天池，晚稱靑藤道人，山陰人。爲諸生。工詩文，應胡少保宗憲辟，作白鹿表，名重一時。中歲始學畫花卉，初不經意，涉筆瀟灑，天趣燦發，于二法中，皆可稱散僧入聖。畫上自爲題句，書法更佳，署曰田水月。

王　乾　字一淸，初號藏春，更號天峯，臨海人。能以輕墨淺彩作禽蟲花卉，間出山石林藪，莽蒼幽岑，往往極妙。尤善寒塘野水，拍泳朝暮之態。

孫克宏　字允執，號雪居，華亭人。文簡公承恩子。以壬子官應天府治中，遷漢陽太守。

八二

工詩，居東郭草堂，列名蹟于秋琳閣，槃礴觴咏，客至如歸。其寫生花鳥，古則趙黃，近則沈陸，皆堪抗衡，蓋十指別具陶冶，雖宋畫苑手，遠不殆也。蘭竹水石並佳。

曹文炳　字德章，華亭人。畫花鳥學于孫克宏，又受畫山水竹石法于宋旭，皆入能品。壽八十餘。

陳　毅　字粟餘，華亭人。與曹文炳同師。其花木鳥獸，設色點染，備極工麗。

王　問　字子裕，號仲山，無錫人。嘉靖中由進士，官吏部，改粵東僉憲，謝歸。工詩文行草。畫花鳥竹石，運筆迅速，點染已足生趣。至山水人物，時謂格近南路，不入吳派。

吳孺子　字少君，蘭谿人。善詩嗜遊，嘗市一大瓢，摩挲發光，過荆溪爲盜所碎，抱泣累日；王弇洲爲作破瓢道人歌，因以爲號。畫雞鶩水鳥，芙蕖蘆藻，歲不過一二紙，靳不輕與。山水類王黃鶴，圖章乃「露居三十年」五字。（又自稱元鐵道人，又稱懶和尙，破瓢道人，又稱赤松山道士。）

童　佩　字子鳴，龍游人。畫花鳥與呂紀彷彿。所著有佩萸雜說。

羅　素　號墨狂，進賢人。嘉靖中得畫家丹彩之傳，倣呂紀花鳥，設色寫生，俱能酷似。

其山水人物，大幅宗吳偉法。

周之冕 字服卿，號少谷，吳縣人。萬曆間落魄如李邈卓，不甚爲世重。其寫生花鳥，點染生動，最爲擅場。或謂復甫妙而不眞，叔平眞而不妙，能兼撮其長者，少谷也。

郁喬枝 吳縣人。卽之冕壻。所畫花鳥，規摹婦翁，曲盡其穠麗飛鳴之致。

楊大臨 字治卿，鄞人。萬曆間以花鳥擅名，其佳者絕勝呂廷振，又善寫墨鷹。

黃宸 字景州，自號長嘯生，吳江人。書工八分，寫生花鳥，渲染有法，姿態橫溢，動合天趣。能兼山水。

陳粲 吳縣人。善寫生花鳥，行筆墨極佳，爲人以道義自持，非僅以藝見稱也。字道光，號雪谷子。

程勝 字六無，休寧人。嘗以焦墨寫蘭，行筆草草，晴雨風煙，各臻妙境，無有右者。

朱謀壂 字文之，號四溟，樂安王孫多㸌之子也。染翰有父風，花卉禽鳥，得岐雲、少谷之神。

朱謀轂 字用虛，南昌人。弋陽王孫謀壵從弟。善花鳥，纖秀絕倫。

朱謀卦 字象吉，南昌人。弋陽王孫多炡之子。所畫花石。絕類魯岐雲，惜無祿早世。

朱統鍡 字伯壘，號羣玉山樵，石城王孫。其父謀㙔，以著書名世，鍡承家學，復精于繪事。花鳥初倣陸叔平，後習周服卿，武林劉奇授以和色之法，花色歷久益新。畫山水法吳仲圭。

劉　奇　字問之，錢塘人。工花鳥，精于設色。其山水人物亦合格，而不能流暢。旅食豫章而老。

王維烈　字無競，吳人。工花鳥，在周之冕之下，高陽之上，草草處殊有可觀。

季如太　花鳥布置有深思。

林伯英　嘉善人。工花鳥，生動有逸致。

姚　裕　字啓寧，華亭人。善畫花卉，尤精于草蟲，得陳道復遺意。

周裕度　字公遠，華亭人。卽萊峯先生之孫。善楷書題署。畫花鳥倣陳道復，得其神似。晚年兼寫山水。

陳　遵　字汝循，嘉興人。寓吳。寫花鳥如生，而筆力蒼老，海內賞鑒家重幣購求，非其人輒弗應。

黃　珍　字懷季。畫花草得筌筆意。

姚衍舜　字光虞，江寧人。太學生。寫松蒼秀有法。

杜大成　字允修，自號三山狂生，江寧人。工詩，妙解音律，掃室焚香，以待四方佳士。所畫花木禽蟲，嫣秀生動。

謝道齡　號邢臺。善折枝花鳥。

戚勳　字世臣，號曲泉。花卉得疎野之趣。

王允齡　字延長，吳人。善花卉，筆致秀雅。

潘志省　字以魯，新昌人。工蘭竹，其水墨花卉，天眞爛漫，萬曆間人咸重之。

曾益　字謙六，號鶴崗，山陰人。善詩，注李賀昌谷集行世。字法雙井，畫設色花鳥，幽姸可愛，兼工蘭竹。年八十，有閨秀慕其風雅，願嫁爲小星，後舉一子，相傳以爲韻事。

萬國楨　字伯文，南海人。萬曆末貢生，有詠梅詩集。善水墨花卉，淡枝濃葉，不脫嶺南一派。兼寫翎毛，晚年盡去畦逕，涉筆輕妙。寫竹自謂入彭城之室。

傅清　字仲素，華亭人。有至性，以母疾茹素終其身。好讀書。每作畫，必焚香拜其縑素而後落墨。所作花卉禽鳥，蕭森淡宕，點染欲生，眞有巧奪天工者。

袁問　字審言。工花卉。

茅培　字厚之，會稽人。工蘭竹。

陳嘉言　字孔彰，吳人。工花鳥，縱筆揮染，蒼老生動，韻格兼勝。阮林曾見其墨梅小直幅，其格在中正蒼茂，然殊少逸氣也。

葉大年　字壽卿，錢塘人。寫花鳥筆墨生動，蒼涼浩瀚，頗能匠心而出。山水宗高彥敬，行筆蒼秀。

錢㯠　字四維，錢塘人。工花鳥，渲染藻豔，得天然動植之趣。調設五彩，必出細君手，風調殊韻。

李賓　字汝和，越人。官主事。畫菊甚工。

張爾葆　字葆生，號二酉，初名聯芳，山陰人。能詩文，上舍生，官揚州郡丞，賞鑒博雅。工花卉折枝，蘭竹草蟲，水墨淺色，各臻妙境。兼善山水。

孫杕　字子周，一字漫士，號竹癡，錢塘人。工書法。畫寫生花鳥直逼黃筌、趙昌，尤工墨竹鈎勒。

葉起鳳　長汀人。少棄諸生，習畫。工花卉草蟲，欲窮物理，輒屏息于叢薄中，察其跳跟搏擊，始援毫以追所見，故筆筆生動。重自矜惜，不肯妄與。

蔣龍　善花鳥。

王中立　字振之，吳人。作花鳥筆力亦老。

朱之士　字元士，江寧人。畫花卉生趣筌溢，傅彩尤精，與張翀差堪伯仲。兼善山水。

張秋江　浙人。寫芙蓉花卉大佳。

楊雲林　善花鳥。

鄭山輝　墨蘭最佳。

毛元升　畫花草。

趙友　麗水人。工花鳥。

黃希穀　畫松蒼古。

呂敬甫　武進人。畫草蟲，宗宋之居寧。

胡齡　善水墨禽鳥，宗林良。

錢永　畫花鳥，宗邊景昭。

吳歸山　善畫花鳥。

杜山狂　吳人。善草蟲。

諸允錫　字敬叔，會稽人。工花鳥草蟲，設色精彩，天趣溢于筆墨。

張弢　字亦寓，會稽人。工蘭蕙竹石。

名僧

釋律　天如，號片玉，吳縣人。畫三香師日南，亦能蘭蕙竹石。

釋海懷　號太涵，俗姓周，鄞縣人。嗜酒任放。寫牡丹最工，淡墨欹斜，縱筆點染，深淺向背，灼灼欲生。

名媛

趙淑貞　山陰人，諸生趙伯章室也。工花鳥蘆鴈，筆法秀潔，更饒姿韻。

文俶　字端容，吳人。貢士從簡女，歸趙宧光子均。寫生花卉蟲蝶，信筆點染，無不鮮妍靈異。圖寒山草木昆蟲凡千種，又繪本草如其數，他若湘君、擣素、惜花美人諸圖，精妙絕倫，上署天水文俶云。

沈氏　江寧人。沈宜謙之女，楊伯海之配也。工花卉，多屬折枝者，吳人黃姬水爲題杏花圖云：「妙繪一經仙媛手，海棠生豔復生香。」可以悟其畫矣。

李陀那　金陵郭聖僕妾。畫水仙幽妍秀潔可愛，筆法絕類趙彝齋。

李因　字今生，號是菴，海寧葛無奇之篋室。畫花鳥，葉大年授以筆法，蒼秀入格，點染生動，大幅益佳，此閨閣而得士氣者。

妓女

馬守眞　號湘蘭，南曲中人，以詩畫擅名。其墨蘭一派，瀟灑恬雅，極有風韻。

明畫錄卷第六終

明畫錄卷第七

會稽　徐沁　野公著

墨竹

敍曰：墨竹一派，李息齋、管仲姬，各有譜垂世，究不若東坡篔簹偃竹記所云「胸有成竹及兔起鶻落，以追所見」數語，乃親授口訣也。顧文人寫竹，原通書法，枝節宜學篆隸，布葉宜學草書，蒼蒼莽莽，別具一種思致。若不通六書，謬託氣勝，正如屠兒舞劍，徒資噱耳。此惟石室、彭城獨得三昧，踵是者當推橡林。明初宋、楊、王、夏，頗傳宗印，邇來特爲畫家避拙免俗之一途矣。

宋　克　字仲溫，長洲人。家南宮里，時稱南宮生。洪武初就徵，官侍書，出爲鳳翔府丞。書學急就章。工寫竹，雖寸岡尺塹，而千篁萬玉，雨疊煙森，蕭然絕俗。嘗于試院牘尾用朱筆掃竹，張伯雨有「偶見一枝紅石竹」之句，蓋自克始也。

楊維翰　字子固，號方塘，會稽人。卽維禎、鐵崖之兄。著作甚富，如藝游略其一也。寫墨竹精妙絕倫，兼善蘭石，時柯九思甚推遜之。

楊　基　字孟載，號眉菴，祖蜀人，仕江左，因生吳中。幼穎異，著論鑒。洪武初官晉臯，後被讒卒于工所。初與高啓、張羽、徐賁齊名，張徐長于山水，基雅善墨竹，得湖州、彭城之法。

董紀　字良史，上海人。詞翰兼美，有西郊笑端集。洪武初舉江西僉事，尋乞歸。善寫墨竹，兼工梅蘭。

高讓　字士謙，仁和人。善屬文，有才子之目。通星卜醫理。洪武初爲西湖書院長，累官至翰林編修。畫墨竹瀟灑入神，然不可多見。

陳太初　明初以寫竹著名，兼能畫松，劉伯溫嘗稱之。

方孝孺　字希直，一字希古，寧海人。詩文高妙，博極羣書。洪武中召見，建文初歷官至翰林侍講學士，改文學博士，靖難以十族殉。善寫竹，成化間謝方石因求遺文，得其墨竹一幅，高不滿二尺，洒然直節，墨蹟如新。

薛穆　字公遠，號澹園。畫墨竹師元人集賢侍讀李偶。

王紱　字孟端，號友石，別號九龍山人，無錫人。官中舍。永樂間以墨竹名天下，得石室、橡林遺法。評者謂能于遒勁中出姿媚，縱橫外見洒落，蓋由方寸間具有瀟湘淇澳，故不覺流出種種臻妙耳。

陳繼　字嗣初，吳縣人。汝言子也。工詩文，著有怡菴集。官翰林檢討。寫竹工于法度，夏昶、張益師事之。

夏昶　字仲昭，號自在居士，崐山人。以朱姓登永樂乙未進士，後復姓，歷官太常。工楷書。寫竹時推第一，名馳絕域，爭以兼金購求，故有「夏卿一箇竹，西涼十錠金」之謠，而煙姿雨色，偃直疎濃，各循矩度，蓋行家也。

張益　字士謙，號惷菴，吳縣人。少長于燕，與昶同榜進士，官侍讀學士，殉土木之難，謚文僖。其墨竹受陳繼法，輒臻佳境，有畫法一卷藏于家。

張緖　字廷瑞，常熟人。精詞翰，永樂中官會昌侯府教授。善寫竹，與夏昶同時，雖少亞而筆法自佳。

屈約　字處誠，崐山人。寫竹繼夏昶後，間作枯木竹石，簡淡古雅，綽有王紱遺意。

處誠號可菴，別作名杓者誤也。

吳巘　字惟貢，崐山人。寫竹師夏昶。

金文璡　字彥輝，號筠石，吳人。生平多行義。寫竹善作叢篠之法。

王藥　字子約，金華人。善墨竹，於鉤勒者爲多，疎秀有致。

盧瑛　字克修，崐山人。宣德間由進士官刑曹。博學工書，畫墨竹尤爲獨絕。

衞靖　字以嘉，崐山人。官中書舍人。善寫竹，亦有作怪石枯木者。

金湜　字本淸，號太瘦生，又號朽木居士，鄞人。工詩善書法，由中舍官至太僕。寫竹石甚佳，兼能鈎勒。

李昶　字光遠，號柯耕，衢州西安人。工楷書，官禮部司務。墨竹宗張緒一派，兼能寫松。

史琳　字元瑞，餘姚人。官右都御史，以廉節稱。善寫墨竹，瀟灑有法。

楊榮　字時秀，餘姚人。工詩，成化間由進士官工曹，理中河，以擅執壽寧侯家人逮詔獄，著有風節。畫墨竹入妙，嘗寫一枝于徐州公署壁間，後孫大章官刑部侍郎，摹勒于石。

顧培　字起元，後以字行，崐山人。工詩，善篆隸楷法。其墨竹追倣湖州、彭城，蕭然自放。

桑榮　常熟人。能詩，尤善墨竹。

楊體秀　江右人。工竹石，兼蘭蕙。

裴　奭　字師召，以詩名。兼工繪事，墨竹尤佳。

朱應祥　字岐鳳，別號玉華外史，華亭人。舉明經。書工草法，寫竹磊落多致。

詹仲和　別號鐵冠道人，錢塘人。寫墨竹宗趙子固、吳仲圭，傳爲正派。兼善白描。

高　松　字守之，號我山，別號南崖子，文安人。甘貧不樂仕，能詩，書法兼四體。墨竹最佳，亦工鈎勒。其蘭菊松梅、米家小景，無不蒼潔可喜。

韓　方　字中直，號鶴仙，歸德衞指揮。工墨竹，兼善草蟲。

陳　芹　字子野，號橫崖。先世南安國王裔，永樂中來奔，遂家金陵。芹工詩文，弱冠登鄉薦，後知奉新，調寧鄉，引疾歸，與盛時泰輩結青溪社。乘興寫竹，醉墨欹斜，沾溼衫袖。文徵明每戒門士，過白門愼勿畫竹，彼中有人，其推服如此。

文　彭　字壽承，徵明長子。官國子監博士。工書法，其篆刻爲世所宗。寫墨竹，老筆縱橫，直入湖州之室。

何　震　字長卿，號雪漁，歙人。幼師事文彭，學其篆刻名海內。復倣貧儈一派，蒼莽淋漓，風格尤勝。

曹嗣榮　字繩之，華亭人。工詩文，著有萃玉集。嘉靖間由進士官兵曹，調澧州同知，乞歸。所作竹石，淸逸瀟灑，爲時推重。

張慶元　嗣法正一眞人，貴溪人。善竹石，兼工蘭蕙。

費　楨　字天兆，崇德人。工書畫，長于墨竹，搆竹亭小園中，觴詠自娛，因號竹亭居士。貧篭一派，惜不多見。

朱多炎　字啓明，號履謙，樂安王孫。能詩，著有滋蘭堂稿。性嗜酒，所寫墨竹，醉後穎然肆筆，自謂具眞草隸篆四法，風格迥異。

劉　憑　善竹石，兼畫蘭蕙。

朱　完　字季美，南海人。諸生。有文名，能詩，工篆隸，曾定許氏說文行世。尤以墨竹擅長，自謂得玉局翁之法。

邢　侗　字子愿，臨邑人。萬曆間由進士官侍御，參楚藩。工詩文，著有來禽館集。以書法擅名。寫墨竹宗石室一派，每自言追師湖州云。

沈春澤　字雨若，常熟人，後寓江寧。爲邑諸生。善詩文，工于草書。畫墨竹，落筆蒼秀，多帶書法。

趙　備　號湘南，鄞人。萬曆末官中舍。工墨竹，下筆疎老，其草草處殊得橡林之法，多流傳于東浙。

朱鷺　字白民，吳縣人。爲邑諸生，有俊才。嘗刻建文書法擬行世。工寫竹，深得石室、梅花之旨。棄家遊名山，以畫竹自給，不受人一錢。登華山，樂而忘返，結茅終焉。崇禎初撰甘露頌，并畫竹，擬獻于朝而不果。

歸昌世　字文休，崐山人。震川先生之孫，邑諸生。工詩，書精草法，晚作和陶詩尤佳。寫墨竹蕭疎縱逸，別具風格。

詹景鳳　字東圖，號白岳山人，休寧人。由南豐教諭入爲吏部司務。工草書，變化百出，卽其書法寫墨竹，一竿直上，瘦勁絕倫。兼精山水花卉。

朱孟約　臨川人。善墨竹，兼工坡石蘭蕙。

倪宗器　江右人。善墨竹，兼工蘭。

林　垍　三山人。畫竹石。

呂端俊　善墨竹。

潘宗紹　吳江人。畫墨竹，兼怪石枯木。

魏　敬　善畫竹及禽鳥。

楊所修 字修白，河南商城人。萬曆庚戌進士，歷官總憲，以邑陷殉。工墨竹，法蘇東坡，勁節蕭散如其人。

金聲遠 字伯宏，山陰人。工寫竹，不失法度，史顏節睿之卽其內姪，殆亦黃斌老之于文與可，惜太拘于規矩。

魯孔孫 字得之，一字魯山，號千巖，會稽人。書法歐顏。工墨竹，縱筆自如，俱極瀟灑，風竹尤佳。著有墨君題語、竹史、細香居集。

名僧

釋廣禮 號大鏡，金陵報恩寺僧。寫墨竹得陳芹之法，無俗氣。

釋如曉 號萍蹤，蕭山人。工詩。居天目山，自署爲天目寓僧。寫墨竹，運筆有法。

道士

沈明遠 浙人。爲道士。畫竹石。

名媛

薛素素 吳人。能小詩、走馬挾彈。嘗置彈于小鬟頟上，彈去無迹，自稱女俠。畫墨竹甚工，兼寫蘭石。後爲李征蠻所娶，聲動蠻中。

墨梅

敍曰：古來畫梅者，率皆傅彩寫生，自北宋花光僧仲仁，始以墨暈創爲別趣。覺範效之，輒用皁子膠畫于生縑扇上，燈月之下，橫斜宛然。嗣是尹白祖花光一派，流傳至南宋揚補之，始極其致，猶子季衡及甥湯正仲輩，大暢其源，爭相趨尙。時有僧澤翁者，自言學梅四十年，作圈稍圓，其力勤如此。元明以還，作者寖盛，乃爲史爲譜，法益詳而流益敝，雖名家不免以氣條取嘲，况下此者乎。予錄此以補前人之闕，亦以花光越人，創此奇特，追維孤芳高韻，借爲鄉國生色耳。

王冕　字元章，諸暨人，後寓會稽九里。高才放逸，其墨梅冠絕古今，畫上必親爲題詠，瀟灑不羣。洪武初召見，有應制題梅花詩稱旨。其畫斷縑殘楮，人爭寶之，今亦不可見矣。

孫從吉　瑞安人。永樂中與夏㫤齊名，官至太守。畫梅甚工，時稱爲孫梅花，遠方購者，與㫤竹同價。

程南雲　號淸軒，南城人。善詩文，書工四體，永樂中官至太常。喜畫梅兼竹，于雪中者尤爲盡致，筆力疎爽。

戴浩　字彥廣，號默菴，鄞人。永樂中舉于鄉，官至永州太守，有惠政。工書，喜吟咏。所作畫謂諸花惟梅格淸絕，揮洒蒼潤有法。兼喜畫魚，及生孫，俱以魚命名，曰鰲、鯨、鱀、䲀，後咸登進士。

任道遜　字克誠，晚號坦然居士，又稱八一道士，瑞安人。卽孫從吉之婿。年十二以神童薦，宣廟面試其書稱旨。後直文華殿，官太僕卿。畫梅盡得婦翁法，蒼涼多致。

王謙　字牧之，別號冰壺道人，錢塘人。嘗客隆平侯家。畫梅花筆法蒼古，幽韻動人。子應奇，能傳父業。

陳錄　字憲章，後以字行，號靜齋，別號如隱居士，會稽人。能詩。畫梅與王謙齊名，兩家風格不同，而憲章筆力尤勁。董文敏題畫，因姓名偶同，遂指爲白沙先生者誤也。子英，作梅亦佳。

張祐　字天吉，鳳陽人。襲隆平侯。工文翰，被服如儒生。從王謙受墨梅法，而蒼勁幽逸，咄咄逼人。

張祿　字天爵，卽祐從弟，亦襲侯爵。寫梅與兄相似。

陸復　字明本，吳江人。善畫梅。

都維明　吳人，卽南濠先生都穆之父。博學多藝能，而務爲韜晦。嘗乘興畫梅甚佳，尋輒悔之，故時不多見。

周　昊　字德元，號草庭，崑山人。墨梅宗王冕。

許　昂　字世顒，江寧人。畫梅花瀟灑獨絕。

金　琮　字元玉，江寧人。工詩，與弟璿同聞于時。嘗遊浙，愛赤松山佳，因號赤松山農。書法趙子昂，後學張伯雨尤妙，文徵明得其片紙皆裝潢成卷，題曰「積玉」。畫墨梅，紛霏蒼勁，雖逃禪老人不是過也。

沈士廉　官御史，善畫墨梅。

張允懷　江寧人。好修飾。善畫梅，行筆蒼老，疎散有法，往來蘇杭間，一夕艤舟金山，出酒器獨酌，對月吹洞簫，爲盜所殺，取酒器去，皆鏊銅而塗金者，載于王錡寓圃雜記。其畫今亦無傳。

王　彥　字存拙，沔陽州人。善作梅花。

袁子初　字叔言，上虞人，流寓江右。寫梅花有王冕標格。

盛　安　字行之，號雪蓬，江寧人。作萱葵竹菊類草書，略不經意而生趣勃然，尤長于梅，清韻逼人。詹景鳳云：「行之畫梅，豪縱而爽趣，陳憲章、王謙皆不及也。」

姚浙　字元白，號秋澗，江寧人，仕鴻臚。書法在雙井、吳興間。晚年畫梅，疎逸出塵，無煙火氣。

沈襄　字叔成，號小霞，會稽人。卽忠愍公鍊長子也。爲邑諸生，後官比部，遷太守。工詩文。所畫梅，幹隨筆生，枯潤咸有天趣。

劉繼相　號雪湖，山陰人。能詩，與同郡徐渭時相唱酬。工于畫梅，筆力幾如扨鐵，花蕊紛披，蒼老中益見幽致。

吳治　字孝甫，吳人。墨梅宗趙彝齋一派，蒼幹疎枝，寒香直浮紙上，惜題句多不稱耳。萬曆間推能品。

徐原父　金華人。善墨梅，行筆清勁，翛然出塵。

張子元　號靜淵，貴溪人。嗣法正一眞人。工于墨梅，兼善草花。

管建初　畫墨梅最佳。

沈雪坡　嘉善人。工墨梅。

於竹屋　畫墨梅。

趙從吉　號雪齋。善墨梅。

姚仲祥　鳳陽人。善墨梅。

張南伯　怤穆菴二人，俱工墨梅。

徐　傑　官御史。善畫墨梅。

蘇明遠　善墨梅。

王煮石　工墨梅。疑即王冕。

錢廷煥　字發公，慈谿人。崇禎間諸生，博學能詩。畫梅花率意落筆，叢枝零幹，無不各極其趣。

名僧

釋雪心　善畫墨梅。

名媛

孫夫人　任道遜之配，孫從吉女也。寫墨梅得父法，故亦擅孫梅花之稱。

蔬果

敍曰：宜利譜蔬果，自陳迄宋，僅得六人，其難能亦可概見。有明二邊、殷善、沈周、陸治皆工果蓏，而以兼擅他長，已載別門，不復收此，亦猶徐熙不與野王輩並列也。惟葡萄古無是法，按眞逸農田餘話云：「吳僧日觀于月下視影，悟出新意，以飛白書法爲之，弟子吳興沈仲華傳其法。」夏士良圖繪寶鑑，列日觀于南宋李晞古之前，第日觀實生宋季，本華亭人，與趙松雪兄弟友善。寓武林瑪瑙寺，見楊璉眞伽，輒罵爲掘墳賊。其寫葡萄似破袈裟，而韓孟顒昂指爲明僧者誤也。至論畫蔬品，謂郊外者易于水濱，水濱者易于園畦，今得三人，不爲少矣。

岳　正　字季方，號蒙泉，漷縣人。正統戊辰會元，官修撰，直內閣；降欽州同知，戍肅州。成化初復本官，尋出知興化府，後謚文肅。爲文高華，不蓍作詩，字法精妙。嘗戲畫葡萄，遂推絕品，時人稱爲岳仙。

徐　蘭　字秀夫，餘姚人。行書類趙松雪。畫水墨葡萄，風煙晴雨，曲盡其妙，每於蔓盤轉處，藏「天下少，世間無」六字，其自然標致如此。

王養蒙　鄞人。畫葡萄幛，乘醉著新草履，漬墨亂步絹上，就以爲葉，布藤綴實，天趣自然。

徐　杜　字夢節，吳人。工葡萄。

胡大年　工蘅蔔。
沈翹楚　號漢陽，慈谿人。萬曆末官太守。畫蘅蔔松鼠，變化入神。
楊　瑷　當塗人。官教諭。寫圃畦間諸色菜，各有生趣。
黃　諫　陝西蘭州人。在翰林，能書各體。尤精繪事，館中壁間，舊畫白菜，題詠甚衆，一日圮壞，咸惋惜之。諫悉書前詩，并畫白菜如舊。
鮑原禮　畫菜若生。

名僧

釋可浩　號月泉，住持靈谷寺。蘅蔔一派，直逼日觀，枝葉俱有生氣，豐坊嘗爲詩美之。
釋曉菴　吳人。工寫水墨蘅蔔。

明畫錄卷第七終

明畫錄卷第八

會稽 徐沁 野公著

彙紀

敍曰：有明畫家，三百年來，聲望灼然者，旣已區別門類，備載無遺，中有偶得姓氏，或亡佚名字，闕略里居，亦皆附列，以俟考訂。至若能繪而莫悉所長，不敢臆斷，强爲排當，故皆彙紀于後。嗚呼，予自壬癸間從事于此，初倣夏士良寶鑑，粗具崖略，因是而旁蒐博訪，得一出處有關于諸人者，欣然補綴，如獲異寶。迄今二十年，稿凡三易，終不能免于挂漏。頃得朱隱之會要，深歎其用意之勤，互相參證，各有詳簡，而無可按者，猶如故也。夫以畫事之蒐瑣纂輯，艱難若此，乃欲裒然而成一代之書，豈易言哉。

徐景陽　丹徒人。善畫，宋濂曾作畫原贈之。

陸行直　字季衡，吳江人。洪武中以人才授翰林典籍。詩畫淸勁，爲時所推。

薛穆　字公遠，號濬園，吳江人。洪武中以人才授柳州判，亦精于畫。案已見卷七墨竹門。

莫懋　字文懋，號望樓，無錫人。善書畫。

王仲玉　洪武中以能畫召至京師。

蘇　垶　字伯厚，建安人。永樂時簡討。通經史，書畫並佳。

王　璲　字汝玉，以字行，號靑城山人。其先蜀之遂寧人，從父宦遊，占籍吳中。永樂間翰林檢討，直內閣。書畫兼長。

陳以誠　號處夢，秀水人。善詩畫，精醫理，永樂間官太醫院判。

滕用亨　吳人。永樂時待詔。工書畫，尤能鑒賞。嘗侍上閱畫卷，衆目爲趙伯駒，用亨定爲王詵，卷終姓名果然。滕用亨任翰林，博學能文章，每作必旬日始成。出刘昌縣笥瑣探。

周　康　字叔常，常熟人。能詩工畫。

楊　塤　字景和。善以彩漆製屛風器物，備極精巧。以泥金題其上，書畫俱佳。

馬時暘　名暄，以字行。淹通經史，善畫。弘治間被徵，官錦衣衛鎭撫。

鄭　麟　福淸人。以畫名于時。子環，能傳其法，兼精醫理。

顧祖辰　字子武，吳人。能作小詩，老屋古松，門庭幽闃，雖近市，寂若空山。與文壽承友善。作畫蕭散有致。

趙麟素　海鹽人。工畫，正德間直仁智殿，官錦衣副千，見重于時。

王子新　畫法趙松雪，得其神駿。

陳勉　字進之，號秋林，無錫人，能詩文，歷官工部員外郎。工于畫。

朱觀熰　字中立，魯王孫，爵鎮國中尉。好著述，嘗手繪太平圖一卷上永陵，被嘉獎。又著畫法權輿傳世。弟觀𤐣，亦以詩畫著名。

卓小仙　蜀人。好吟咏，善畫。嘉靖間寓鄱陽，舉動奇詭，人多異之，後莫知所往。

戚元佑　字希仲，秀水人。能詩文，著有青藜集、往哲傳，兼工書法。登進士第，仕至尚寶卿，頗以畫名。

唐志契　字元生，泰州人，爲諸生。髫年好畫，不學而能。性嗜石，有米顚之癖。著繪事微言四卷，議論精確。弟志尹，字聘三，亦能畫。

戴縉　字冠卿，蘇州人。

唐日昌　字爾熾。

吳廷　字左干，與丁雲鵬同里。善畫，眞蹟少見，方氏墨譜，多出其手，亦甚精雅。

黃之璧　字白仲，上虞人。少習制科文不售，變爲詞章，工書畫。遊京師，與儀部屠隆交善，有聞于時。

張萱　字夢奇，號九岳，別號西園，惠州人，官至太守，博洽好著述。善畫，偶一涉筆，頗饒別趣。

朱拭　字□□，海鹽人，國學生。能詩博學，老不釋卷，築西洲草堂，與諸賢倡酬。精于繪事。

林森　清江人。趙子深，清江人。徐壽，字南山。董太初、秦舜，以上五人，俱能畫。

楊珂　號祕圖山人，隆萬時大有名。能詩文，書法甚佳，草體更工。

何景高　畫宗朱君璧。

劉世珍　字武夷，儀眞人。

顧驄　字雲車，通州人。

高友　字三益，四明人。

趙善長

劉完菴　疑即劉珏。

張鳳儀

王式　字無倪，長洲人。

張　宏　字君度，吳縣人。
陳尙右　字彥朴，長洲人。
汪　建　字元植，歙人。
邵　堅　字不磷，吳縣人。
李　辰　字奎南，四明人。
袁　楷　字雪隱，無錫人。
俞之彥　字章施，吳縣人。
盛茂華　字念菴，長洲人。
趙　泂　字行之，華亭人。
吳　令　字信之，吳縣人。
習　元　字又元，吳縣人。
劉　廣　字元博，長洲人。
李　良　字癡和，閩人。
潘　濬　字在衡，無錫人。

汪　澄　字澹然，歙人。

方　宗　字伯蕃，江都人。

戴　纓　字清之，長洲人。

李　遴　字振之，江都人。

趙化龍　字雲門，四明人。

江文斗　字煥之，歙人。

周　愷　字晉卿，長洲人。

朱　質　字吟餘，長洲人。

徐尚德　字仲修，江都人。

陳天台　字閬仙，閩人。

保　甸　字君平，通州人。

吳士冠　字相如，吳人。

孔復貞　字堯生，江都人。

董　策　字清寰，四明人。

馮夢桂　字丹芬，長洲人。

范　霽　字夢得，四明人。

盛紹先　字克振，江都人。

葉　芬　字清之，華亭人。

趙　穀　字雲石，泰州人。

名僧

釋草菴　住嘉興三塔寺。工詩畫。

妓女

吳梅仙　南曲中人。善丹青。

補遺

玉華山樵　佚姓名，不知何許人？洪武間避蹟東陽，披麻戴笠，行吟山澤間。工詩，善畫山水，酒酣圖寫，筆致落落，題句復瀟灑凄楚。然重自靳惜，流傳甚少。兼能畫梅。入山水。

富好禮　嘉興人。洪武初官四川順慶府同知，著有政績，善寫墨梅，曾見一幅，蒼老有法。

明畫錄卷第八終

書評

〔鄭堂讀書記〕明畫錄八卷，國朝徐沁撰。野公以畫家自明三百年來能事輩出，指不勝屈，爰就耳目覩記所及，纂輯是錄。首列宸朝藩邸二門，俱依時代序次；次分道釋、人物、宮室、山水、獸畜、龍魚、花鳥（草蟲附）、墨竹、墨梅、蔬果十門；至若能繪而莫悉所長，不可强爲排當者，別列彙記一門以終之。凡十三門，計共八百十五家，補遺二家，附見三十八家；名僧羽士，名媛妓女俱錄焉。每家俱各綴以小傳，粗具崖略，旁搜博採，闡發微妙，雖不免于挂漏，而其區別門類，詳簡得宜，較之姜二酉無聲詩史，固遠出其上矣。

〔余紹宋書畫書錄解題〕書凡八卷：卷一宸繪、藩邸、道釋、人物、宮室；卷二至卷四山水；卷五山水及獸畜、龍魚；卷六花鳥；卷七墨竹、墨梅、蔬果；卷八彙記。其書自謂繼宣和、寶鑑兩書而作，而脫略殊甚，明季遺民工畫者，漏列尤多。卽如黃道周、倪元璐、萬壽祺、歸玄恭諸名家，尙付闕如，其他可想。最後彙記一篇，謂偶得姓名，或亡佚名字，闕略里居，附列以俟考訂。然如張宏盛、茂燁（原本誤作華）等，卓然有聲之人，尙不知之，甚至劉完庵之爲劉珏，亦尙有疑，則未免孤陋矣。至其敍述，亦有可議者，如沈周、文徵明、董其昌、王時敏等，在明代畫史中極有關係，其紀載乃極爲簡略，而於尋常畫人，反較詳盡，殊失剪裁之宜。又所錄俱不詳出處，亦難徵信於後人也。前有自序。

作者事略

徐沁　號野公，會稽人，自題委羽山人。行履未詳。

明畫錄校勘記 讀畫齋叢書本

目錄 卷四，「陸鶴」，卷內作陳鶴。查無聲詩史作陳鶴，據改。

卷五，「余仲揚」。目錄余作俞，卷內作余。從卷內改余。

「陳九成」後脫「俞景山」一名。依卷內補。

卷六，馬守貞。按各本均作眞，改眞。

卷二 趙原，「初師董、巨然及王右丞」。按董下脫一源字，或巨下多一然字，因董源巨然，從來並稱，亦簡稱「董、巨」，此補一「源」字。

卷四 何白丙。見卷四中，中隔四十餘人，名字郡邑及工詩文全同。此亦錄自兩書而未及合併者。

聞人益，「超出時蹊」。蹊，顧本誤作谿，改正。

章廷綸，末句「當不愧王黃鶴一籌」。籌，顧本誤作儔，改正。

「張煥」，目錄作煥，卷內作渙。按其字爲文甫，應爲煥，改卷內作煥。

王鑑，「歿後有常熟王暉，字石谷者傳其法」。按暉應作翬，或係石谷較晚，聲譽未著，著者於其姓名尙模糊耳。

卷六　孫堪，「而復嗜菊，遍藝庭堦間。」顧本堦誤作圯，改正。

四